尋找完美盛宴

失傳的法國美食之旅

The Perfect Meal

約翰巴克斯特／著
傅葉／譯

Contents

推薦序

盛宴之後

展讀《尋找完美盛宴》的過程中，我的腦海裏不斷浮現，過往在法國的一段段覓食與享用回憶。

出身澳洲並曾旅居英國、美國，最終落腳定居巴黎的作者John Baxter，以「打造一場盛宴」之名，就此踏上一段路遠迢迢的美味追尋之旅：

一方面意在重頭尋覓追索他所真心景仰、卻一步步走向淪落改易的法國飲食傳統；同時，Baxter自身的多元居住和旅行背景所雜揉而成的多國食之記憶，也在這旅程中不時登場，與字裏行間娓娓訴說的一道道料理史話、掌故、軼聞相交錯交映，生動歷歷。

確實我自己，從十數年前因採訪緣故開始走踏歐洲、特別是法國開始，也同樣經歷了這般從熱烈戀慕繼而慢慢走向失落的心境——頂級或新銳餐廳紛紛一往無前縱身撲向形式與創意的炫技，其餘則越來越顯得乏味與千篇一律……

因此，對於作者的這一趟回溯回望旅程格外萌生深切的共鳴。

然而，隨著行旅腳步的拓展，卻也同時察覺，答案似是在這旅途裏，（也許不無遺憾地）一點一點逐步輪廓清晰……

「這兩天我活像一位一百年前的二廚。又烤、又煮、過濾、慢燉，累到趴在床上。隔天早上爬起來後，所有事情再來一遍……一個人的光陰，應該可以有更妥善的運用方式。如果包裝食品和新鮮食物沒有任何差別，沒有一位廚師會笨到不用包裝食品。」——遵循對法國料理影響至鉅的十九世紀名廚艾斯克費的食譜，按部就班煮出一道正統洋蔥湯後，Baxter 有了這樣的感發。

在時代的前進巨輪下，生活模式的改變，直接衝擊著我們的進食方式與料理面貌。

所幸，曾經存在的，卻並不見得定然完全消逝或被遺忘。也許在某個角落裏仍還悄悄維持著流傳著；也許始終有著一定數量的、如同 John Baxter 這樣的人鍥而不捨地追溯追索著，然後，把這故事把這味道傳布、分享出來，勾動千里外的你我的味蕾與心弦。

「謝謝！我已經享受過了。」——親身經歷過一場鄉間裏仍舊被當地人熱情護守著的「充滿愛的烤牛盛宴」之後，John Baxter 如是說。

而我，隨著他的腳步重頭回味過後，也一樣，以著「一種驚嘆、惻隱與深刻的敬意」，靜靜感慨同時感謝著。

飲食旅遊作家・《Yilan 美食生活玩家》網站創辦人

葉怡蘭

代序

不只是美食而已

這是一本充滿了美食美酒，文人軼事的幽默著作。星期日的下午，帶著悠閒的心情，跟我一起進入這個巴黎的外國人世界吧！

一張將近一百年前的宴客菜單，開啟了澳洲人約翰巴克斯特追尋失傳美食的念頭，他在巴黎生活了幾十年，娶了一位法國電影界的女製片，這裏已經成為他的家鄉，也是他發揮家傳美食廚藝的聖地。然而，那些年代悠久的菜肴，失落在現代以速度為主的摩登餐廳中，他發現目前巴黎居然有三分之二的餐廳是以罐裝食品提供顧客，不但傳統的美食已不復存在，品味美食的心情也已改變，那麼，理想的盛宴該有哪些傳統佳肴？那些美食有哪些故事？又該如何品味呢？

這本書一開始，我們就接觸到有「廚皇」之稱的艾斯克費，這位創意名廚打造了現代西餐飲食的前身，書中不但有他的烹調傑作，還有他為一羣賭徒所烹調的「紅色晚宴」，這段想像力豐富的盛宴景緻，令人難忘。另外我們也見識到十七世紀的「御廚」瓦德勒，這位大廚不但名聲卓著，三百年前路易十四宮廷餐宴在他的打理下，不難想像當時奢華的程度，而他為何而死的謎團，到現在仍是眾說紛紜，無論是前人留下的手稿，或者是後來電影的解釋，始終令人難以理解。

面對佳肴只嘗一口的「美食家」波里斯，是書中一位極為獨特的怪客，作者與他的相遇充滿戲劇性，而他們每次見面的場所，均是巴黎騷人墨客出入之地，沒有他的帶領與解釋，那些存在蜿蜒小巷中的餐廳與咖啡館，在一般巴黎指南或是導覽上是找不到的。

透過美食，約翰巴克斯特更為我們打開了一扇文化的窗口。

法國文學大師普魯斯特輾轉繾綣的文字意象，是一個需要耐性與心情才能進入的世界，而他的詩情巨著卻是從懷念蛋糕的風味開始：「忽然之間記憶回來了，那是瑪德蓮蛋糕屑的味道。在空布海鎮的星期天早晨，我總是去莉歐妮阿姨的房間道早安，而她總會給我在她的茶或是花茶裏面浸泡過的瑪德蓮蛋糕。」一看到這一段，令我想起音樂，無論人在哪裏，每當熟悉的旋律飄進耳中，往事便如野火般燒盡全身，我完全了解那種情緒，食物也好，音樂也罷，生命中累積的感動總在無從準備的狀態下瞬間爆發。

法國南方蔚藍海岸的飲食與風情，是書中特別著力的地方，如果說二十四年前彼德梅爾的《山居歲月》讓世人了解到法國普羅旺斯的風土人情，那麼《尋找完美盛宴》則是為它添上了時尚的文化色彩。使我們了解到原來香奈兒、費滋傑羅、尚考克多、波特萊爾等人才是始作俑者，在他們的大力推動下，蔚藍海岸的生活成為世人的新寵，他們塑造了流行，並且生活在其中。在作者的帶領下，我們還拜訪了《小王子》作者聖修伯里的故居，在這風霜遍布的高地上，遠眺聖修伯里長眠的大海。

回到巴黎，我們看到第六區的「莎士比亞書屋」，這裏是電影《愛在日落巴黎時》男女主角重逢的地方，當初開設這間書屋的作家雪維兒畢奇，是位生活在巴黎的美國人，從一九二〇到一九三〇年間她和她的同性伴侶不但開設了這兼具有獨特品味的書店，他們還大力推廣當時作家聯誼的氣氛，這裏成為海明威、喬伊斯、龐德等文人經常駐足的小屋。還有位重要人物是葛楚史坦茵，這位居住在巴黎的藝文活動帶領人，在每個星期六晚上召集「藝文沙龍」，成為前衛藝文作家的朝聖寶地，畫家畢卡索、馬諦斯、達利等人均是座上常客，伍迪艾倫的電影《午夜巴黎》描寫的就是這裏。

美食無論是受到文學還是時尚的影響，國家的特性肯定還是扮演了最重要的角色，一頓「大象的聖誕晚宴」讓我們領略到法國人的風範。一八七〇年七月，法國與普魯士長年的不合終於引發大戰，普魯士軍隊圍困巴黎歷時五個月，巴黎眼見彈盡援絕，到了聖誕期間，巴黎人以一頓包含駱駝、狼以及大象的晚宴，代表他們持續頑強抵抗的決心，相當典型的法國個性，這頓晚宴的菜單成為法國飲食界的經典之作。

除了細數歷史的腳步外，作者在這場美食與文化之旅中，從南到北，追尋了法國魚子醬的養殖場，告訴我們該如何正確的品嘗魚子醬，又來到法國松露之都，讓我們知道如何保存松露最划算，此外他還介紹了世界上最珍貴的小鳥嵩雀，以及要把頭包起來的吃法。還有嗜血卻能引發性慾的七鰓鰻，以及「火烤貽貝」這種已經失傳的烹調方法。同時看似簡單的洋蔥湯，他卻也花上兩整天的時間準備，當然還有從頭到尾貫穿這本書的烤牛盛宴……

美食慢慢地鋪陳，情緒慢慢地醞釀，到最後，在法國東北部的郊區烤牛盛宴中，作者才對我們說出這本書的真正意義，真正失傳的是什麼……不只是美食而已。

傅葉

獻給瑪莉多明妮克與露易絲，
他們讓我了解烹飪就是愛，
也獻給艾斯克費，
他堅守信念。

告訴我你吃什麼，
我就會告訴你，
你是什麼樣的人。
——法國美食家 尚布理亞薩瓦蘭
（*Jean Anthelme Brillat-Savarin*）

One

那朵三色紫羅蘭

烹飪與華格納，兩者我都喜歡也都害怕至死。

——諾爾科沃德爵士日記[1] 1956, 2.19.

事情要從湯裏面的三色紫羅蘭開始說起。

書商瑞克蓋克斯基（Rick Gekoski）來巴黎，我們出門共進晚餐。瑞克經營珍版書買賣——貨真價實的奇珍異寶書。他曾把《蘿麗塔》[2]的首版賣給搖滾明星，也曾買下《魔戒》作者托爾金的浴袍，還打動了當代著名的英國作家格雷安葛林[3]，同意將他位於昂蒂布（Antibes）寓所的藏書賣給他。而在這些事務之間，他還寫了幾本書，並主導英國最尊貴的文學獎「布克獎」評審工作。

當他與葛雷安葛林的圖書交易完成後，兩人在位於葛林樓下的咖啡廳內小酌。

「你知道嗎？」葛林說：「如果我不是個作家，我會希望從事你的工作，做個書商。」

對於一位能夠引起文學大師羨慕的人來說，普通的一頓飯絕對無法令他滿意。

「你在大皇宮[4]用過餐嗎？」我問瑞克。

「你是指在香榭大道邊上，有一整條街那麼長，呈現過去黃金時代[5]差勁品味的地方？」他說：「我去那裏參觀過藝術展還有書展。聽說那裏也辦過車展、馬展，甚至還辦過一次農業器具展，但是在那裏用餐？從來沒有。」

「就當是新嘗試吧！」

大皇宮在一九九三年關閉維修，因為屋頂的玻璃和鋼筋重達八千五百噸，碎片可能隨時會掉落在毫無警覺的遊客頭上。為了使這棟建築物繼續保持人氣，一邊的屋頂露台就擴建為皇宮小餐廳，由米其林三星級大廚艾立克費雄[6]掌廚。我曾經在那裏享受過幾頓愉快的美食，環境氣氛和食物一樣可口，希望瑞克也會喜歡。

第二天晚上，我們踏上溫斯頓邱吉爾大道轉角的寬廣石階。

大皇宮的建築引人注目，不但比一般的停機坪還寬闊，而且高度雄偉，盤旋頭頂。皇宮的一側，六十五呎高的露台圓柱沒入薄暮中，鋪著大理石地面的廳堂，即使是氣派輝煌的帝國使館也不遑多讓，就連瑞克也發出「嗯……」的聲音。

等待入座時，我眺望對街的邱吉爾雕像，這條大道就是以英國戰時首相邱吉爾為名——邱吉爾拄著枴杖怒目而視，似乎想起他和戴高樂之間的問題，戴高樂是當時自由法國的領袖，於一九四〇年間流亡倫敦。

只要了解他們兩位的飲食習慣，就不難理解他們為何無法相處。邱吉爾嗜飲，戴高樂愛吃，最起碼後者相信「不是吃……就是被吃」的理論。戴高樂的文章內有關食物的隱喻尖銳獨特：當他駁斥法國是否會成為共產國家時，曾說：「單憑一個政黨，如何能夠管理一個擁有兩百四十六種不同乳酪的國家？」（事實上更多，大約有三百五十種）。當他被問到自己文學上所受到的「影響」時？戴高樂不肖地唾棄他會受到任何心靈影響的說法：「獅子是由牠所消化的羊肉造成的。」而他真是遇見了另一頭獅子——邱吉爾，天才作家、演說家以及政客，他們兩位對歐洲命運的喊話，像是兩名男性對同一頭獵物的競爭。

一九一六年英國部隊凱旋遊行經過大皇宮

女侍帶領我們步入皇宮半樓闢出來的用餐區，找了一張桌子企圖安排我們就座。

「我要的是露台上的桌位。」

她的嘴唇向上噘起，脣形獨特、法國特產。

「對不起，先生，接受訂位的人有沒有向你保證會有露台桌位呢？」

「嗯……並沒有。」

她的雙肩聳起，又是法國人特有的姿態。聳肩表達了對這種現象的無力（有趣的是，法文中沒有單字可以表達聳肩的意思，如果你問法國人對它的定義，法國人會……嗯……聳聳肩）。

「晚餐過後，」瑞克適時切入，「我打算抽根雪茄。」

他從外套的內口袋中掏出一條鋁管，長度像是一顆魚雷，本來應該坐在我們旁邊那桌的一家人，立刻集體往一旁閃去，他們知道那麼長的菸草所散發出的煙霧，會完全遮住他們的甜點。

「讓我想想辦法。」那位女侍連忙說。

兩分鐘過後，我們坐在露台上的餐桌邊，露台長柱盤旋於頭頂。我們俯視低垂的夜暮，神氣莊嚴的塞納河從亞歷山大三世橋下流過。一九一九年，美國將軍皮爾星[7]策馬率領美軍部隊凱旋遊行在我們腳下的這條大道上，兩旁歡呼的巴黎人民站在我們現在所坐的位置上，拋出歡迎的鮮花，我們置身在歷史之中。

瑞克收起他的雪茄，拿起菜單說：「這裏的食物好嗎？」

二十分鐘過後，第一道菜上桌。

一顆綠色的小球，孤單地矗立在偌大的湯盤中，我後來發現這是豌豆與薄荷葉打成的泥團。

上面躺著兩小片薄薄的白蘆筍，薄到我可以透過它看清法國《世界報》[8]上的小字。

「我點的是蘆筍冷湯。」

「這會成為蘆筍湯的，先生。」侍者說。

他拿來一個鋁製的氣壓瓶，順著豌豆泥的外圍從裏面擠出一圈白色的泡沫，過了一會兒，又拿來一個玻璃水瓶，從裏面倒出乳白色的液體——終於有了看起來像是湯的東西。

「好了，先生，這是您的白蘆筍濃湯，佐以新鮮豌豆薄荷，祝您好胃口。」

然後我才注意到最後裝點在豌豆與蘆筍上面的東西。

一朵非常小的三色紫羅蘭。

將近午夜時分，在清爽的巴黎月夜中，我們漫步過橋，我彷彿仍然可以聞到瑞克的煙味，他在咖啡與蘋果白蘭地中點上雪茄，那是今晚露台上眾多令人愜意流連的好東西之一。

雪茄煙霧緩緩上升，消失在露台長柱高處的陰影中，四周俯視著的雕像似乎也有認同之意。一時之間，環繞在英雄時代雄偉建築中的我們，自覺就算不是神，至少也是主持神聖儀式的祭司，正在享受美食與美酒之樂。

如果不是那朵紫羅蘭。

「像那樣的地方……」瑞克邊走邊說。

他轉頭看著那排壯麗地朝向香榭大道前進的長柱。

「並不是說食物不夠好……」

食物的確好，只是……太精緻了。

湯裏面有朵三色紫羅蘭

光從餐牌上來看，材料和菜色都非常傳統：豬腩，蝸牛，甚至還有一種漢堡。可是豬排出現時並不是那種肥厚多汁，剛從烤盤上拿出來滋滋作響的模樣。而是一份光滑平整，邊緣鋒利的橢圓形肉塊，躺在一堆用著些許芥茉籽醬稍加攪拌的水煮馬鈴薯上面，看起來像是擱淺在亞拉拉特山上的諾亞方舟。至於杏仁醬櫻桃番茄焗蝸牛，不知道什麼原因，一打蝸牛每一隻都被鑲在一顆顆櫻桃番茄中，而整道菜則是被覆蓋在一層奶油與杏仁粉烤成的酥皮下。然後是最不像漢堡的「漢堡」，是一塊鴨胸擱在小圓餅上，上面鋪著一片鵝肝醬，再淋上一點松露汁，包管麥當勞先生看一眼就會嚇得昏死過去。

「我了解你的意思，」我說，「就憑那樣的裝潢，你會期待有點……帝國式的招待。」

適合這種建築風格的飲宴景象頓時浮現在我的眼前，活生生出自好萊塢的史詩長片《賓漢》或是《神鬼戰士》中，我們和賓客穿著寬大的白袍，懶散地斜靠在長榻上，拿著成串的葡萄往嘴裏送，身披寸縷的後宮佳麗在我們之間翩然起舞，而身後則是一羣淌著汗水的奴隸，正在長架上烤一整頭公牛。

但是，現在誰還會這麼大費周章地烹調食物呢？現在這些新式烹調不是為了要滿足食欲，而是為了要誇耀廚師的想像力，在這之前，那些五十年前扎實豐盛的鄉村美食到哪裏去了呢？那些食譜仍然存在嗎？還是代代相傳下來的食譜，隨著最後的鄉村廚師逝去而永遠消失了呢？就算現在還有人記得如何烹調傳統美食，又去哪裏尋找這些食材呢？現代的超級市場只會囤積那些可以堆得很高，而且賣得很快的食品。

而且重要的是，現在還有人會烤整隻公牛嗎？

①諾爾科沃德爵士：*Sir Noël Peirce Coward*（*1899-1973*），英國著名劇作家、作曲家、導演、演員及歌手。以機智犀利的劇作成名，以結合風趣時尚的言談舉止風靡大眾，曾於一九四三年以電影《與祖國同在》（*In Which We Serve*）榮獲美國奧斯卡榮譽獎。

②蘿麗塔：*Lolita*，俄國作家納博可夫（*Vladimir Nabokov*）以英文創作的著名小說，發表於一九五五年，描述中年男性迷戀上小女孩的情慾經歷與掙扎。

③格雷安葛林：*Graham Greene*（*1904-1991*），英國著名作家與評論家，有「英國當代最偉大的小說家」之稱。重要的著作如《榮耀的力量》（*The Power of the Glory*），《事物的核心》（*The Heart of the Matter*），以及改編成電影的作品包括《愛情的盡頭》（*The End of the Affair*）、《沉默的美國人》（*The Quiet American*）、《布萊登棒棒糖》（*Brighton Rock*）等，作品經常描述現代社會中矛盾的道德與政治觀。

④大皇宮：*Grand Palais*，巴黎大皇宮位於巴黎第八區的香榭大道，是為了舉辦*1900*年世界博覽會而重建，不但具歷史意義，也是文化與藝術的博物館。

⑤黃金時代：*Belle Époque*，是指一八七一至一九一四年間的法國第三共和時期，社會和平，文藝盛興，科技萌芽，相較於後來爆發的第一次世界大戰，被法國與比利時人公認為懷念的「黃金時代」。

⑥米其林三星大廚艾立克費雄：*triple-Michelin-star Éric Fréchon*，由米其林輪胎公司所出版的年度餐飲與旅館指南，自一九〇〇開始發行至今，成為歐洲最具權威性的餐飲與旅館指南，書內的評鑑者完全匿名且從不對外公開，以保持公正性，評鑑好壞以星級區分，三星為最高級。費雄，出生於一九六三年，為巴黎*Le Bristol*餐廳主廚，二〇〇九獲得三星級殊榮。

⑦皮爾星：*John J. Pershing*（*1860 - 1948*）一次大戰時的著名美國將領，曾於在世時獲綬美國軍隊最高官階「三軍統帥」（*General Of The Armies*），成為後來眾多將領表率。

⑧世界報：*Le Monde*，法國全國性大報，創刊於一九四四年，與《費加洛報》（*Le Figaro*）、《巴黎人報》（*Le Parisien*）同為法國重要報刊。

Two

失傳的菜單

烹調在法國，是一種嚴肅的藝術形式，也是全民運動。

——茱莉雅柴爾德[1]

想像中的盛宴場景

英語系國家的人在晚餐時所醞釀的各種奇思異想，往往在第二天早上喝咖啡之前就渙散殆盡，就像新年願望的消失，永遠是從「希望我……」變成「可惜我……」。

幸運的是，法國人對這種充滿誘惑的想像空間還保留一線門縫可供進出，法文envisagés（展望）這個字有行動的含意——意思是不排除可能，或許在短時間內不會發生，不過展望是可以醞釀的。

法文中還有「l'esprit d'ecrevisse」（樓梯間的頓悟）一詞，意思是晚餐過後當你下樓時才有的回應，如果當時你就能想到的話，不但會減少餐桌上的沉悶，而且還可能會讓和你同桌的她大為讚賞，在桌下把她的電話號碼塞給你。所以為了不浪費這種寶貴的「事後諸葛」思緒，法國文壇發明了「pensée」（思維）一字，嚴格來說是把各種想法、箴言、奇聞軼事或是沉思集合在一起，其實簡單說來，就是把所有可能會消失在空氣中的想法全部寫在紙上。

所以如果不是第二天《世界報》上的一篇報導，我對完美盛宴的想法，會像所有深夜難以消化的食物，以及塞納河上的月光一樣，消失無蹤。《世界報》的報導說：聯合國教科文組織宣布正式法國晚宴，又被稱為repas，正式被認定為人類的「非物質文化遺產」之一。

兩年前，法國總統薩科奇曾經在一場農業展覽中聲稱法國餐飲是世界上最好的美食，應該受到承認。這是政客們為了拉攏有力人士慣用的手法，而在法國，沒有任何人比農產業者更具分量。

一個非常特殊的法國機構「歐洲食品歷史與文化協會」，顯然在幕後遊說，扮演了重要的角色。二十四位聯合國教科文組織的成員在奈洛比開會，討論四十七項提名，同意認定「法國烹調美食」為值得保存的人類遺產，這並不是要教育法國人民，因為法國人民並不需要被說服，而是為了造福世界人羣。

聯合國教科文組織說明他們界定經典美食的準則，這是法國有關當局從來都不敢做的事。他們非常清楚這樣做馬上會成為眾矢之的，招致所有和法國食品有關當局的無情抨擊。

美食應當尊重一種既定的結構，由開胃酒開始（餐前飲料），而以烈酒結束，至少應有四道連續佳肴貫穿其中：前菜，魚及／或肉與蔬菜，乳酪與甜點，被稱為美食家的人應對傳統所知甚深，維護記憶，看守這項習俗的實踐，特別是對年輕的一代，並貢獻於口述或是文字傳承中。

和親朋好友一起享受這樣一頓大餐並不只是為滿足口腹之欲而已，誠如聯合國教科文組織所稱：這是一種社會活動，用來慶祝個人或團體生活中的重要時刻。

在我看來，這是典型「馬兒跑了才關馬門」的舉動，多此一舉，現在誰還會這樣吃呢？特別是在法國這樣的大城市裏？一頓八到十道菜的晚宴加上酒，多則二十人，就連在家裏吃也所費不貲，更何況是在餐廳裏？就算是主廚和服務人員願意接受這項挑戰，這種開銷也令人心疼。所以現在的餐廳已不再招待大羣賓客，他們的烤箱太小塞不下一整隻乳豬、一隻鹿腿、甚至半頭牛。現在多數的餐廳若不是仰賴微波爐，就是購買罐頭，或是事先煮好的袋裝食品，加熱後上桌。

而且現在進餐的人還有諸多顧忌：不要肥的、不加糖、少鹽、半素、全素、潔食、聖食……等，現代廚師面對的是一片危機四伏的地雷區，他當然會很樂意烹調那些不致犯忌任何人的餐飲，不需要面對難題。

聯合國教科文組織發表聲明過後，其他國家的飲食界自然也有不少批評聲浪：難道德國、英國、甚至美國的飲食傳統都不值得表揚嗎？

法國的廚師們勉強可以接受美國人的感恩節大餐，英國人的聖誕節盛宴或許稱得上是種饗宴，可是德國呢？仇恨太深，烹飪不堪一提。

這種憎惡可以上溯至德國統一前的十九世紀中期。一八七〇年普魯士與法國開戰，法國日後最偉大的廚師——喬治艾斯克費[2]當時被徵召上戰場並被俘虜，在戰俘營中痛苦的生活了將近一年，每日活在半熟的豆子、生蟲的豬肉、腐爛的馬鈴薯中，使他日後痛恨德國食物。

一九一三年，德國人推出從漢堡到紐約；橫跨大西洋的郵輪服務。德皇威廉二世要求艾斯克費為「將軍號」郵輪上的一百四十六位賓客準備午宴。艾斯克費在他的回憶錄中，毫不掩飾他對德皇威廉二世的怨恨，這份怨氣是出自德皇對待他的方式。首先，他必須讓德皇的手下相信他過去所受的牢獄之苦，不致使他企圖毒死德皇。他們要求德文的菜譜，據此檢查每一道菜，

如今餐廳已甚少招待大羣賓客

其中包括一道小龍蝦慕斯（mousse d'ecrevisse），也就是小龍蝦冷盤。可是「慕斯」這個字也有「客艙服務生」的意思，以致德國翻譯氣憤地質問廚師，是否當真相信德國人會像惡魔一樣拿船員當菜吃。

那天晚餐過後，德皇威廉二世召見艾斯克費，不斷重複說：「我是德國之王，而你是廚師之王。」雖然這是他所接受過的讚美中最有名的詞句，但是艾斯克費卻從未在他的回憶錄中提到這件事，只有寥寥數語說：「在這次盛宴過後不到一年，德國對法國宣戰。一九一四年十一月一日，我兒丹尼爾，阿爾卑斯部隊三六三師的陸軍中尉，被普魯士子彈打中臉龐，當場死亡，留下四名子女讓我扶養。」

小皇宮那頓晚餐過後的星期日，我漫步在蒙馬特的跳蚤市場（brocante）內。brocante 這個字的字源不詳，它可以指市場內所販賣的二手貨，也可以代表二手市場本身，或是一間專賣二手貨的店。無論如何，「專門的跳蚤市場」和「出清存貨市集」一樣，是法國生活的象徵，隨著法國人對回收的重視，益形重要。

位於巴黎「旺夫」以及「克力楊古爾」[3]這兩個地鐵站附近的跳蚤市場，終年不斷地陳列著眾多二手貨，有時還能淘到不錯的寶物。當天氣變暖，法國其他地方也會冒出許多跳蚤市場，它們會侵占公共廣場、學校停車場、郊區街道。出了巴黎，他們多半出現在田野間，或是圍著村鎮的足球場。

我在巴黎北邊蒙馬特的斜坡上，正置身於這種冒出來的跳蚤市場內，小攤三三兩兩地散布

巴黎的舊貨攤販

在羅什舒瓦街（rue de Rochechouart）中間分隔島的樹蔭下。我在瀏覽這些擺在樹下攤位上的寶物，一羣遊客從地鐵站出來，臉色蒼白地看著眼前的斜坡，像登山者一樣把掛在身後的背包往肩膀掂高，開始朝著聖心大教堂[4]蘑菇一般的灰色圓頂爬去。

我的目光被放在人行道上、半藏在皺皺的舊報紙下，一疊沉重的陶盤所吸引。灰白色的表層上龜裂的痕跡顯示年代久遠，而每一個陶盤的底部則上了一層光滑的黑釉，依據法國人直率的說法就是：「黑屁股」。在墨西哥、日本與波蘭等地都可以見到這種上了鉛釉的陶盤與陶鍋，年代可以上溯到十八世紀。不過，眼前這些陶盤幾乎可以確定是十九世紀晚期布列塔尼地區[5]所製造。我見過陳列在古董店玻璃櫃中的類似餐盤，標價搭配著古董店的身分。

在跳蚤市場淘貨的首要規則，特別是對外國人來說，就是要裝著不感興趣的樣子。我撇見一個滿是灰塵又裝著很多舊文件的塑膠袋，於是把它丟在那堆陶盤上，然後一起拿著，對那位在晨間艷陽下打瞌睡的無聊年輕人問道：

「一共多少？」

他茫然地看著我要買的東西，然後再看看那些閒逛的羣眾，顯然這不是他的攤位，他不是老闆。老闆和許多其他擺攤位的人一樣，正在對手們的攤位上探幽尋寶。

最後他終於說：「嗯，十元？」

是一件十元？還是所有東西十元？我沒敢讓他多想，塞給他十歐元，他看著錢發楞，然後做出只有法國人才會的半聳肩。十歐元買這些舊餐盤和一些舊紙頭？看起來很划算，再說天氣太熱，講價就免了吧！

15 April
1912

皇家清湯
Consommè à la Royale
*
蝦醬魚片捲
Filets de Soles Joinville
*
堅果醬小野豬肉
Noix de Marcassin Sauce Chasseur
*
泰力倫雞肉舒芙蕾
Soufflé de Volaille Talleyrand
*
驚喜松露
Truffes Surprise
*
南泰斯西洋菜鴨
Caneton Nantais Cresson
*
沙拉　*Salade*
*
義大利朝鮮薊
Fondsd'Artichauts à I'Italienme
*
小龍蝦樹叢
Buisson d'Ecrevisses au champagne
*
維維安冰淇淋
Glace Viviane
*
水果，甜點
Fruits, Dessert

DEGERMANNREIM

* * *

回到家後，我把其中一個餐盤的灰塵擦乾淨，上面擺了三個深紅色的蘋果，然後把陶盤放在餐桌上，陽光從木製的百葉窗中透了進來，它們在陽光下閃閃生輝，夠看吧！馬諦斯[6]！

接著我靈機一動，把那些紙張倒出來，大多數是菜單，有十幾張吧，年代約在一九一一和一九一二年前後，大部分是慶祝聖餐、退休，或是婚禮的私人晚宴菜單。

其中有些是用手仔細書寫的菜單，可以想見那些羽毛筆的鋼製筆尖在陶瓷墨水罐中點進點出的畫面。那些字型的書寫技巧：如沙拉（Salade）那個大寫S的誇張曲線，以及禽肉（Poulet）P的加長襯線，只會出現在那些並不習慣閱讀，需要清楚明示的社會中。其他的菜單則是正式地印在厚紙卡上，紙卡頂端印有花邊，「菜單」這個字的兩邊襯托著家禽、龍蝦、魚類、花朵和水果的圖案。正該如此，因為這些古代紙片公然鼓舞的不僅是傳統與習俗，更是富麗的氣派。

其中一張餐卡，上面簡單地寫著「一九一二年四月十五日」，幾乎是一世紀以前，記載了一頓正式餐宴的佳肴。

這正是聯合國教科文組織心目中的正式晚宴，但是時至今日，到哪裏去找這樣的盛宴呢？這些是真正「失傳」的佳肴，對現代廚師來說，就連其中的語言都讓人難以理解。

例如，要符合「皇家清湯」的描述，這道菜需要豐富的額外食材，才夠得上適合「國王」飲用。但是已經很多年沒有任何一位廚師願意下苦工達到這樣的標準，就算少數人願意嘗試，效果也不是很理想。就拿一九五三年為了慶賀伊莉莎白女皇加冕典禮所舉辦的烹飪比賽來說吧！這項比賽中出現一道新菜「加冕雞」（Coronation Chicken），裹在咖哩蛋黃醬內的雞肉。這份食譜出現之後，很快就有人指出一個令人尷尬的現象，一九三五年為慶祝喬治五世登基五十週年的慶典中，也出現類似的「慶典雞」，同樣也使用咖哩蛋黃醬。更奇怪的是，負責二〇一二年伊利莎白女皇登基慶典晚宴的廚師顯然也不知道這件事，因為他們提供的美食也……正是……切碎的雞肉裹在辣咖哩蛋黃醬中。

要製作一九一二年的「皇家清湯」，廚師必須用奶油打蛋，把打好的蛋糊倒在模型裏，隔水煮熟，然後再把煮好的蛋捲狀固體切成條狀，挑出幾條和切成薄片的雞胸肉、蘑菇和松露，一起放在湯盤裏，然後在上面倒入熱雞高湯才算完成，不是那種可以在幾分鐘之內就能準備好以便招待不速之客的佳肴。

其次是小野豬肉，是野豬幼崽的精華肉片，用奶油嫩煎，搭配以白酒、奶油與香草做成的醬汁。至於製作小龍蝦樹叢，廚師必須把帶殼的小龍蝦排成一座金字塔，底層是香檳肉凍。再說舒芙蕾，雞胸肉必須先拍打成肉醬，裹在蛋白與蛋黃混合物中，再放入烤箱。

一九一二年那個時候，只要事先告知，任何一家中等餐廳都可以製作出這樣的晚宴。可是我們現在生活的這個時代，一間普通的餐廳可能只有二到三位廚師，其中一位還是實習生，不像從前能有十位廚師準備餐飲，因此就由科技接手處理。現在在巴黎邊上的批發超市中，上等餐廳的廚師們開著六輪鐵馬而不是推著購物車，到出口處結帳的食品是：成袋的冷凍薯條，油燜鴨罐頭，一箱箱隨時可以加熱的奶油雞、紅酒燉牛肉，還有奶油馬鈴薯燉小牛肉。二〇一一年，三分之二的法國餐廳承認使用預先煮好的食品罐頭、冷凍食物或袋裝食物。

這份一九一二年的菜單中，凡是不能用微波爐煮的或是烤盤烤的菜肴，現在都已消失。由於舒芙蕾必須是現場製作，所以「泰力倫雞肉舒芙蕾」現在只出現在少數專門的餐廳內。不過冷凍的或是罐裝的朝鮮薊挽救了「義大利朝鮮薊」這道菜，同時「南泰斯西洋菜鴨」也可以存活，因為鴨的每一部分都可以事先烹調且淋上醬汁，只要加上幾根新鮮的西洋菜就可以上桌了。

* * *

市場同樣也在轉型，就拿我經常光顧的布西街與塞納河街市集[7]來說，一九五〇年的一位觀光客曾經如此形容當時的景象：

總是人聲鼎沸，兩旁都是手推菜攤，後面是肉鋪還有魚販，經常擠滿人潮。穿越其間，撲

老式的冰淇淋販賣車

鼻而來的是令人作嘔的爛菜葉、鮮蘿蔔、生內臟及牛血的味道。清道夫一早就扭開消防栓，髒水流瀉在古老的人行石道上，空氣中則飄蕩著隔夜的酒精、菸頭、精子與清潔劑的氣味。這種氣息連綿數條街口到達奧古斯丁河堤以及塞納河畔，緩慢安祥的飄動，彷彿天使的嘆息。

他現在一定不認得這條街了。魚販和乳酪店早已不見，只剩下一塊悽涼的遺址：位於路易絲安納飯店旁邊，在一家總是拉起鐵門的店門口，藍色的背景下黑色的瓷磚字拼出「海產」這個大字。藍色是希臘國旗的顏色，也是喬伊斯為他的著作《尤利西斯》[8]第一版所選擇的封面顏色，這本書的出版商就是幾條街外的「雪維兒畢奇的莎士比亞書店」[9]，喬伊斯在這條街上走過幾百次，有沒有可能他曾經抬起頭來看著這塊招牌，記在心裏？靈光乍現可能出現在各種地方！

這座幽靈海產店永遠不會再開張，布西街也不會再有隔夜酒精和精子的味道。這塊空間現在屬於義大利冰淇淋店、巧克力專賣店、酒商，有機化妝品店，當然還有咖啡店。每一年，咖啡店都會把他們的木製平台往外推一點到人行道上，好再多擺幾張桌子。

至於那些手推車攤販，他們容易妨礙那些坐在桌邊喝牛奶咖啡的觀光客的視線。不過有時清晨街邊會出現一些舊時小販，彷彿來自另一個年代的幽靈。有一次是一輛一九二〇年代的汽車，漆上靈車般的黑色，車蓋上耀眼的黃銅裝飾與車輪閃閃發亮，車身的後半經過改裝，放著一桶桶的自製冰淇淋。

肉店門口偶爾會盤據著兩位面色陰沉的小販，販賣乾皺的香腸，以及外圈腫得像樹瘤的圓形乳酪，還有從法國中部奧弗涅森林山區[10]來的風乾火腿。雖然他們的寬邊黑帽以及黑色棉布罩衫看起來似乎有點新潮，但是這兩個人和他們的產品一樣，是不折不扣的法式原味。一個星期六，我帶著美國朋友漫步其中，停在他們的攤子前介紹香腸種類：有野豬肉香腸……堅果香腸……還有……我停下來看著朋友，該讓他們知道下一種香腸是由驢肉做成的嗎？還是不要吧！

大皇宮那頓晚餐過後很久，記憶仍在我腦海中不斷盤旋。

完全重現羅馬時代的盛宴固然不可能：首先，現在誰還烤公牛？公牛還存在嗎？美國人稱公牛為閹牛，歐洲與亞洲認為閹過的牛更能勝任拖車與耕田的工作，但是這兩種工具現在也都不用了。

可是，大皇宮的古典建築和那份一九一二年的菜單中所代表的美食文化，現在可能還存在法國嗎？如果存在，會在哪裏？偏遠的鄉下角落，是否還存在一頭待烤的公牛？以及一羣知道如何操作這種中世紀習俗的人類？

重塑聯合國教科文組織所定義的經典法國佳肴，就算只是用想的，也會是非常有趣的事。但是我需要靈感，需要啟發，需要一位嚮導。

幸運的是我認識波里斯（Boris）。

①茱莉雅柴爾德：*Julia Child*（*1912 - 2004*），是著名的美國廚師、烹飪節目主持人、最重要的成就是藉由她的烹飪書籍《駕馭法式烹飪藝術》（*Mastering the Art of French Cooking*），將法式烹調引進美國普通家庭，大幅提升美國人對法式餐飲的興趣。

②喬治艾斯克費：*Georges-Auguste Escoffier*（*1846 - 1935*），法國的現代廚藝之父，有「廚皇」之稱。不但精研法國烹調廚藝，並大幅精簡原有的西式飲食內容與上菜方式，現代西餐著重醬汁並以單點方式輪番上菜，即出自他的創新。他並改革廚房文化，採分級制度，提升餐飲行業的水準與地位，影響力遍及全球餐飲界。他在一九〇三出版的《烹飪指南》（*Le Guide Culinaire*）一書，至今仍是傳統烹飪的指導書籍。

③旺夫，克力楊古爾：旺夫（*Porte de Vanves*），克力楊古爾（*Porte de Clignancourt*），均為巴黎地鐵站名，也是著名的跳蚤市場所在地。旺夫站位於巴黎西南方，地鐵十三線可到。克力楊古爾站位於巴黎北方，地鐵四線可到。

④聖心大教堂：*Sacré-Coeur*，巴黎著名的觀光景點之一，羅馬天主教堂，供奉耶穌聖心，因而得名。

⑤布列塔尼地區：*Brittany*，位於法國西北部的半島區域，北面英倫海峽，西為大西洋，南朝比斯開灣，一度是個獨立王國，於一五三二年被納為法國省份。*Brittany* 一字相較於「大不列顛」的英國稱謂，有「小不列顛」之意。

⑥亨利馬諦斯：*Henri Matisse*，法國畫家，野獸派畫風創始人，用色大膽，線條豪放，他與畢卡索以及馬塞爾杜尚被認為是二十世紀初期改革造型藝術最重要的藝術家，作品包含雕塑、素描，但以畫作最富盛名。

⑦布西街與塞納河街市集：布西街（*rue de Buci*），塞納河街（*rue de Seine*），均為巴黎著名左岸街道，布西街上終年均有露天市集。

⑧喬伊斯大作《尤利西斯》：*James Joyce*（*1882 - 1941*），愛爾蘭作家及詩人，二十世紀初最具影響力的現代主義作家之一，《尤利西斯》是他的代表作品之一，以現代小人物的一日，平行對應荷馬史詩《奧德賽》主角尤利西斯漂泊生活的境遇，為現代意識流小說代表作。

⑨雪維兒畢奇的莎士比亞書店：*Sylvia Beach's Shakespeare and Company*，雪維兒畢奇（*1887 - 1962*）是位生活於巴黎的美國人，於一九二〇至三〇年代活躍於巴黎外國人圈。她在一九一九年創設「莎士比亞書店」兼圖書館，和她長年的同性法國伴侶莫妮耶共同推廣當時作家寫作聯誼的氣氛，海明威、喬伊斯、龐德等作家經常出入這裏，直到二次世界大戰德軍占領巴黎，書店被迫關閉為止。電影《愛在日落巴黎時》（*Before Sunset*）以及伍迪艾倫的《午夜巴黎》（*Midnight In Paris*）均曾以這間書店為背景。

⑩奧弗涅森林山區：*Auvergne*，法國中南部大區，火山噴發形成的區域，遍布森林、溫泉與自然公園，也是法國著名企業米其林輪胎公司所在地，同時盛產各式乳酪。

Three

怪傑美食家

我也能成為能幹的學生，如果能找到能幹的老師。

——葛楚史坦茵[1]

一九八〇年代的一部電影，片名就算我曾經記得的話，現在也全忘了。裏面描述一個女人，應該說是法國南方一家鄉村餐廳的女廚師，為二十位看起來非常重要的客人準備午餐。

他們對她的廚藝大表讚賞，特別是主菜，他們從來沒嘗過這麼好吃的醬汁，她超越了自己。她走回廚房，鍋子還在灶上，她盯著那口鍋子發呆，然後從裏面撈起幾湯匙放在盤子裏，走到後門外，只見一位老人穿著破舊長褲敞著襯衫，坐在石階上削馬鈴薯。她把湯盤遞給他：

「可不可以請你嘗嘗？」

老人把最後一顆馬鈴薯放在桶子裏，雙手在褲子上抹乾淨，接過湯盤還有湯匙，嘗了一口，想了一下。

「你用哪種酒？」老人問。

廚師頓時洩了氣：「我就知道，所有四九年的酒都用光了，我只好用五〇年的酒。」

老人把盤子還給她，帶著責難又同情的口吻說：「那就對啦！」沒必要多說，以他們之間嚴格的標準來看，她失敗了。

很久以前看過的這部電影，其中的信念讓我肅然起敬：還有一些人，執著於食物該有的口感、味道與賣相，你我早已忘懷許久。

我曾經和大衛荷夫曼[2]在澳洲度過一個星期，他是速食文化的作家，也是《樂在狼吞虎嚥》

奧地利明星安東華爾布魯克

這本書的作者。他對吃如此執著，一度把家搬到靠近西洛杉磯一間名叫「蘋果盤」的小咖啡館旁邊，這家店供應超級美味的漢堡與蘋果派。

在他拜訪澳洲的期間，品嘗過非常多的食物，但是通常只吃一口。在這片廣袤的大陸上，只有一樣東西引起他的注意：薄荷巧克力棒，就是淋上巧克力的綠薄荷糖棒。原因和法國著名文學大師普魯斯特所推崇的瑪德蓮蛋糕一樣：喚起童年記憶。「我要帶一袋回去。」他對我說。「我非常喜歡這種浸在巧克力裏面的簡單薄荷糖棒。美食真正的意義就是喚回童年的味道，這些就像是我母親在重要節日時會給我吃的薄荷糖。」

搬到法國十年以后，我才碰到另外一位這樣的奇人，而且又花了五年的時間才……不能說是「和他成為朋友」，比較正確的說法應該是「讓他可以忍受我」。至少我們之間的交情足以偶爾共享餐宴，並且在他對法國和全世界美食淪喪的議題發表高論時，我會是個很好的聽眾。

我稱他為「波里斯」，因為他讓我想起電影《紅菱艷》[3]中芭蕾舞團的製作人波里斯勒蒙托夫，他甚至長得有點像飾演這個角色的奧地利人安東華爾布魯克，兩個人的皮膚都很白晰，宛如終年不見陽光，也都留著濃密的鬍鬚以及滿頭黑髮，頭髮有點過長，袋狀多疑的眼睛反映出苦澀的幽默。

我和波里斯初次相遇是在一場以外國人為名所舉辦的募款餐會上，不過如果我們兩人都需要付錢參加的話，可能我們就都不會出現了。我是主辦單位邀請的來賓作家，而他呢……誰知道？他可能因為知道主辦人的某些祕密，也很可能只是看到那些穿著整齊的人羣聚集在外面，所以就踱步進來了。

晚餐是老套的鮭魚佐時蘿香草醬、花椰菜以及小馬鈴薯，袋裝食品的份量，出自某家餐廳的供應商，每個人都一樣。

除了波里斯，他的盤子是空的。

這是懲罰他沒有付錢就進來嗎？如果是這樣的話，我的盤子也應該是空的。不管什麼理由，他都沒有表示任何異議，只是拿起刀叉，開始吃起想像中的食物。

他模仿得維妙維肖，用刀叉與嘴分割咀嚼那不存在的鮭魚，淺嘗低酌那看不見的美酒，撕起幽靈麵包的一角抹乾盤中想像的醬汁，甚至一度還要求鄰座的客人傳遞鹽罐，坐在兩旁的客人都沒有注意到他的空盤，就算看見了，大概也不會相信自己的眼睛。

每個人都用完餐後，他也放下刀叉，抬頭看見坐在對面的我。

他俯身向前，輕聲對我說：「節食。」

如果不是幾星期後和波里斯不期而遇的話，我可能已經完全把他忘了。一位通曉巴黎騷人墨客出入小徑的朋友曾經帶我去過一家小餐館，藏在巴黎第十區地鐵東站附近像迷宮一樣的街道內，叫作「綠色蠟燭」。這裏通常是法國文學家艾佛德雅里[4]的仰慕者朝聖之地。他的荒謬劇經典《愚比王》中愚比的口頭禪就是：「以我的綠色蠟燭而言！」。雅里的言行錄妝點著整座牆面，依據雅里的「趴踏學」而設立的「形而趴踏學院」的忠實門徒們，經常在這間小店內舉辦各種活動。

波里斯正在那裏研究一盤西洋棋，桌面上看不到餐盤。

不知道他是否還記得我？「還在節食嗎？」我問。

他頓了一下才想起我，想到後只是點頭示意對面的椅子，我坐了下來。

「誰贏了？」

他眼前的棋局沒有任何進展，事實上連一步棋都還沒下。

「言之過早。」

侍者前來招呼我們，波里斯頭也不抬地說：「他要高麗菜湯。」

我們在沉默中坐著直到湯端上來。烹調好喝的高麗菜湯是對廚師的挑戰，我以為會看到像塗壁紙一般普通灰色泥團。出乎意料之外，湯裏面是入味的帶皮馬鈴薯切成小方塊，外加白豆、大蒜和洋蔥，煮成豐富有味的濃湯，當然還有高麗菜，不過沒有很多，廚師把外面粗糙的葉子摘掉留下嫩葉心，切成一條條放在湯裏，酥脆可口，整道組合美味極了。

等我把最後一滴湯都抹乾淨後，棋局有了進展，白棋和黑棋在K4的位置上面面相對。

「推薦任何甜點嗎？」我問。

「諾曼蘋果白蘭地蛋糕還可以。」

我看著菜單，「上面沒有啊！」

「嗯，他們這裏沒有，不過可頌餐廳做的很好。」

我感覺一片迷茫，問道：「是在第二區，尚饒勒斯[5]被暗殺的地方嗎？」

他抬起頭，眼神之中似乎有絲尊敬之色？還是我的幻想！

「那是那裏的特色之一。」他說，「可是我去那裏是為了蛋糕，每個星期四才有。」

我把它當作是份邀請，下個星期四午餐前，我出現在可頌餐廳。一九一四年一位名副其實的狂熱分子拉烏爾維蘭，在這裏刺殺了社會主義領袖尚饒勒斯。當年可頌餐廳得到警方的特別

一八九〇年代的咖啡館，侍者不但伺候咖啡，也招待閱讀報紙，報紙用木架夾起以免被竊。

許可，為那些必須工作到半夜的新聞記者們徹夜開放，而饒勒斯和他的朋友當時正在歡慶他們成功地阻止了政府想要通過一項強制性三年兵役的法令。右翼的好戰分子維蘭從街邊的窗口一槍命中饒勒斯。這家餐廳的牆上有一面匾額記載了這件事，而波里斯正坐在其下。這次他沒有一個人下西洋棋，而是在玩填字遊戲，至少心思是在上面，因為他手裏拿著一隻削過的鉛筆，並沒有填入任何字，紙上的字我一個也不認識，是俄文用的斯拉夫字母。

面前的餐盤上是一塊看起來光澤濕潤的蛋糕。

「那就是諾曼蘋果白蘭地蛋糕嗎？」我邊問邊拿起菜單。

「別麻煩了，」他說，「這是最後一塊，留給你吃。」他把盤子推到我面前。入口潤澤，粗糖脆皮，內填烤蘋果，整塊蛋糕散發出蘋果白蘭地的香味。

我邊吃，他邊研究填字遊戲。「屬於八目鰻綱之一的吸血成員，七個字母？」

「七鰓鰻（Lamprey）？」

「我想你是對的，謝謝。」但是他沒有寫進去。

我和波里斯會面的地點簡直就可以寫成一本書，不是在永垂不朽的餐廳裏，就是在聲名狼藉的咖啡店中，不是某個作家在這個地方寫作，就是這個地方是某位藝術家的最愛，有的時候甚至是已被摧毀的重要歷史建築遺址。

到巴黎遊覽的觀光客總以為咖啡店是為了喝咖啡或吃東西而設，但是對巴黎人來說，這不過是重要性的一小部分而已，研究外國人在巴黎生活的作家赫伯勒特曼[6]最了解這點，他說：

> 任何人不會只在咖啡店和朋友相聚，而是會做生意，或是花上半天時間寫信，甚至寫書。

不待邀請也能和鄰座陌生人攀談。咖啡店的會面通常取代相約家中，使得家庭生活不受干擾，而且如果家居位於只有階梯才能上達的頂樓，就更有理由了。

波里斯從未邀請我去他家。就我所知，他家可能位於時髦的十九區公寓頂樓套房，或是有錢的紐利區宅邸。就算他有家人，也沒聽他談起過。同樣地，雖然我們曾經在至少幾十家以上的咖啡店見過面，我幾乎沒有看過他吃東西，除了偶爾一片全麥酸麵包之外，那是少數他看得上眼的現代產品。

餐廳不僅是他熱愛的食物殿堂，同樣也是他的教室。波里斯會幫我點餐，然後再用像外科手術一樣精準的技術切開關節；露出富有彈性的肌腱，用以說明這不是什麼人工飼養的可憐小鳥，而是正宗的布雷斯土雞[7]，在野地長大到可以被食用的地步。

一匙馬鈴薯泥也可以引發一篇有關準備與烹調這種菜泥的堂皇大論，這是法國文學家普魯斯特宴請「布雷弦樂四重奏」樂師們的美食，他在凌晨兩點召集他們到他的公寓為他演奏比利時作曲家法朗克的作品以喚起回憶，這份美食直接出自麗池大酒店的廚師艾斯克費之手。

波里斯口若懸河地談論這項主題，使我在艾斯克費的《烹飪指南》中尋找「奶油馬鈴薯」這道食譜。書中特別說明小馬鈴薯的做法，必須連皮一起煮沸，然後馬上剝皮——這是二廚的苦工，然後切片放入熱得冒泡的奶油煎鍋中，當馬鈴薯變軟而奶油收汁後，再用手打攪拌，最後加入更多奶油完工，難怪樂師們把盤子抹得乾乾淨淨。

波里斯以談戀愛般的熱情口吻描述食物，但是他和那部電影裏坐在後門階梯上的老人一樣，很少吃超過一匙的食物，難道他和那些品茶、品酒或是咖啡的師傅一樣，只需要一小口就能了解好壞嗎？還是他像晚年的情聖卡薩諾瓦一樣，因為經歷過太多漂亮的女人，對完美感到厭煩，後來只有那些醜陋怪異的女人才會吸引他？無論哪種原因，波里斯堅信食物不只為滿足口腹之欲，更需鑒賞品味。無論從那一方面來看，他都符合聯合國科教文組織對美食家的定義：維護美食本身的高等品質。

因而同為美食品味者，會因稍許差別而有所不同：吃客（gourmet）享受美食，吃得講究，僅此而已。饕客（gourmand）喜愛美食，份量甚多。但美食主義者（gastronome）研究美食，崇尚完美，並不為滿足食欲。美食主義者崇敬美食而不溺於口欲，誠如一般人不會吃他們所敬畏的東西。

電影《紅菱艷》中，勒蒙托夫拒絕觀賞女主角母親為她舉辦的音樂劇舞蹈，他對她說芭蕾是他的信仰，他對周遭俗麗的設計與交頭接耳的觀眾做出輕蔑的評論——「真正的信仰並不在乎是否被實踐……特別是在這樣的氛圍之中……」。做為美食家的波里斯和勒蒙托夫一樣。對波里斯來說，在餐廳內開懷暢食，就像在教堂內狼吞虎咽熱狗一樣——我是指那種什麼都加進去的熱狗，不敬哪！

我猶豫了好幾個禮拜，才把我的計畫告訴波里斯。我們在巴黎大清真寺內，他喝著我一直都不喜歡的薄荷茶，而我則啃著一點堅果餅乾，感覺像是假扮信徒祕密去麥加朝聖的探險家理查柏頓[8]，他不是回教徒，但是欣賞伊斯蘭教的壯麗之美。

我告訴他我心中的想法。

「會烤公牛的人難找，機會不大。」

「我只是想知道這些菜肴是否還存在？不是真的晚宴，只是心中的意念，我以為你會同意我。」

「你有過更糟的想法。」他承認道。

「那你會幫我？給我一點建議嗎？」

「只要別叫我吃那些東西。」

「保證不會，那……我們從哪裏開始？」

「從開胃酒開始……」

「哪一種？」

「你的朋友卡爾呢？我來問他。」他說。

卡爾是另外一位旅法的作家，也是有名的飲客。可是……波里斯認識卡爾嗎？我倒不知道。不過回想起來，他們同樣出現在波里斯吃隱形餐的那頓餐宴上，這兩個人之間難道也有任何祕密協定嗎？像我和波里斯一樣，在神祕的咖啡廳會面，交換不明的意圖？難道我是重大陰謀下的小齒輪？偏執的幻想出現在我的腦海，事情不受控制的感覺又出現了！

①葛楚史坦茵：*Gertrude Stein*（*1874 - 1946*），居住在巴黎的藝文活動帶領先驅、作家、詩人與藝術收藏家。出生於美國，一九〇三年移居巴黎，此後數十年間，她在每個星期六晚上建立的「藝文沙龍」成為前衛藝文作家的寶地，畢卡索、海明威、費滋傑羅、馬諦斯等人均是座上常客，她也成為溝通與評介現代藝術的重要推手。她曾經出版許多文學創作，其中以用她的同性伴侶為名的自傳（*The Autobiography Of Alice B. Toklas*）為最有名。伍迪艾倫的電影《午夜巴黎》中，女明星凱西貝茲（*Kathy Bates*）飾演的角色就是她。

②大衛荷夫曼：*David Hoffman*，時尚記者與美食作家，寫過許多有關流行文化的書籍，其中包括《樂在狼吞虎嚥》（*The Joy of Pigging Out*）。

③紅菱艷：*The Red Shoes*，一九四八年的英國經典名片，部分取材自安徒生童話故事，描述執著的舞團製作人與芭蕾名伶以及作曲家間的愛恨故事，其中的舞團製作人波里斯勒蒙托夫（*Boris Lermontov*），是由奧地利演員安東華爾布魯克（*Anton Walbrook*）所飾演。美國導演馬丁史柯西斯與布萊恩・狄帕瑪均將此片列為他們心目中的佳作。

④艾佛德雅里：*Alfred Jarry*（*1873 - 1907*），作家、現代前衛戲劇的創始人，對法國一九二〇到三〇年代的超現實戲劇具有決定性的影響，也是荒謬文學的先驅。他的荒謬劇《愚比王》（*Ubu Roi*）曾備受爭議，自創「趴踏學」（*pataphysique*），後來的忠實信徒於*1948*年設立「形而趴踏學院」（*College of Pataphysics*）。

⑤尚饒勒斯：*Jean Jaurès*（*1859 - 1914*），法國社會主義領導人，一生致力宣揚和平主義，卻在一次世界大戰前夕被敵對黨的拉烏爾維蘭（*Raoul Villain*）於可頌餐廳（*Café Croissant*）刺殺身亡。

⑥赫伯勒特曼：*Herbert Lottman*，居住於巴黎的美國記者與傳記作家。曾經出版過多本有關巴黎與法國的創作。

⑦布雷斯土雞：*poulet de Bresse*，雞的品種之一，來自法國東南方隆河阿爾卑斯區的布雷斯，每年約養殖一二〇萬隻，不過多半內銷法國，因為雞身顏色特殊，紅冠、白體、藍爪，正是法國國旗顏色，因此也是代表法國的土雞。

⑧理查柏頓：*Sir Richard Francis Burton*（*1821 - 1890*），著名的英國探險家，曾多次進出亞洲、非洲與美洲。偽裝進入麥加是他著名的探險之一，也使他聲名大噪。他還曾翻譯過未刪改的《一千零一夜》，並將印度《愛經》（*Kama Sutra*）引介到西方。

Four

創造開胃酒

「對了，我們快到的這間咖啡廳據說有全巴黎最難喝的茴香酒，要不要試試看？」

我們喝了，說不出的難喝。

——《二廚助手》，席尼派瑞曼[1]

全世界的侍者在點餐前都會問你是否需要來點東西刺激食欲，喝點開胃飲料。開胃酒（apéritif）這個字源於拉丁語「打開」的意思，但是只有在法國，這項詢問帶有更多的社會涵義。法國人相信有些飲料不應該在餐前飲用，但是他們不會告訴你是哪種飲料。酒單沒拿來之前，他們不會給你飲料單，算是一項不成文的規定。他們期待客人會在沒有任何引導下說出他們喜歡的開胃飲料，這樣可以顯現客人的程度與經驗，反之亦然。

例如咖啡與茶絕不能在餐前飲用，一定要在結束後享受。啤酒、果汁和蘇打類的飲料只適合在海灘上飲用，上不了晚餐檯面。如果點了威士忌或馬丁尼的話，就要冒著被當成酒鬼的危險，不過最糟糕的選擇大概就是點「一杯水」，因為這像是在逃避這個問題，水當然是會準備，但是，你想「喝」什麼呢？

〇〇七的作者伊恩弗萊明對生活品味非常講究，他在《最高機密》[2]一書中寫下這些建議：

詹姆士龐德在富格咖啡廳點了今晚的第一杯酒，這算不上是杯真正的酒，任何人都不可能在法國咖啡館裏真正的喝酒，坐在外面艷陽下的人行道上也不會是喝伏特加、威士忌或琴酒的地方，在咖啡廳裏，你只能點一些配合看音樂劇所喝的飲料，所以詹姆士龐德永遠喝同樣的東

西—美國佬雞尾酒（Americano），這是混合肯巴利酒、義大利苦艾酒，加上一大塊檸檬皮與蘇打水調成的雞尾酒。至於蘇打水，他永遠選擇沛綠雅氣泡水，因為他認為昂貴的蘇打水是強化沒勁的飲料最便宜的方法。

身為澳洲人，我在選擇開胃酒時經常尷尬萬分，因為我們不像芬蘭或南美洲國家那般多樣化，澳洲沒有鮮明的國民酒，冰啤酒就足以滿足百分之九十九人的胃口，只剩下一小撮人享受這個國家的葡萄美酒。在我還是小孩的時候，只有那些被稱為「酒屋」的陰沉邪惡酒吧內才供應普通酒，酒吧裏的男男女女終日喝著甜雪莉酒與波特酒。一直要等到一九四〇年德國與奧地利的製酒商移民到澳洲後，我們才學會製作並欣賞葡萄酒。

澳洲人自釀酒的歷史也可以回溯到二次世界大戰期間，澳洲部隊被困在新幾內亞的綠色叢林裏，於是發明了「叢林酒」，把一顆顆南瓜挖空，裏面裝曬乾的水果、糖與水，然後把南瓜吊在樹上等待發酵，等到果皮爛得差不多的時候，就會流出一股濃暗的液體，酒精含量與味道經常不一樣。我曾問過一位老兵它的滋味如何？

「誰在乎味道啊！有效果就好！」他直率地說。

波里斯建議找卡爾的念頭完全正確，因為卡爾是酒類專家。品酒是他的終生職志。他的酒量驚人。接受他的邀請，去他位於夏特雷廣場[3]邊上的公寓喝酒，就準備喝到不省人事。一杯他調的莫吉多雞尾酒[4]可以讓我的雙腿發軟，而他的馬丁尼[5]則非常接近純琴酒，我懷疑他沒有加入香艾酒，而是依照傳說，只加琴酒，然後湊近杯口輕聲說：「香艾酒」，就算完事。

但是那天我幾乎認不出來幫我開門的卡爾，上次派對結束後我攙扶下樓的大肚漢去哪裏了？他瘦了至少五十磅，而他身上的長褲像喇叭褲，像是從一九七〇年代就在衣櫃裏掛到現在才翻出來穿。

「你怎麼了？」

他居然看起來有點不好意思，「我戒酒了，親愛的。我的肝不行了！」他一邊解釋一邊請我進入客廳，「醫生說它簡直可以列入金氏世界紀錄。」

我還來不及坐下，他繼續說：「不過我還是可以請你喝一杯，沒道理我戒了酒，你也不能喝。」

「不了，謝謝，這次純粹是有事請教。」

可是頓時手上就出現了一個杯子，鬱金香造型的高腳杯，傳統上用來喝雪莉酒，英國人稱之為schooner，西班牙人稱之為copita，不過手上這個杯裝的不是雪莉酒，而是薄荷顏色的東西，我喝了一口，深吸了一口氣。

「這是什麼玩意？」

「楓葉糖漿杜松子酒，一位多倫多的朋友自己釀的，我沒試過，不過很好奇。」他滿懷期待地看著我的杯子問：「嘗起來怎麼樣？」

「像德國人說的，和打火機造成的效果一樣。」

「對，我想它可能會有點烈，不過喝吧，老兄。你有什麼事要請教我？」

我談起我的構想，準備迎接他的挑戰。卡爾是那種人，當你問他二加二等於多少？他的回答非常可能是：「這是個很有趣的問題，拿亞述人來說……」

誠如所想，期望他推薦特殊又好喝的開胃酒，開啟了他的話匣。

「嗯，你需要從義大利酒開始想，法國人在十九世紀引入義大利人的習慣，義大利人喜歡自己釀酒，艾草、香芹籽、茴香……等，如果你能把這些東西浸在葡萄酒裏，再加上一點糖而其結果不會讓你茫到看不見的話，你就有開胃酒了。」

不過他的想法更複雜：「或者你也可以直接用酒精來取代葡萄酒，這叫作玫瑰烈酒（rosolio）。」他的眼神泛起懷古的神情，「嗯！不錯的選擇，玫瑰烈酒！」

可是我對它的回憶卻不太美好，還記得有一次在佛羅倫斯的晚餐最後，女主人宣稱另外兩位客人，一對從阿爾卑斯北邊來的胖夫肥妻，帶來自釀的烈酒。酒瓶呈長錐形，瓶身外觀裝飾著闊葉、花朵與水果的塑型，堪稱傑作，襯托出裏面誘人的金黃液體。一名僕人恭敬地把幾湯匙液體倒在塗上釉彩的圓柱小酒杯內，酒杯細緻得像蛋殼。

女主人解釋說：「這位先生與女士，擁有世界上最大的甘草種植園。」事實上她不必說，我用聞的也知道，而且我還注意到她的面前並沒有擺酒杯。

不過我還是嘗了一口，這杯瓊漿玉液嘗起來就像是咳嗽糖漿。

「不！我不要玫瑰烈酒。希望你別介意。」我說。

「那就暫且放義大利一馬吧！讓我們集中精神在法國身上，雖然我不願意這麼建議，但是最好的選擇就是基爾酒（Kir）了！」。

他說得對，基爾酒在很短的時間內就打入餐廳，成為世界性的飲料。白酒加上甜水果酒，就成為基爾酒，通常採用黑醋栗酒（crème de cassis）做為其中的甜水果酒。雖然這種酒聽起來好像已存在許久，但事實上一直要到一九五〇年代，它才出現在各種雞尾酒的調酒單中。

這種酒是菲利斯基爾所創，他是位牧師，也是反納粹的領導人，從一九四五年到去世的一九六八年間，他還是第戎市的市長，而最重要的是他開啟了締結「姊妹市」的先河。由於他的關係，第戎市與許多地方締結成姊妹市，包括羅馬尼亞的克魯茲、美國的達拉斯、德國的緬因茲、波蘭的比亞偉斯托克、匈牙利的佩奇、義大利的拉吉歐亞美利亞、馬其頓的思科普里、俄國的伏爾加格勒，還有英國的約克鎮[6]。幾乎每個星期都有代表團來訪，於是基爾看見其中商機，鼓勵本地的葡萄酒商與黑醋栗酒商，把這兩種產品融合成單一的飲料。

基爾酒是幾近完美的開胃酒，雖然含有酒精但是非常清淡，具有普通飲料的成分，又帶點複雜的口感。對法國人來說，基爾酒具備多種不同的調配選擇，正好顯示他們的差異、知識或是才智，換句話說，足以讓他們藉此傲視眾人。

例如，選擇皇家基爾酒（Kir royal）會被認為很時髦，這款酒是用香檳氣泡酒調製，而非普通白酒。要更複雜一點，你可以點主教基爾酒（Kir cardinal），使用紅酒調製而非白酒。但是要讓侍者真正佩服你，那就非公社基爾酒（Kir communard）莫屬。它與主教基爾酒一樣，不過它的名稱由來是為了紀念一八七一年短暫占領巴黎的「公社」分子，這羣無政府主義者也是左翼紅旗分子，你可以對你的朋友解釋其中緣由，將令他們大為佩服。

接下來是選擇添加的甜水果酒，傳統上是用黑醋栗酒，但是你可以點加入樹梅酒的樹梅基爾酒（Kir framboise），或是可以調配出金黃顏色的杏桃基爾酒（Kir pêche），但是用杏桃做出來的東西，多半淡而無味。我最喜歡的是一間名叫佛里安的小店開發出來的基爾酒。這是一間專門製作果醬與糖果的精緻工坊，有一間小小的工廠，坐落於南方普羅旺斯小鎮腳下一條急流邊上的峽谷中。想要讓點酒的侍者啞口無言嗎？就點「佛里安玫瑰果醬皇家基爾酒」（製作方法附於書底的食譜中）。吧台沒聽過這種酒？沒問題，接下來的時間你就可以慢慢地解釋如何製作這種酒，你不但會成為當晚同伴的焦點，甚至會是整間餐廳的目光所在。

當你問侍者有哪一種甜水果酒可供選擇時，通常他們會說出三到四種水果酒，但是絕大多數不會有黑莓製成的酒。作家依迪絲華頓[7]在她一九一九年發行的小書《法國方式及其意義》中道出了原因：

> 小心！別吃黑莓，你難道不知道它會讓你發燒嗎？整個法國雖然熱愛水果且普遍栽種，卻讓這項詭異的傳說深植人心。因此年復一年，熟潤晶瑩的黑莓被棄之於荒野成為飛鳥與昆蟲覓食的珍品，只因為在遙遠的過去，甚至說不定是在史前時代，高盧人曾經放話說『黑莓會帶來高熱』。

除了這本書上的記載外，我還沒有發現任何有關這種偏見的解釋。放眼海峽對岸的英國，黑莓被廣泛採收後製成果醬或是蛋糕，卻很少出現在法國市場上，也沒人願意調配黑莓基爾酒。

原因呢？或許因為一九一九年是西班牙流感的肇始年頭，這場瘟疫導致千萬人死亡，因此每個人對發燒都特別害怕。法國人當時還不了解這是世界性的傳染病，將之歸罪於剛結束的戰爭，認為是戰死的屍體掩埋在曠野中，散發出有毒的液體汙染大地。特別是在溫暖潮濕多霧的十月天，恰巧也是黑莓表面有時會長出一層毒霉的時候，在這樣的狀況下，只要有一兩樁被黑莓毒死的案件，或甚至只是謠言，就足以造成恐慌，以致在經歷了一個世紀之後，這種偏見依然存在。

「我喜歡基爾酒，」我對卡爾說，「但是有點……」

「太過普通？我了解你的意思。說不定接下來麥當勞就會賣基爾酒了。不過我還以為皮諾酒會是你的第一選擇，畢竟你的太太來自於生產這種甜酒的夏朗德區[8]。」

這種甜酒採用葡萄的第一榨釀製，然後再和干邑白蘭地混合而成。他說得對，這種酒是我太太瑪莉的家鄉地區最喜歡的酒，幾乎每一頓正式餐宴大家都會喝這種酒——足以讓我避免在我理想中的餐宴見到它。

「我希望更具有冒險精神！」

不出所料，卡爾對這種說法躍躍欲試：「冒險？如果你想要冒險的話……」

他打開酒櫥，裏面有上下四層，深度至少可放五瓶酒。如果阿里巴巴是個酒鬼的話，這絕對是他的珍藏寶庫。

「那麼茴香酒、皮孔酒、山布加酒、中東亞力酒，或者是夠勁兒的苦艾酒[9]呢？」

「我不喜歡茴香釀的酒。」

「那是因為你沒嘗過這個。」

他手舞足蹈地拿出一瓶酒，上面貼著誇張的西班牙文標籤。「納賈爾茴香酒，只在祕魯的阿雷基帕生產，酒精濃度百分之四十六，和伏特加一樣。或者這種……」，他拽出另一瓶酒，「西班牙辛穹酒，精濃度百分之七十，能做出這種酒，西班牙人早就該送人類上火星了。」他又搬出更多酒：「別忘了北歐，阿夸維特燒酒，太過癮了，還有瑞典的舒那普酒。」他拿起一壺濃

稠的液體，上面是手寫的標籤，「這是芬蘭文，翻譯過來的意思就是拉普蘭魔女的愛情靈藥10……它用藍莓釀造，我不知道是從哪裏弄來的這瓶酒，想必勁道十足，你知道芬蘭人，打從娘胎出生就是海量。」

一小時過後，我搖搖晃晃地從他家裏出來，抓住門板，提腳踏上外面街道，聖雅各柏塔在燈光的照射下，搖曳在夜空中。

我本來想要問卡爾他怎麼認識波里斯的？但是在酒精的作用下，這麼無聊的事真是不值一提。我的盛宴正順利地展開，卡爾勸我如果不給客人們溫和的開胃酒的話，那將會是災難一場，也會讓他們陷入和我現在一樣的恍惚情境，所以就讓他們用經典的基爾酒開胃吧，就此定案！

現在我該想的方向是：如何餵飽他們，當然，還有那頭公牛。

①席尼派瑞曼《二廚助手》：*S.J. Perelman*（*1904 - 1979*），美國幽默故事作家，以為《紐約客》雜誌撰寫短篇故事而成名。《二廚助手》（*The Saucier's Apprentice*），原載於1956年《紐約客》雜誌。

②伊恩弗萊明《最高機密》：英國作家*Ian Fleming*（*1908 - 1964*），以〇〇七系列小說聞名於世，《最高機密》（*For Your Eyes Only*）是他一九六〇年所出版的〇〇七系列小說之一。書中詹姆士龐德所喝的美國佬雞尾酒（*Americano*），是以肯巴利酒（*Campari*）與義大利苦艾酒（*Cinzano*）調和，並加入沛綠雅氣泡水（*Perrier*）而成。

③夏特雷廣場：*Place de Châtelet*，位於巴黎中心塞納河右岸邊的公共廣場，其間的*Châtelet*地鐵站是巴黎地鐵的中心轉換站。

④莫吉多雞尾酒：*Mojito*，古巴傳統調味酒，傳統上由白蘭姆酒、甘蔗汁、萊姆汁、氣泡水與薄荷五種原料製成，是夏日的雞尾酒飲料。近年來發展出許多不同的調配方式。

⑤辛馬丁尼：*Dry Martini*，雞尾酒的一種，傳統上是以琴酒（*gin*）混合香艾酒（*Vermont*）再放入橄欖與檸檬皮而成。香艾酒有辛香艾酒與甜香艾酒兩種，辛馬丁尼即是用琴酒加入辛香艾酒而成。傳說英國前首相邱吉爾也喜歡喝辛馬丁尼，可是他的做法是只加入琴酒然後看著香艾酒，或是只說香艾酒名就算完成。

⑥菲利斯基爾：*Félix Kir*（*1876 - 1968*），法國牧師，二次世界大戰時因協助法軍英勇抵抗而於戰後獲綬榮譽騎士勳章，一九四五年成為第戎（*Dijon*）市長，他所締結的姊妹市，包括羅馬尼亞的克魯茲（*Cluj*）、美國的達拉斯、德國的緬因茲（*Mainz*）、波蘭的比亞偉斯托克（*Bialystock*）、匈牙利的佩奇（*Pécs*）、義大利的拉吉歐亞美利亞（*Reggio Emilia*）、馬其頓的思科普里（*Macedonia*）、俄國的伏爾加格勒（*Volgograd*），還有英國的約克鎮（*York*）。

⑦依迪絲華頓：*Edith Wharton*（*1862 - 1937*），著名美國作家，作品《純真年代》（*The Age Of Innocence*）曾獲普立茲獎，並曾多次拍成電影，最著名的電影版本發行於一九九三年，由馬丁史柯西斯執導，丹尼爾戴路易斯、蜜雪兒菲佛與薇諾娜瑞德主演。

⑧皮諾酒，夏朗德區：*Pineau*酒，盛行於法國西南部的*Charente*區，*Charente*河流貫此區因而得名。皮諾酒、干邑白蘭地以及黃油是這裏的三大特產。

⑨茴香酒（*pastis*），皮孔酒（*picon*），山布加酒（*sambuca*），中東亞力酒（*arak*），苦艾酒（*absinthe*）。

⑩納賈爾茴香（*Anis Najar*），出產於祕魯的阿雷基帕（*Arequipa*），西班牙辛穹酒（*Chinchón*），阿夸維特燒酒（*Aquavit*），舒那普酒（*Schnapps*），拉普蘭魔女的愛情靈藥（*Lapin Eukon Lammenjuom*）。

Five

人人都愛魚子醬

我的盤子一邊擺著一個小碟子，上面堆著一團黑黑的東西，那個時候我還不知道這就是魚子醬，不知道該怎麼處理它，只知道絕對不會讓它進入口中。

——《追憶逝水年華》，馬歇爾普魯斯特[1]

愛情初始，兩情相悅，眠床往往成為起伏綣、共享歡愉的溫柔鄉。而總在午夜夢迴，或破曉時分之際，戀人方會款款長談，互訴心曲。

正是在這種時刻，在我們還沉浸在歡愉後的甜蜜時，瑪莉喃喃地說：「我有個小祕密。」這位把我迷惑得神魂顛倒的女巫，難道還有甚麼我沒發現的祕密？

「說吧！」

她扭著扭著，擠到我身邊：「我說小聲點。」

把小嘴湊進我耳邊輕聲道：「我喜歡……」

我屏住呼吸，可愛的小唇會吐露出甚麼令人銷魂的心聲呢？

「哦不，應該說我很愛……」

什麼？什麼？

「……魚子醬。」

我生長在一個對魚子醬毫無概念的國家，只知道它是奢侈豪華的象徵。來歐洲之前，我不僅從來沒有嘗過魚子醬，甚至連看也沒看過。不過這一點也不奇怪，我的家鄉父老認為只要不是從牛、羊、豬或是雞身上取得的任何食物，都是撒旦之物。

所以當初如果有人要請我吃魚子醬的話，我可能會像電影《飛進未來》（Big）中十二歲的湯姆漢克一樣，雖然被困在成年人的身體內，可是還保持年輕人的習性，對任何新鮮的口味一概拒絕。所以當他初嘗魚子醬時，厭惡地把它吐在地上。話說回來，普魯斯特也不喜歡魚子醬。少年人不僅會浪費；也不會理解真正的好東西。

可是當我們的身體逐漸發育，胃口也會隨之改變，不再會排斥苦的、鹹的，甚至辣的東西。橄欖、生蠔、鯷魚，還有葡萄酒與威士忌，這些食品逐漸展現它們的魅力。喝酒是男性步入成長必經之路，當你不再想把灌進去的酒精吐出來的時候，你就進入了成年期。理論上來說，越烈的酒越能表現你的成熟度。美國人喜歡喝威士忌，因為這是「只有男人才會喝的烈酒」，可是我比較同意文人山謬約翰生[2]的說法：「男孩喝紅葡萄酒，男人喝波特酒，但是想當英雄的人要喝白蘭地。」我們澳洲只有啤酒，從這點就可以看出我的祖國和其他的國家有多大的不同。

移居法國不久，我從倫敦回法國時，在希斯羅機場一間海鮮吧吃午餐。櫃台後是一排冷凍櫥窗，裏面放著又小又扁的罐頭，讓我想起新婚太太的床上呢喃。

我對女侍說：「那些是什麼魚子醬？」

她的態度馬上一變，我不再是位普通顧客，只吃鮭魚三明治配白酒，我代表希望。

她拿出三個罐頭放在櫃台上，天藍、橘紅，以及海洋般的深綠，誘人的顏色好像撲克籌碼。

「大白鱘（Beluga）、俄羅斯鱘、（Osetra）閃光鱘（Sevruga）三種！」。

她用小冊子上的圖片解釋這三種類型：豌豆大小的大白鱘魚子醬、小而灰色的俄羅斯鱘魚子醬，還有金黃色的閃光鱘魚子醬。

「分為四盎司與十二盎司兩種包裝。」

「四盎司的閃光鱘魚子醬多少錢？」

我忘記那天我付了多少錢，可是在一九九〇年的紐約，一盎司的大白鱘魚子醬要賣三十二美元，俄羅斯鱘魚子醬是十三美元，閃光鱘魚子醬是十美元，所以四盎司的閃光鱘魚子醬大約是四十美元。這筆費用在那個年代看起來好像很貴，那位女招待顯然也是這樣想，因為她不但帶著一臉溫暖的笑容，還給我一個裝有乾冰的保冷袋，保持魚子醬的低溫，你買煮好的豆子絕對不會有這種服務。

三種魚子醬

不過，這一小罐回家的伴手禮，可是絕對值得。

「魚子醬！」瑪莉擁抱我，「好久沒吃到了！」

「今天晚上就可以吃！」

「不行，今天晚上不行！」

「為什麼？我很好奇它嘗起來是什麼味道？」

「你不懂的。」她一面說著，一面把魚子醬放在冰箱裏，「留到週末再吃！」

到了星期六，顯然晚餐已經變成了一件大事，餐桌上架起燭台，擺上最好的法國里摩瓷器餐具[3]，還有麻布餐巾取代紙巾，桌旁還放了一只葡萄酒冰桶。最後，瑪莉還從櫥櫃深處，挖出一把古老湯匙。

「這是我曾祖父的寶貝！」

湯匙的杓肚看起來像是用某種米色有機的材質壓製成形。

「這是用什麼做的？」

「鹿角，你絕對不能用鐵匙來吃魚子醬！」

那天晚上，餐室的燈光轉暗，燃起蠟燭，那罐魚子醬躺在冰塊上，緊鄰著一碗法式酸奶油，還有一個鐵盤，上面的東西裹在餐巾裏面。我偷偷一瞧，原來是剛從烤箱拿出來，做成一口大小的肥厚鬆餅（blinis）。最後上桌的是一瓶直接從冰櫃拿出來的伏特加，冰到外層起了一圈白霧，遮住外瓶的標籤，不過瓶內無色的清澈液體中浮現著一枝綠色莖梗，原來是茅香伏特加（bison grass）。

瑪莉把伏特加的瓶蓋打開，倒滿兩只小杯子——看來又是她曾祖的寶貝。伏特加液體接近冰凍的程度，所以倒起來像糖漿一樣濃稠。

「感謝！」瑪莉舉杯說。

我們一口乾掉伏特加，一股清新的滋味彌漫口腔，緊接著酒精滑下喉嚨，爆發出火燒的熱力。

瑪莉拿起一塊鬆餅，塗上一點酸奶油，然後再用鹿角湯匙盛起一點魚子醬放在上面，我也有樣學樣。就在同時，我們一起把它放進嘴裏。味覺已先被伏特加清洗乾淨，小小的魚子在嘴裏迸裂——散發出多種絕妙滋味。

啊哈！現在我才終於了解。

這就是魚子醬的祕密，很貴，可是很好吃。英國作家愛德華費茲傑羅[4]在他譯寫的《魯拜集》中曾寫道：「不過是花費一點酒錢，還比不上酒本身一半的價值。」說中了我們對魚子醬共同的心聲，五塊錢一口？就這樣嗎？我願意付雙倍，甚至三倍的價格！

不光是我這樣想，紐約或是華盛頓大使館的宴會，往往會吸引一大羣知名人士參加，也是為了品嘗宴會中提供的魚子醬。電影編劇賴瑞麥克穆崔[5]曾在他的小說《凱迪拉克傑克》中描述了這樣的情景：

三分鐘內，我們就已經站在絲絨護欄的旁邊，直接面對魚子醬，四周盡是人潮，包括那些虎視眈眈或是熱得雙眼發直的人，懷抱著熱切的渴望等待著。十秒鐘後絲絨護欄拉開，好像屋頂被掀開一樣，五百位人潮直接湧向餐桌，我感覺不到自己在動，但是轉眼間波絲和我已經來到魚子醬前，我像後保險桿一樣緊護在她身後，當她和同事們在大啖魚子醬時，很多人企圖繞過我們，她的一位同事說：「這些人跟野獸一樣！」一邊說一邊舀起另一杓。

他沒有誇大事實，藝術評論家羅伯休斯[6]也曾譏笑過安迪沃荷和一羣人在伊朗大使館大啖魚子醬：「活像一羣鴿子圍在鳥池邊」。

魚子醬並不是只有一種，而是有好幾種。最好的是黃金魚子醬，來自於小體鱘（Sterlet）的魚卵。小體鱘過去盛產於蘇聯與小亞細亞地區，但是現在只生產在伊朗的裏海海岸。當地的魚子醬幾乎極少運到西方，但是當它一出現，西方的美食家便大為傾倒。一九七〇年代，當伊朗還受巴勒維王朝統治時，伊朗大使館的招待會往往會吸引所有紐約或華盛頓的名流人士，因為他們一定會供應這種小體鱘魚子醬。

直到一九一〇年代，歐洲與美國最好的飯店都還只供應小體鱘魚子醬，但是一次世界大戰過後供應緊縮，任何進入美國的小體鱘魚子醬純屬意外的結果，可能是摻雜在普通大白鱘或閃光鱘魚子醬中被運送進來。一九一五年，一公斤的小體鱘魚子醬落入紐約麥迪遜大道「凡登恩美食餐廳」經理安東尼丹唐[7]的手中。他才剛從俄國領事那裏聽說因為戰爭的關係，所有的魚子醬都停止出口，於是安東尼送了一磅小體鱘魚子醬給俄國領事，過了不久，俄國領事通知安東尼，禁運令並不適用於他的餐廳，他保證會繼續私下供應魚子醬給他，利用外交郵袋運送進來。

一九三七年，一罐小體鱘魚子醬以大白鱘名義從俄國南邊運進安東尼的餐廳，大白鱘當時要價十五美金一磅（今日的價錢後面要加上兩個零）。安東尼為這罐小體鱘開出五十美元的天價，是當時普通家庭兩個月的租金。

「這種價格誰會買呢？」一位新聞記者不滿地問他。

安東尼聳聳肩：「誰會去卡蒂亞買鑽石呢？」

二次大戰時，一位英國軍官破獲一處納粹總部，發現一個冰箱堆滿了魚子醬，他決定用這些難得的美味犒賞他的部下，於是拿了一罐給他的下士，那個人很快地退還給他：「對不起，長官，」他說：「這罐黑莓醬嘗起來有魚的味道。」

這種故事的流傳，使得人們誤認為大多數人不會「了解」魚子醬；認為品嘗這種珍品需要比較文明的品味，因此當我們認定有些東西太高級而一般大眾不會欣賞的話，就會比喻說：「拿魚子醬給老百姓吃」[8]。但是事實上，魚子醬的喜好因人而異，與階級或個性無關。就拿法王路易十五來說，他第一次嘗魚子醬就把它吐到地上。而一九八〇年代時，位於莫斯科紅場附近的小攤上只賣兩種東西：糖霜冰淇淋，以及上面躺著一小坨魚子醬的黑麥麵包，兩者的價錢一樣，大約美金二十五分左右，都賣得很好。

而從希薇亞普拉絲[9]的詩作中，你也想像不出這位作家的學生時代在《仕女雜誌》打工時，經常出沒於記者招待會的自助餐午宴中，大啖魚子醬，她在自傳小說《瓶中美人》中寫道：「在水杯、銀器以及瓷器餐具聲響的掩護下，我把雞片鋪滿盤子，然後在雞片上塗滿厚厚的魚子醬，像在麵包上塗花生醬一樣，然後用手指把雞片捲起來吃，這樣魚子醬才不會掉出來。」

在有限的供應中，瑪莉和我盡情享用魚子醬，因為母鱘魚無法像鮭魚一樣多產，必須等牠死去後才可以取出魚子，經過清洗、篩選，有時加上些許鹽，才能入罐包裝。

我看過一部紀錄片的片斷，俄國漁夫用漁網捕捉一頭巨大的大白鱘，畫面恐怖令人難忘。

那頭大魚在泥水裏搖頭擺尾掙扎脫困，看起來笨拙又不具危險，渾然不知就為了牠肚子裏的幾公斤精品，將很快會被屠殺至死。不禁令我想起如果只為了身上的一斤牛油，就必須殺死一頭牛的話，我們還會快樂地享受黃油可頌或是吐司嗎？不過就拿鱘魚和牠的魚子來說，顯然我們還是會很快樂地開懷享用。

一九九〇年代，俄羅斯和伊朗終於警覺到這種魚羣瀕臨滅絕的危險，於是嚴格限制魚子醬外銷。二〇〇五年，美國也禁止從裏海進口魚子醬。蘇聯的魚子醬出口量從每年四百五十噸銳減到二〇〇七年的八十七噸，全部來自非裏海的捕魚區。伊朗的出口量也從一九九七年頂尖時期的一〇五噸降到四十五噸。在西方，魚子醬的價格飆升到一公斤九千英鎊，大約一萬五千美金。

從包裝上也可以看出魚子醬的供應量逐漸稀少。直到一八九〇年代，魚子醬還是用木箱裝載三或四公斤，和生蠔的承載量差不多，當供給量逐漸緊縮而價格上揚時，包裝商就用瓷罐包裝，份量減半。二十世紀初期，又減成一公斤的圓罐包裝，利用寬橡皮筋緊密扎住裏面尚未殺菌的產品。時至今日，雖然法國製造商仍然使用這樣的包裝，俄國魚子醬則以更小型的包裝不斷地地流入西方市場。二〇〇五年的英國報紙如此報導：「一個昏暗的布魯塞爾早晨，不法商人們來到早市，從車後販賣走私進來的野生魚子醬，一百公克一罐要賣五十到八十歐元。」

為了滿足人們的需要，許多產品都攀上這個名稱，例如幾世紀以來在地中海地區都被稱為「茄子醬」的食品，現在改名為「茄魚子醬」。而含有黑豆與豌豆的沙沙醬，則被稱為「德克薩斯魚子醬」。樹薯粉原是用樹薯根部磨製而成，通常以珍珠大小的顆粒販售，現在則被吹捧為「蔬菜魚子醬」。

超級市場的貨架上，則擺上成堆紅色與黑色的魚子罐頭，保證有魚子醬的口味，價格卻只是它的皮毛，這些魚子來自於普通的圓鰭魚（lumpfish），又稱為魚蟾，只要瞧一眼這種乖僻的底層捕食魚（bottom-feeder），你就會知道牠絕對不會具有和魚子醬一般微妙的滋味。抱持懷疑態度的人把魚蟾的魚子放在濾器裏用冷水沖洗，洗去了黑色或紅色的黏液，也洗去所有的味道，剩下的魚子又小又透明，嘗起來一點味道也沒有。

紐約一間餐廳提供用冰淇淋、巧克力糖漿和魚子醬一起做成的甜點，嚇壞眾生。這種被稱為「濃香黃金聖代」（Golden Opulence Sundae）的甜點，是用五球由世界上最貴的食材做成的冰淇淋，包在可食用的金葉子裏，頂端再放上一碟「百香魚子醬」，這種魚子醬被形容為「美國黃金甜點魚子醬」——白魚子加糖產生甜味，再注入百香果、柑橘，以及雅文邑白蘭地。這份甜點盛在一隻透明的水晶杯中，再用一把十八K金的金湯匙品嘗。一份要價一千美元，是當時世界上最貴的甜點。

把魚子醬和水果混在一起吃，和麥可傑克森的哥哥傑米住在瑞士旅館時，把番茄醬倒在魚子醬上吃一樣暴殄天物。但是，進一步研究就會發現，「美國黃金甜點魚子醬」其實並沒有那麼珍貴，魚子來自白魚，鮭魚的堂兄弟，常見於五大湖區，一盎司的零售價格只有十八美元，白魚的魚子肥胖粉紅，好似鮭魚，看起來也類似小體鱒，但是味道完全不同，一旦外表的黏液融入口中後，剩下的滋味像魚蟾一樣索然無味。

魚子醬曾經和鵝肝醬一樣，是每場盛宴的標準配備，名廚艾斯克費總是會慷慨地端出黃金魚子醬，所以如果能夠在我的盛宴中提供任何一種魚子醬的話，將會是多麼耀眼的招數，管它是不是只用想的。

就在我突發奇想、想要重塑完美盛宴的那個禮拜，波里斯經常出入布西街的聖阿布耶咖啡廳[10]，他坐在餐廳後面的雅座內看報紙，或者該說是一副像在看《世界報》的樣子，因為他通常對新聞沒什麼興趣，我偷瞄他在看的報紙頭條標題：

「戴高樂總統下達最後通牒
昨夜暴動中，七百九十五人被捕，四百五十六人受傷」

原來是一九八六年五月二十四號的報紙，我環顧咖啡廳四周，「那些抗議的學生們在這裏聚會嗎？」

不是不可能，這間咖啡廳具有悠久的政治傳統，一九三〇年代，這裏是自我放逐的歐洲理想主義者最喜歡出入的地方，他們在附近賃屋而居，許多人是為了逃避史達林或是法朗哥元帥派出的線民或是殺手，或是逃避半打巴爾幹王朝派出的祕密警察追捕。咖啡廳後面的牆上鑲著一面大鏡子，能夠照到整個咖啡廳還有外面的人行道，所以如果你坐在後面的雅座，背對著門口，你可以在鏡子裏看到所有進出的人，而且除非你移動身影，顯露出你的位置，否則沒人會注意到你。波里斯顯然了解這點，所以他選擇坐在這裏。

我開口道：「法國真的有鱘魚嗎？」

「鱘魚全世界都有，或許應該說過去曾經有，我認為吉隆特河口[11]應該有很多。革命過後很多有錢的俄國佬定居在那裏，那裏讓他們想起黑海。」

「法國鱘魚也產魚子嗎？」

「為什麼不會呢？法國牛和俄國牛同樣也會產牛奶？法國鱘魚為什麼不會產魚子呢？」

「那為什麼沒有人賣？」

「你怎麼知道沒有人在賣？」

「你嘗過嗎？」

「當然嘗過，你或許也嘗過。當法國養殖者開始生產這種魚子醬的時候，所有高級的餐廳都不屑一顧，所以他們就把產品運到烏克蘭奧德薩的罐裝廠，一旦產品標上斯拉夫的字母，高檔餐廳搶都來不及。」

夏末，瑪莉和我沿著夏朗德省的潺潺河水，尋找法國魚子醬的源頭。

即使有導航，鱘魚之旅也花了不少時間。我們穿梭在狹窄的鄉間小路上一個多小時，路寬僅供兩輛車相會，兩旁綠樹垂往路中，宛如一條綠色隧道保護我們免受南邊太陽毒曬之苦。車內衛星導航系統的聲音不斷指示我們……再過兩百公尺左轉，然後右轉，繞過圓環，第二個出口……。

蜿蜒的路途領著我們來到一條與狹窄的伊勒河並行、滿布車轍的泥巴小路，伊勒河最終匯入多爾多涅河[12]。一公里過後，一棟偌大的十九世紀建築終於出現在一座坑坑疤疤的停車場後面，矗立在我們與那條河之間。這棟建築的對面是一棟比較現代但是毫不起眼的兩層磚造建築，門前掛著一塊小招牌，上面寫著「不賣魚子醬」。看來我們找對了地方！

波里斯是對的，法國魚子醬的確存在，不過份量稀少。當法國人最後終於了解鱘魚的商業價值時，唯一還有這種魚類的地方只剩下吉隆特河口。養殖業者進口蘇聯鱘魚和當地魚類交配繁殖，所以現在還有養殖魚場分布在法國西南以及西班牙北邊，一年生產大約五十噸的魚子醬。

漁場經理帶我們參觀這棟建築說：「現在不是漁獲季節，所以沒有很多。牠們在夏季生長，我們在十月到四月之間收成。」

我們走在魚場上，不時會有女人經過我們身邊，身穿白色外套，頭戴塑膠髮套，像是實驗室的技術師。她們冷冷地看著我們，想必隨時上門的顧客，總會造成一定的困擾。

「你大概會想看看牠們。」經理邊走邊說，領我們走到大太陽下。大約有二十座養殖池分布在小路與河之間，每座養殖池都像是兒童游泳池那麼淺，大多數的池底都漆上藍色或是白色，也有幾座漆上黑色，所以很難看清黑絲絨般的鱘魚在裏面自由迴游的狀況。

我把手伸進冰冷的水中後，連忙抽出來。

「牠們不會咬人。」經理說：「沒有牙齒，是底層捕食魚類，不像鮭魚，而比較像鯊魚，沒有真正的骨架，他們的骨頭……」，他上下擺動著雙手，像是在扳動一條看不見的橡膠管，法國人可以用手勢表達的時候，絕對不會用語言說。

熾熱的太陽下，我們在養殖池間來回走動，汗流浹背，真希望能加入那羣鱘魚，一起躺在養殖池中，讓流經大樹後面的冰冷河水沖刷洗淨我們的身軀。很難算清魚羣的數量，每座養殖池內的鱘魚數量都很多，尺寸像似大鮭魚，不斷游來游去。雇來的年輕人來回巡視，從大桶內舀出一杓杓魚飼料均勻地撒在水上。

這些魚的飼養情況像流水帳一樣，從經理的口中娓娓道來，哪些魚比較年輕，哪些比較老，哪些是公的，所以除了肉之外沒什麼價值（不過肉質好吃，用優格醃泡後再烤，我國訪客曾經烤給他們吃過）。還有母魚，不過還要再等兩年才能產下夠多的魚子。另外還有一個養殖池，專門養殖從西伯利亞進口的小鱘魚，當作一種實驗。如果牠們能夠存活的話，那麼這間公司可能很快就能販賣目前蘇聯政委和回教領袖們搶破頭的黃金魚子醬了。

「你喜歡魚子醬嗎？」我問。

他一副不可置信的表情：「當然喜歡！」

「你怎麼吃？搭配伏特加和鬆餅嗎？」

「不是，我們搭配干香檳與一點黑胡椒。」

我可以感覺到他語氣中的渴望，我們像是在自助餐桌前互相對望的兩個人，彼此間只有胃口相連。「死神之前人人平等」這句話應改為「食物之前人人平等」。

「你們生產多少？」

「總共嗎？收成好的年份大約六噸！」

所有這些生物的犧牲，只為了六噸魚子醬。讓我想起那段影片中的母鱘在裏海泥土中的掙扎，成千上萬的生命被犧牲，只為了一年消耗掉的四百五十噸魚子醬？牠們的生死與我們在巴黎燭光晚宴下享受魚子醬的快感，孰重孰輕？還是每一顆珍珠的渺小死亡，都更能增加我們的口感呢？

我真希望說這種念頭會讓我一輩子都不想吃魚子醬，但是還不到二十四小時，我已經盛起一杓魚子醬，準備試試看搭配黑胡椒與香檳，是不是比搭配伏特加還要好吃。

我的筆記本上記載了養殖池的價格，他們最好的魚子醬一公斤要賣一千六百一十四點六歐元，將近兩千美元。四盎司是一百一十三公克，所以我在一九九〇年機場買的那罐魚子醬現在大約應該值一百三十美金，一口大約是二十美金。

想像中的那場盛宴，會有比魚子醬更好的開胃菜嗎？

我想不出來！

那麼貴，值得嗎？

想到那入口的味道。當然——

絕對值得！

①馬歇爾普魯斯特：*Marcel Proust*（1871 - 1922），法國著名文學家，最有名的著作為小說《追憶逝水年華》（*A la recherche du temps perdu*），共有七卷，小說長度以及意識流的寫作手法是最主要的特色。特別是書中因為蛋糕屑掉入熱茶內而引發的一連串對童年事故的寫作，是為意識流寫作的典型。本書第六章中有詳盡描寫。

②山謬約翰生：*Samuel Johnson*（1709 - 1784），對英國文學貢獻良多的著名文人，又稱約翰生博士，曾獨立編纂《約翰生字典》，風行一時，直到一百五十年後才被《牛津字典》所取代。

③法國里摩瓷器餐具：*Limoges*，位於法國中南方的城市，自十八世紀以來，即以出產精緻優美的陶瓷器名聞全球。

④愛德華費茲傑羅：*Edward Fitz Gerald* (1809 - 1883)，英國作家與詩人，最著名的著作即是將十一世紀波斯的詩人奧馬開儼的四行詩集《魯拜集》（*The Rubáiyát of Omar Khayyám*）翻譯成英文，將這部作品介紹到西方文學界。

⑤賴瑞麥克穆崔：*Larry McMurtry*（1936 - ），著名美國小說家與劇作家，曾以《寂寞之鴿》（*Lonesome Dove*）一書贏得美國普立茲獎，並以電影《斷背山》贏得奧斯卡最佳改編劇本獎。《凱迪拉克傑克》（*Cadillac Jack*）是他一九八二年的小說。

⑥羅伯休斯：*Robert Hughes*（1938 - 2012），澳洲著名藝術評論家，曾被《紐約時報》譽為「最偉大的藝術評論家」，他為電視製作藝術評論節目，並為時代雜誌撰寫評論文章，將評論本身提升至藝術層次。

⑦安東尼丹唐：*Antoine Dadone*（1880 - 1969），美籍義大利後裔，一九一二年在紐約開設「凡登恩美食餐廳」（*Vendôme Table Delicacies*），以供應各式昂貴進口美食與禮品籃著名。

⑧拿魚子醬給老百姓吃：*caviar to the general*，出自莎士比亞《哈姆雷特》中。

⑨希薇亞普拉絲：*Sylvia Plath*（1932 - 1963），美國詩人，一生飽受憂鬱症之苦，是推動自敘詩（*confessional poetry*）的重要詩人，著名著作包括自傳體小說《瓶中美人》，並於自殺身亡後以詩作獲得普立茲獎。

⑩聖阿布耶咖啡廳：*Café Au Chai de l'Abbaye*，一九六八年五月巴黎發生一連串學生與工人對戴高樂政府的抗議與示威活動，被稱為「五月風暴」（*soixante-huitards*），聖阿布耶咖啡廳成為異議人士經常聚會的地點。

⑪吉隆特河口：*Gironde*，位於法國西南邊，多爾多涅河（*Dordogne*）與加隆河（*Garonne*）匯流出海處。

⑫伊勒河，多爾多涅河：*Isle*河，位於法國西南，全長二五五公里，最終匯入多爾多涅河。多爾多涅河全長四八三公里，是法國西南重要河流，也是世界上少數幾座可以觀賞潮湧的河流。

Six

引發靈感的蛋糕

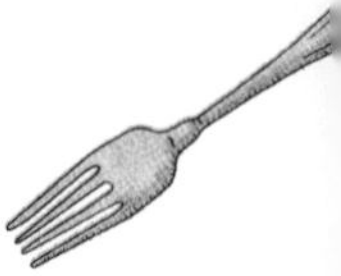

讓他們吃蛋糕！

——經典名句誤傳出自瑪莉安托內特皇后[1]

從我發誓要用過去「失傳」的菜肴重塑理想盛宴開始，不到幾個禮拜，就已經領教到這件事情的龐大規模。

就算先不考慮到哪裏去找那頭公牛，連帶去找會烤、甚至要吃牠的人，我也必須先決定周邊配菜的數量、種類、還有風格，以及酒的搭配，而且這是法國式的盛宴，所以自然還有餐桌上不成文的哲學，這些都必須考慮進去。所以，如果拿吃來比喻我現在的狀況，我就是：眼大肚小。

秉持由簡入繁的原則，我先從能夠掌握的餐點開始：當客人品嘗基爾酒的時候，我應該提供一些小餐點助興。還有什麼比小蛋糕更適合的呢？我連什麼樣的蛋糕都想好了——瑪德蓮蛋糕（Madeleine）。

我父親是位糕點師傅，我的童年充滿著剛出爐的新鮮蛋糕香味，黑色潤澤的水果蛋糕；撒上糖霜外加各色糖米的杯子蛋糕，還有極具彈性的海綿蛋糕，先切成一半，塗上鮮奶油以及草莓果醬後再夾回去，像三明治一樣。

記憶中最特別的是像高塔一樣的結婚蛋糕，這是廚師的藝術戰艦，高達三層，有的時候四層，整個蛋糕披上白得像大理石一樣的杏仁糖衣，每一層都畫上蛋白糖霜做成的花飾，我可以看見父親堅定的雙手，小心翼翼地從捲筒羊皮紙裏擠出一圈圈糖線，每一圈線的末端都放上一顆小巧的銀色糖珠。

搬到巴黎這個糕點的都會中心時，我以為糕點在這裏應該會更為普遍，其實不然，法國人喜歡水果塔或是餡餅，但對蛋糕卻十分挑剔。標準的法式點心（patisserie）應該是內餡滑潤、外皮堅實的餡餅，或是水果塔，裏面包的不是我小時候非常熟悉的檸檬凍，就是加上糖漿、結實地裹在蛋奶外皮裏的片片水果，外面這層厚實的蛋奶外皮將水果穩穩封住。其他的點心則是包著軟滑慕斯，或是被封在巧克力外殼下的泡芙。

但是說到蛋糕，則有嚴格的分類，在超級市場內水果蛋糕被標示為英國蛋糕，沒有海綿蛋糕，磅蛋糕則標示成：「四X四」，因為它的四種成分：麵粉、糖、蛋以及奶油的使用份量均等。至於結婚蛋糕：多數佳偶會選擇藝術泡芙高塔蛋糕（pièce montée），一朵朵外圍塗著巧克力或是焦糖；裏面夾著奶油的泡芙，往上疊成高塔式的藝術蛋糕。我們的婚禮就有一個。

法國人為什麼不喜歡蛋糕？主要的原因是它會產生糕屑。英國皇朝時期，那些嗅著鼻菸的上層階級最害怕看到的情景，就是褐色的鼻涕滴在雪白的領巾上。所以想想看，如果法國仕女們低頭看到正在親吻玉手的愛人紳士的鬍子上，殘留著午茶時的痕跡，那會是一副什麼樣的情景？

為了解決這個問題，法國人發明了他們自己的蛋糕版本：濃縮，潤澤，耐嚼，而且最重要的是：沒有糕屑。法國茶點中最受歡迎的蛋糕就是費南雪（financier）、馬卡龍（Macaron）、可麗露（canelé），還有瑪德蓮蛋糕。可麗露的意思是「溝槽」，所以黑褐色富有彈性的可麗露蛋糕周邊為條狀溝槽，看起來像個電器插座。費南雪蛋糕又名金磚蛋糕，因為它看起來真的像是一塊金磚，馬卡龍蛋糕看起來則像是一塊迷你漢堡，中間夾著一層果醬。而在這些蛋糕中最珍貴的，就屬以扇貝模型烤成的既豐腴又圓潤的瑪德蓮蛋糕。

這些蛋糕浸在糖漿或是萊姆酒裏面，或許會流液但絕不會有糕屑，也不必擔心會像無孔甜甜圈（beignet）上的糖霜那樣四處散落。無孔甜甜圈是油炸麵團的變種，也是甜甜圈的祖宗。可麗露蛋糕包含雙份的糖與蛋，外加蘭姆酒的潤澤。至於瑪德蓮、費南雪，以及馬卡龍，部分的麵粉是由杏仁粉取代，所以無論是哪一種蛋糕，結果都一樣：沒有糕屑。

如果你指出有些法國蛋糕或是麵包會有糕屑的話——特別是可頌麵包，任何專家都會說那是因為你的吃法不正確，是你自己的問題。只要看過法國人吃可頌麵包的話，你就會注意到他們在撕扯可頌麵包前，會把它拿得遠遠的，這樣麵包屑會掉在地上，而不是掉在自己的衣服上。

接下來的事，就讓美國新聞記者羅伯威爾森[2]來解釋吧：

> 可頌本質酥脆，容易剝落，如果就這樣乾吃，那每一口都會碎屑四散，所以最好不要乾吃，要把它浸在咖啡裏。在巴黎，浸在咖啡裏不但是最好的方式，也是必要的方式，這是特別為浸泡所做的麵包。

自從一九二四年這篇文章發表過後，可頌麵包更進一步的改善麵包屑掉落的情形。目前早餐麵包的流行趨勢是在可頌麵包裏面塗上……對了，就是杏仁醬。

我曾經企圖說服父親製作瑪德蓮蛋糕，以增加店裏所賣的糕餅種類。他那時正忙著做萊明頓（Lamingtons），一種澳洲人最喜歡的蛋糕，也是糕點師傅的最愛，把過期的磅蛋糕切成數份，丟進巧克力糖漿內，然後再滾上椰子粉就大功告成。

名為「修女的屁」的小泡芙

「甚麼是瑪德蓮蛋糕？」他說：「從來沒聽過！」

「食譜在這裏。」我拿出《美食百科全書》[3]中辛苦翻譯的文字給他看。

他把手在圍裙上擦乾淨，然後拿起那張紙，不過只看上面所寫的成分。

「杏仁磨成粉？你知道那要花多少錢嗎？你要我破產嗎？」

搬到巴黎以後，我總是努力品嘗各種法國點心，不過有些糕點難以下口，或許因為我來自於天主教的環境，對於那些外表塗上焦糖；裏面夾著奶油；俗名叫作「修女的屁」（petre de nonne）的小泡芙，吃起來總有種罪惡感。

但是我很快地就愛上那光潤又具檸檬香味的費南雪蛋糕，至於馬卡龍蛋糕，擁有各種顏色、各種口味：檸檬、覆盆子、巧克力、焦糖或百香果口味，我同意一位廚師筆下所言：「外皮酥脆，內餡軟滑，無可抗拒。」

然而拋開這些，我仍然堅持對瑪德蓮蛋糕的最愛，不完全是因為食物本身的關係，而是因為：有多少蛋糕能夠激發偉大的創作靈感呢？

夏末，我問女兒露易絲：「想去伊利爾鎮[4]走走嗎？」

「好啊！我很喜歡那裏。」

一年前像這樣的問題，只會換來一份冷眼加上「我很忙！」這幾個字，但是不管惡魔如何附身十五歲的小孩，讓她們一夜之間變成一頭悶悶不樂的怪物，同樣地也會在一夜之間讓她們改頭換面，成為一位青春開朗的小女人。

她甚至早上七點就起床，準備搭乘兩小時的火車。所以我們很早就來到蒙帕納斯車站，坐在沒人的咖啡廳內喝咖啡並且共享一塊黑莓蛋糕。揮走三隻在桌上揀食麵包屑的大膽麻雀，法國俗稱麻雀為「皮亞夫」（Piafs）。一九三〇年代，一位身軀嬌小、脾氣暴躁的街頭女歌手，擁有獨特撩人的傷情歌聲，為了向體積短小、但精神無畏的麻雀們致敬，自己改名為「小麻雀」，她就是後來鼎鼎大名的法國女歌手伊迪絲琵雅芙[5]。不過她的決定有點諷刺：麻雀不會唱歌。

一個鐘頭過後，我們的高速火車穿越北邊柏斯平原（La Beauce），這裏是法國的糧倉，也像是法國的堪薩斯州。幾個禮拜之前，這裏還是麥浪陣陣、一片金黃，現在只剩下禿枝遍野、一片荒涼。收割後的小麥也和肯薩斯州一樣，堆在火車站旁的倉庫裏。火車慢慢駛過城鎮，眼前是一片繁榮過後的荒涼景觀：空曠的街道，破舊的房子，拉上百葉窗的商店，還有老狗在栗子樹下打盹。

我把閱讀器打開，點選昨天晚上下載的文字，這是法國大文豪普魯斯特《追憶逝水年華》巨著的第一部《在斯萬家那邊》：「好長一段時間，我經常很早就寢……」。

年少的我在澳洲鄉下初次閱讀這些文字，坐在陽台上低著頭，忍受氣候的乾熱，樹枝上的蟬鳴，以及胡椒樹葉不斷捶打錫片屋頂的聲音。

有的時候當我把蠟燭吹熄後，我的眼睛很快就閉起來，甚至還來不及說「我要睡了」。但是半個小時過後，我該入睡的想法卻把我給叫醒。我把手上的書本拿開，我想書還在手上，然後吹熄蠟燭。我睡著後一直在想我剛才看的書，但是我的思想似乎有自己的管道，似乎我自身已變成這本書的主題。

我完全了解這種感覺！看書的時候打盹，醒過來的時候，起初以為自己還在看書，然後才發現我在睡眠中創作出下半段。體內的作家血液像是飛機的自動駕駛一樣，完全自我操控。

我把閱讀器拿給露易絲：「我下載了這本書，如果你想要看有關伊利爾的事，可以拿去看。」

「沒關係，」她說：「我在學校就讀過了。」她把外套折成枕頭，雙手抱胸，眼睛閉起：「到了再叫我！」

到了沙特爾（Chartres）後，我們轉乘一班只有兩節車廂的火車，車廂不比巴黎的地鐵大，最後一分鐘三位女孩才趕上火車，抬上腳踏車，如果不是她們，我們將是車廂內唯一的乘客。駛離車站後，一條鏽蝕斑斑的單軌往前迤里獨行，將文明拋在身後。

我繼續看《在斯萬家那邊》，讓自己沉浸在那悠長蜿蜒的句子裏。

法國人一開始並不欣賞普魯斯特，一位編輯埋怨說：「我真不了解，為什麼一個人會花三十頁的篇幅，去描述他睡覺之前在床上翻來覆去的感覺？」書商也懷疑一個人會巨細靡遺地記得三十年前所發生的事情？更譏笑那件讓普魯斯特茅塞頓開的普通事情：不過是喝茶時掉了一點瑪德蓮蛋糕屑在他的茶裏面。

我連忙翻到那一頁。

忽然之間記憶回來了，那是瑪德蓮蛋糕屑的味道。在空布海鎮的星期天早晨（因為那些早晨在去教堂前我不會出門），我總是去莉歐妮阿姨的房間道早安，而她總會給我在她的茶或是花茶裏面浸泡過的瑪德蓮蛋糕。

難道因為我是糕餅師傅的兒子，所以這些情境對我來說格外浪漫嗎？我望著對面正在打盹的露易絲，她已經是位小有成就的廚師，特別會做餡餅與蛋糕，或許真有「與生俱來，世代相傳」這種說法吧！

＊＊＊

離開巴黎兩個小時後，小火車停在伊利爾鎮一處斑駁的站口。我們下了車，站在太陽下，這裏沒有月台，只有一條柏油路和這個無人看守的車站。鐵軌對面，一片樹叢後方，幾棟荒置的磚造建築巍巍顫顫地矗立在那裏，顯然靠著圍繞它們的樹藤勉強支撐。曠野中傳來獵槍上膛的聲音，獵人正在殘株中捕捉野兔，除了這點聲響外，這裏是一片寂靜。

穿過荒蕪的車站，我們來到站前的陽光廣場。

一九七一年，當地人為了紀念普魯斯特，把伊利爾鎮改名為伊利爾／空布海鎮，把他小說中虛構的城鎮「空布海」的鎮名和原來的鎮名正式合併在一起。但是過後不久他們的熱情就消

伊利爾鎮的紀念碑，鴿子停留在上面。

退了，這裏或許不需要為他建立雕像，不過至少可以掛上一塊招牌註明：「馬歐爾普魯斯特的家鄉」。

廣場內沒有普魯斯特的雕像，但有一座紀念尖碑，緬懷一九一四年到一九一八年世界大戰的死者，尖碑上面是一座青銅雄雞雕像，象徵法國人挺立不拔的戰鬥精神，也是法國價值觀的沉默彰顯。它在告訴我們：文學巨著固然很好，國家榮譽依舊擺在前面。

紀念碑前的鐵鍊連結著空殼彈圍成保護樁，一隻空彈殼上棲息著一隻灰色鴿子，面對著紀念碑，我們靠近牠，牠也沒有飛走，神情專注地看著前面紀念碑上的雄雞。

「或許牠在戰爭中也失去了親友，」露易絲說：「某隻帶著信息的信鴿。」

一排樹木從廣場延伸出去，我們順著它準備走到市中心，回頭望去，那隻鴿子還站在那裏，一動也不動。

三十分鐘過後，坐在沒人的市中心廣場咖啡店前，露易絲喝著薄荷水，我喝著啤酒。我們是這裏唯一的客人，直到一個英國家庭占據另一張桌子為止。點了一杯咖啡後，父親、母親、還有他們的小孩，一個接一個，消失在裏面的黑色角落。

「廁所大概是現在鎮上最受歡迎的地方！」

「至少還開著！」

伊利爾顯然完全不是狄斯奈樂園的對手，除了咖啡廳和教堂之外全部關閉，包含那座稀疏冷清的旅客中心，一位面無表情的女士坐在那裏分發地圖。那間原本是普魯斯特阿姨住的地方，現在變成了一座博物館。我們中午到達那裏後，那位單獨的管理員說博物館正進入午餐時刻。

「什麼時候再開放？」

「兩點半！」她說著，奇怪地望了我一眼，好像我是多此一問。

午餐要花上兩個半小時？真是奢侈，不過讓我了解到這句話背後的意義。普魯斯特不過是位作家，沒有人會如此「重要」。不過對面一間糕餅店廣告上寫著：「這裏是莉歐妮阿姨買瑪德蓮蛋糕的地方！」。然而店門關起，百葉窗拉下，也沒寫幾點會再開張。

普魯斯特在作品裏寫道：「住在空布海會非常沮喪！」我可以明白他的心情，就像是電影《星際大戰》中「天行者路克」抱怨他自己的星球一樣：「如果宇宙間有明亮中心，這裏鐵定離它最遠。」

但是我們還是在這裏閒逛了兩個小時，伊利爾曾經一度繁華興盛，但是好景不再。公共澡堂的百葉窗已經好幾十年沒拉起，過去在家庭浴室還沒普遍前，人們一個禮拜會在那裏洗一次澡。現在也沒有任何家庭主婦或是女傭，會跪在公共洗衣池邊，一邊捶打衣服，一邊閒聊八卦。

準兩點三十分，博物館人員吃過中餐後，心情比較好地打開黑鐵門。

一八七〇年代，普魯斯特六歲到九歲期間在這裏居住過的房子，幾乎沒有什麼改變。廚房內的桌上擺著簡單的鄉下鍋盤，爬上狹窄盤旋的木頭樓梯，低頭穿過矮門，對著那張窄床發出會心的微笑，花朵的壁紙，褪色的油畫，一切正如普魯斯特書上所描寫的那樣，除了閣樓有些不同，現在是普魯斯特家庭相簿藝廊，一羣蓄著一把亂鬍，頭戴高禮帽，身穿硬領衫的男人呆呆地瞪著鏡頭。那種年代，如果你對著鏡頭微笑過久，照起來都有種陰森的感覺。

最後我們終於來到莉歐妮的臥房，床邊的床頭櫃上有一個玻璃盒，裏面是一把白色陶瓷茶壺，一個杯子，一座茶盤，一把小匙，一個小碟裏面裝著曬乾的檸檬葉，一瓶維奇礦泉水，還有一塊精巧的扇貝形瑪德蓮蛋糕，所有東西都像神聖的寶物一樣陳列在那裏。

女兒露易絲

我很虔誠地站在那裏觀賞，露易絲指著那瓶礦泉水說：

「維奇礦泉水，那是祖母喜歡的牌子。」

她說對了，她的外祖母也就是我的岳母，和大多數老年人一樣，喜歡冒泡的礦泉水。她也睡在類似的床上，第二帝國時期的風格，捲心式的木造床頭板。

我訝異露易絲會對這件房子有濃厚的興趣，我自認為對普魯斯特的一切事物都很了解，所以拒絕博物館員給我的任何資料，但是露易絲拿了一份，邊走邊拿著說明，引述普魯斯特描寫的壁紙、油畫，還有位於小花園尾端的橘子園，比臥房大不了多少。露易絲生長在普魯斯特的環境中，在學校裏也讀過他，算是她學習文化的一部分。普魯斯特像文豪巴爾扎克、左拉及紀德一樣，是位值得尊敬的人物。

不過我的心情和露易絲不一樣，我是位不折不扣的粉絲，對我來說這是一趟朝聖之旅，像是從盧爾德鎮[6]裏提取聖水一樣，光是站在這小花園裏呼吸空氣，嗅聞泥土，往上看普魯斯特一個半世紀前從那裏往下看的窗口，就已經足夠，因為：他曾經在這裏。

正在我們離開博物館，走到外面街頭時，糕餅店窗口的百葉窗剛好打開，一位女士把窗口掛牌從「打烊」翻成「營業」。

他們也賣瑪德蓮蛋糕，當然不像莉歐妮阿姨所買的瑪德蓮蛋糕那樣，而是包在塑膠袋裏。我買了半打，算是帶回家的紀念品。直到上火車後才打開其中一包品嘗，如果我期待像普魯斯特那樣有所頓悟的話，那可真失望了。不算太壞，但有點乾，而且我猜他們使用普通麵粉，沒用杏仁粉，也許加了一點檸檬花茶……

站在普魯斯特的廚房內

我拿給露易絲，她又把外套捲起來當枕頭，半睡眠狀態。

「要嗎？」

她睜開一隻眼：「不要，謝謝，我在節食！」

她又開始打瞌睡，突然想到什麼：

「對了，你知不知道，原先浸在茶裏面的並不是瑪德蓮蛋糕。」

「不是瑪德蓮？怎麼會？一定是瑪德蓮！」我拿起閱讀器準備證明。

「那本書裏面把它寫成瑪德蓮蛋糕，」她說，「但是在《駁聖伯夫》[7]文章裏面，他說明了真正發生的事情——」

她翻開博物館給她的說明，朗讀普魯斯特早期的文章，這是他後來那本偉大巨作的前身。

那天晚上進房時，我被外面的風雪凍僵，一時之間無法暖和起來，由於我還在房內燈下寫作，廚子建議來杯熱茶，並且帶了幾片烤吐司給我，我把吐司浸在茶裏，當我把它放在嘴裏時，忽然感覺到天竺葵，橘樹盛開的芳香，以及一股特殊的光亮與快樂。

「烤吐司？普魯斯特的瑪德蓮蛋糕只是一片吐司？」

「顯然是！」她看見我失望的神情，「不過意思是一樣的！」

「好吧！就算是吧！」

然而一點光亮就此消失，普魯斯特再次證明他是對的，沒有事情可以永久留存，雖然回憶中時光可以暫時重現，但是不可避免的也會流失。如果靈光乍現可以改變一個人的一生，那麼另一次乍現也可以將它更改回來。

在巨著《追憶逝水年華》的結尾，敘事者回到他們曾經居住過的街道，期望重現主人翁斯萬與他太太的回憶，但是儘管建築還有路上的行人一如往昔，但是時光荏苒，已經改變了他們，連帶改變了觀察他們的普魯斯特：

當年我認識的現實，今日已不復存在，只要斯萬夫人不在原有時刻以原有的裝扮出現，整條林蔭大道便會完全改觀，我們曾經認識的地方，現在只是我們為了方便起見，才標示出的一小塊空間，所有這些不過都是當年構成我們生活相關印象的鱗光片爪，懷念過去某種特殊景象，徒然增添遺憾時刻，而房屋、道路、大街，可惜！也和歲月一樣易逝！

那麼！就像謠傳瑪莉安托內特皇后可能說過的：「讓他們吃吐司吧！」

①瑪莉安托內特皇后：*Marie Antoinette*（*1755 – 1793*），十八世紀法國皇后，據說法國大革命即因她的奢華浪費而引發暴民抗議，攻入皇宮，而後被判上斷頭台處死。當大臣告訴她百姓們都沒有麵包可以吃的時候，她笑稱：「她們為什麼不吃蛋糕？」正式史書上並沒有記載這句話，有可能是後人因厭惡她的行徑，以訛傳訛而成。

②羅伯威爾森：*Robert Forrest Wilson*（*1883 - 1942*），美國記者作家，曾於一九四二年獲得普立茲傳記文學獎。

③美食百科全書：*Larousse Gastronomique*，由*Prosper Montagné*等人編寫而成，最早發行於一九八三年，大多數為法國食譜，一千多頁的內容據信是當時世界上篇幅最廣大的食譜，後來經過多次增訂，並有翻譯版本，目前最新的版本是二〇〇九年由英國出版社發行。

④伊利爾：*Illiers*，是法國北邊的一座城鎮，原名伊利爾，因為法國大文豪普魯斯特以這個地方為藍圖，在他的鉅作《追憶逝水年華》中創造了空布海（*Combray*）這個地方，因此在一九七一年紀念普魯斯特生日的時候，這個城市正式改名為伊利爾／空布海（*Illiers/Combray*）。

⑤伊迪絲琵雅芙：*Édith Piaf*（*1915 - 1963*），最為世界所熟知的法國女歌手，她的哀傷情歌與迷人香頌，將法國情調傳至全世界。二〇〇七年的好萊塢電影《玫瑰人生》（*La Vin En Rose*）即是描述她的生平。

⑥盧爾德鎮：*Lourdes*，法國最大的天主教朝聖之地，據說是聖母顯像之地，飲領聖水可以治病。

⑦駁聖伯夫：*Contre Saint-Beuve*，聖伯夫是法國文學上重要的史學家與評論家，普魯斯特的這本著作是駁斥聖伯夫對法國文學家的看法，也是他的鉅作《追憶逝水年華》的前身。

Seven

松露的吃法

女侍說：「我們供應美味三明治，烤傘蕈加上義大利奶酪，放在新鮮鄉村麵包上，
淋上特級橄欖油，旁邊還有墨西哥涼薯切絲以及血橙。」
「什麼是傘蕈？」莎莉問我。「大蘑菇。」我說。
她皺著眉頭看著女侍，「蘑菇三明治？」
——《機會》，羅伯派克[1]

有樣東西對我挖空心思尋找完美盛宴至關重要，任何完美盛宴都少不了松露獨特的風味。

二〇〇四到二〇〇五年間，我受聘於一間美國公司，以十四世紀人才輩出的文藝復興時期為題材，幫他們的電視劇集創造情節、塑造角色與背景，預計還要編寫劇本，所以花了很多時間在義大利。這項任務令人興奮卻頗為麻煩，一開始就注定要失敗。我要去拜訪那些曾經聘雇過達文西與拉斐爾[2]的家族後裔，還要處理羅倫佐曾經寫過的信，有的時候還會在彼提宮關門後漫步在空曠的畫廊中，兩旁是波提切利還有提埃玻羅的作品，不過以這樣的工作內容來說，要比過去任何付我薪水（確實付過的！）的工作還要值得。

我真是不了解這些貴族的現代後裔，他們不但不了解也不關心，甚至也不妥善保存他們所承繼的傳統。一對夫妻帶來包裝精美曾經出版過的家族史冊，但是顯然從來沒打開過，很不好意思地發現他們的小孩在空白書頁上的蠟筆塗鴉。另外一位公爵則大放厥詞：「我不明白為什麼人們對馬基維利[3]這麼看重，他不過是我祖先的祕書而已！」

不過高雅的品味與知識還是不時會出現。當我們正要離開一座宮殿時，女主人停在一座玻璃櫃前，裏面陳列著許多精美小巧的藝術品。

「我們家族的幾件小寶貝，」她說著（似乎整間華屋都不算什麼！），打開櫃門拿出一件精巧的物品，「我知道你喜歡烹飪，或許你會喜歡這件東西！」

那是一片刨菜板。刨菜板通常是一塊呈現四十五度斜角的木板或是塑膠板，上面崁著刀片，廚師會用它來切蔬菜和乳酪，把任何蔬果滑過板上，崁在上面的刀片就會把蔬果切成同樣大小的葉片，落入放在下面的菜盤上。

大多數的刨菜板都很堅固結實，但是這一塊很小，小到放在她的手掌心上，一圈精巧的鐵線崁在一個蒼白帶點黃色的物質上，不像是木頭。

「銀刀，」她說：「還有象牙，十九世紀早期的東西。」

「這是玩具嗎？」製作人問她，「是給娃娃屋用的嗎？」

那位女伯爵看著我，嘴角下垂，似乎是在說：你怎麼能夠跟這樣的人在一起工作？

「不是，」我連忙替她回答：「我想這是特別用來切松露的。」

雞尾酒會裏一談到菌類這種話題時，就沒幾個人會有興趣聆聽。當我開始問他們喜歡法國蘑菇還是我覺得比較沒味的大型羅馬尼亞菇種時，他們總是望著房間那頭，忽然有急事，必須馬上過去跟他的朋友交談。

蘇格蘭大旅行家約翰勞德（John Lauder）一六六五年旅行到法國，非常厭惡吃蘑菇這件事：「我很訝異法國人會認為這種東西很好吃，他們晚上在最潮濕骯髒的地方採收蘑菇，和黃油、

珍貴的松露

香醋、粗鹽，還有香料一起製成塗醬。如果你用烤的，或許還能想像自己正在吃一塊多汁的肉，可是我的偏見讓我沒辦法吃它們。」

多年以來我一直同意他的說法，我們澳洲只知道一種蘑菇：又大又平、頂上灰白，底下粉紅的蘑菇。雨天過後生長在動物便溺的牧場中，一點也不珍貴。任何東西的來源如果可以追溯到牛糞的話，我絕對一口都不會吃。

就算這種生長環境還無法讓我產生偏見，那麼一般的烹調方式也會。大家都是用黃油切條來炒，使它的汁液濃縮，看起來像是煮過的報紙。罐裝的蘑菇看起來也一樣，單調的泥漿顏色，還誇耀地稱它們為「黃油醬」。我父母那一代的廚師相信這是最好的烹調方法。那一代的人靠著罐頭食物長大，他們相信工廠製作出來的東西具備完美的標準，廚師最大的美譽就是：製作出來的食物和有品牌的罐頭工廠所做出來的食物一樣。「好得跟買來的一樣」——他們滿意地說，非常高興他們煮了太久糊成一團的義大利麵，看起來和亨氏（Heinz）罐頭食物一樣。

傳統上燉過的蘑菇要搭配牛排一起吃，那杓可怕的暗灰色泥團被舀出來，和肉汁混在一起的畫面，特別令人難過，於是這道菜在我個人「難看食物」名單中一直占據首位，直到我接觸「蠔牛排」為止。蠔牛排是澳洲人最愛吃的佳肴，在雙層厚的牛排邊緣割出一個切口塞進生蠔，因此當你切開牛排時蠔肚便流了出來，直到看了電影《異形》（Alien）之後，才發現還有和這個東西一樣噁心的畫面。

在探尋如何煮蘑菇這方面，英國人比澳洲人好不到哪裏去。雖然蘑菇生長在英國曠野以及森林各處，可是英國人和約翰老爹一樣，對生長在潮濕骯髒地方的東西充滿懷疑。不過他們發明了洋菇（button mushroom）解決了這個問題：光滑、白色、帶有彈性的洋菇是大量培植下的產物，不幸的是，它幾乎沒有味道。不過至少你知道它生長在哪裏。

法國也有洋菇，還有一個驕傲的名稱叫作「巴黎洋菇」（champignons de Paris）。每一個法國廚房都有幾罐這種洋菇罐頭，放在玉米罐頭或是其他類似的罐頭旁邊。開一個玉米罐頭，加上一罐洋菇罐頭，和生菜拌在一起，再放上一條條的火腿和格魯耶爾乳酪，就是一盤晚餐沙拉。和蛋攪拌在一起可以烤出一盤法式鹹派，加在義大利麵、披薩餅或是雞肉燉鍋裏也都很適合，一種食材走天下。

我很喜歡「木蘑菇」，每年只有八月中的幾個星期才會出現在市場上，其中有金黃色的傘狀菇，黑色的喇叭菇，以及白菌菇，蒼鬱小巧、通體渾白只有在根部有一點慘藍色。另外還有極具口感的蠔菇，以及最好吃、又香又有肉感的牛肝菌，又叫作牛菌菇，它們都具有野生大地的氣息。這些蘑菇形狀不一，混雜著泥土與稻草，牛肝菌甚至還有蟲蟻啃噬過的痕跡，粗野的出身似乎在嘲笑身處溫室的表兄弟洋菇們，不過讓它們登堂入肚，可還有性命之虞，無怪乎西班牙人稱它們為「自然界的惡作劇」。

只有少數的蘑菇具有強勁的味道。我在多爾多涅省度假，花了一整天的時間在樹叢裏找菇，把找到後的東西拿到當地的藥房去檢驗，藥師仔細檢查每一顆後，把其中三顆放在一邊。

「這三顆是有毒的？」我謹慎地指著那三顆說。

「不。」那位檢驗師說，「那是可以吃的。」

「那其他的呢？」我指著那滿滿的籃子裏的東西，「它們全有毒嗎？」

「哦不，它們全部無害，可以吃。只是嘗起來沒有味道。」

大多數的蘑菇都沒有味道，烹調的藝術就在於將它僅有的味道加以放大。我最得意的蘑菇烹調方式來自一場意外的結果。為了要複製我在一間鄉村餐廳所吃的野菜燉鍋（ragoût forestier），我把一些傘狀菇還有牛肝菌，和黃油、鹽、胡椒以及壓碎的大蒜一起放進鍋內炒。剛開始非常令人失望，汁液流瀉渾濁，呈現我最恨的澳洲蘑菇醬顏色，所幸這時電話響起，我把火關小去接電話，回來後發現大部分的湯汁都已經收乾，蘑菇飽吸黃油，表層一片油亮，把叢林野香全部封在裏面，放上一把切好的荷蘭芹，加上新鮮黑胡椒，這份菜肴成為烤肉的最佳搭配，煎成蛋捲餅也很好吃，只用傘狀菇，採取同樣的烹調方式，搭配蒸魚或是烤魚，一樣增添風味與相對口感。

如果不是為了電視劇去義大利的話，我可能還是野菜燉鍋的忠實追隨者。製作經理還有他的助手與我在佛羅倫斯夜間車站見面。上午十點，吃早飯太晚，吃中飯太早，而且這裏是義大利，開始工作也太早。

「你喜歡塔爾度佛（tartufo）嗎？」助手問。

我所知道的「塔爾度佛」是冰凍甜點，一球香草冰淇淋外面撒著巧克力糖米，義大利人的早茶真的吃冰淇淋嗎？好吧，就入境隨俗吧！

「當然喜歡。」我撒謊。

可是他們順著小路帶我去的那家店——叵卡西（Procacci），並不是一間冰淇淋店。室內拋光木牆，水磨石地，介於一般咖啡廳與高級糕餅店之間。櫃檯前陳列著圓形玻璃盒。我們坐在一個小餐桌後，製作助理拿來一盤一口大小的橢圓麵包。

「帕妮妮松露餐包（panini tartufati）。」他說。

原來「塔爾度佛」對義大利人來說是松露的意思。那個外面包著巧克力的冰淇淋，只是企圖仿效松露長相的粗糙版本而已。

咬上一口裏面塗著黃油與白松露的鬆軟餐包，我立刻被它征服。當瑪莉參與我們這個計畫後，這裏變成我們在佛羅倫斯最喜歡去的地方。搭乘夜行火車回巴黎時，我們總是會帶著一個野餐袋，裏面裝上一打松露餐包，外加一瓶香檳。可是每次都意猶未盡，總是對自己說：下一次一定要多買半打大吃一頓。我們也變成貪心的法國作家柯蕾特[4]，她說：「如果我沒有辦法吃很多松露的話，我寧可一點也不要。」

就算是最好的廚師也會謹慎地使用松露，主要是因為它的價格。無論是白松露或是黑松露，它們的價格都在一盎司一百美金左右。價格反應現狀，由於松露和大多數的蘑菇不同，不能進行人工培殖，只能在野地生長，而且只生長於橡樹根部。這種樹在法國要比在英國更少。最近有些法國育種家嘗試種植松露，廣栽橡樹林，用孢子做為肥料在根部施肥，希望等上一年後能夠收成。不過到目前為止，大多數的松露採集者還是用動物來採集它們。

我們的嗅覺無法敏感到發現地底下的松露，但是野豬、某些獵犬，還有特殊的蒼蠅，就沒有這個問題。獵人訓練獵犬去聞松露，希望在這些獵犬刨出根部、狼吞虎嚥之前，還能來得及採摘松露，有些獵人則訓練豬隻去做這件事。不過在和這些凶猛的豬隻掙扎搏鬥，失去幾根手指頭後，獵犬還是比較受歡迎的選擇。

秋季裏有幾個禮拜，聖日爾曼（Saint-Germain）市場中，最貴的蔬果商店內的收銀機旁，放著一個密封的罐子，裏面放著米以吸收濕氣，米上面坐著三顆黑松露。

「多少錢？」我問，儘量看起來不像是垂涎三尺的蠢相。

「一公斤三百五十歐元！」店主說。我決定放棄。

但是下個週末好運來臨，我們來到法國的松露首都派里哥（Périgord），在一個小鎮上瀏覽當週新鮮農產品，東西並不多，最後的綠色蔬菜與夏日水果，到了初寒的秋季，這些全都會消失不見。

澳洲的鄉下城鎮，無論是火車站或是市鎮中心，經常會出現一八八八這個年代，這是維多利亞女王登基五十年的紀念年頭，在這一年建立新的事物，是澳洲人提醒自己源自英國的一種方式。

但是我母親的先祖來自瑞典以及德國，所以我的文化背景部分根基於歐洲大陸，而非英國。來到歐洲以後，我開始感覺到不僅是人們，連帶景觀，還有建築，都與我說著同樣的語言。我感覺到一座看不見的橋樑，跨越在澳洲與其他世界相隔的深淵上，聯結著我與那些出生在知識寶庫中的歐洲人。

雖然已經在法國生活了二十年，我仍然是個異鄉人，在這條橋樑上小心行走，試圖無視於我的無知。對我來說比較親切的環境是鄉間、村落，特別是教堂。一座坐落在大西洋岬角上的中世紀教堂，一邊是葡萄園，另一邊是墓園，遠比那些用紅色沙石建造、沐浴在澳洲太陽下的豪華教堂，更像是我的天堂。

就在這個市場上，所有這些想法瞬間出現在我腦海，我第一次領略到這種感召，不只是我從小就信奉的天主教，而是來自更古早的信仰：召喚大地魔力以及占卜與奉獻的儀式，奇怪的不時與澳洲少數部落的信仰相互輝映——儘管我們離神祇遠去，祂卻從未離我們太遠。

就在市場末端，有個小販攤位上還有最後剩餘的貨品。他的攤子很小，幾乎是空的，只有一台老舊的銅秤，幾顆小鐵法碼，還有小平鐵碟，他為什麼看起來這麼熟悉？孤單，威嚴，筆直地站在桌後，啊！對了，他像是塔羅牌中的那位魔術師，總是在桌前展示三個塔羅象徵：聖杯、銅幣、寶劍。而且手上拿的鐵桿正象徵他的權杖。

桌上的每盤小碟上，都擺著一顆節瘤突起的黑球。

松露。

我指著一顆像高爾夫球大小的松露問多少錢？他小心地把它放在銅秤上稱重。

「十六！」

十六歐元！便宜得跟搶來的一樣，我伸入口袋拿錢，感應到古老的傳統再度被證實。

松露是植物裏的鈾，放射出獨特的輻射線。把松露和黃油放在一起，或是放在油裏，或是和蛋放在一起，它的風味就會滲入這些東西裏面，使它們的味道更芳香豐富。

我的松露用了好幾個月，其中一塊切成長條放進油裏，不是橄欖油。橄欖油的水果香味會與松露味道對抗，而是放在葡萄籽油裏。另一塊放在沒有加鹽的黃油裏面，小心地密封好，不讓味道侵入冰箱內其他角落。最後一塊和一打蛋放在一個密閉式的罐子裏。兩顆松露水煮蛋，適度煮熟，加上塗著松露奶油的吐司，少有早餐能比它們更好吃。

松露和牛肉是最自然的結合，我從「小苑餐廳」（Le Petite Cour）學來烹調方式，是我最喜歡的餐廳之一。他們把一塊很厚的生牛肉深切出四道裂口，上架燒烤前在每道切口中放入一片生鵝肝醬。上菜時搭配帶皮的水煮小馬鈴薯，以及拌上松露油的沙拉。如果想要享受生牛肉的美味，製做生牛肉薄片（carpaccio）時，我會切一塊菲利牛排放在熱油中，讓它煎一分鐘後再拿起來，這時熱度已封住肉面，裏面幾乎是生的，涼置半小時後再切成薄片放在芝麻葉上，撒上新鮮黑胡椒、花之鹽、帕馬森乾酪[5]，最後再淋上松露油。

用松露做菜令我更對它們的特殊品質更加喜愛，主要的是它們宛如化學合成的香味，非常容易分辨，可以強化各種味道卻不壓過它們。幾世紀以來，美食家無法確切描述這種風味，於是退居一步，讓科學家分析，他們得出的結論令人訝異，甚至卻步。

顯然狗與豬認為松露的味道像是精液，引發牠們的性衝動。特別是狗，一開始會找到松露，並不是因為松露本身所散發的味道，而是因為其他的狗在去年吞食松露後，會在大樹旁留下排泄物，其中就含有松露的氣味，這種氣味如此強烈，可以不受陽光、雨水、雪花甚至牠們自己消化系統的侵蝕。

由於我蒐尋舊書的能力，曾經有一度被人比喻為「松露獵犬」，現在看來這可不算是一種讚美。

①羅伯派克：*Robert B. Parker*（1932 - 2010），美國著名的犯罪小說作家，成功地塑造一名私家偵探史賓塞，出版了四十集史賓塞辦案的小說，也被搬上電視與電影銀幕，影響了當今許多罪案小說作家。《機會》（*Chance*）是他一九九六年出版的第二十三本史賓塞小說。

②達文西、拉斐爾：*Leonardo De Vinci*，*Raphael*，均是文藝復興時期的代表人物。羅倫佐：*Lorenzo de' Medici*，文藝復興時期的統治者，也是文藝復興的推動者。彼提宮：*Pitti Palace*位於佛羅倫斯的文藝復興時期重要宮殿。波提切利、提埃玻羅：*Botticelli*，*Tiepolo*，均是義大利重要畫家。

③馬基維利：*Niccolò Machiavelli*，義大利文藝復興時期的重要政治哲學家，所著《君王論》影響後世政治思想甚深。

④柯蕾特：*Sidonie-Gabrielle Colette*（1873 - 1954），法國著名女作家，作品和私人生活一樣精采，曾出版過五十多本小說，著名短篇小說《琪琪》（*Gigi*）多次被搬上舞台與銀幕，長篇小說《謝利》（*Chéri*）也於二〇〇九年被拍成電影《真愛初體驗》。

⑤花之鹽、帕馬森乳酪：花之鹽（*fleur de sel*），是以手工擷取最上層的精華鹽，比一般的鹽含有更多礦物質。帕馬森乾酪（*parmesan*）俗稱乾酪之王，以生產地區得名。

Eight

嗜血的美食——七鰓鰻

Hello suckers!

——德州姬楠[1]

我在塞納河市場買櫛瓜花菜，排在身邊的法國女人居然問我怎麼煮它們。由於這種蔬菜很少出現在巴黎，就算出現，也只有一段很短的時間，所以她從來沒見過。於是我說：把它們裹在天婦羅粉與義大利乳酪混合的漿汁中，然後油炸酥脆即可。可是我的做法還沒說到一半，她就已經沒興趣了。如果我只是簡單的說可以把它們放在沙拉裏面，她也許還會同意，可是放在日本式的天婦羅粉加義大利乳酪？你簡直就可以看她皺著鼻子，嘴巴喃喃的說：瞧瞧這些外國佬的胡說八道……。

這個國家對食物採取這麼保守的態度，那麼為什麼我在法國生活了二十多年，卻還沒有吃過七鰓鰻（lamprey）呢？這種類似鰻魚的魚類，一度是佳肴美食。中世紀的時候，據說教宗曾付出二十個金幣來吃一條肥胖的七鰓鰻，但是在法國生活了二十多年，我卻從來沒吃過；甚至在菜單上也從來沒見過。如果說有任何菜肴「失傳」的話，那麼這份美食正是其中之一。所以在我的盛宴中，還有什麼會比這種具有異國風味、來自傳統、又被遺忘的菜肴更適合的呢？

「你吃過七鰓鰻嗎？」我問瑪莉。

「那是什麼？」

「一種魚，很像鰻魚！」

「啊！七鰓魚！」她皺起眉頭，「沒吃過，這種魚很噁心，靠吸血過活。」

沒錯，七鰓鰻是吸血鬼！牠的嘴是一圈鋸齒形成的吸盤（嘴旁一排七個小孔鰓），附著在其他大型魚類身上，吸牠們的血液維生。牠們的唾液當中有種成分類似吸血蝙蝠，使宿主的血液不致凝結。據說羅馬時代會把七鰓鰻養在池中，偶爾會用人類血液餵養牠們。有可能是奴隸不小心摔壞了一只價值連城的碟子，就會被餵給七鰓鰻。我懷疑這種傳說誇大了這種魚類吸血的能力，可是我想也不會有人想要以身試法。

老食譜書上經常會記載七鰓鰻的烹調方法，其中一本特別說明了中世紀的烹調方式：每一個鰓孔都被塞上丁香，最大的一個鰓孔塞上一整顆肉蔻——類似烤雞的做法：在每一個開口處都塞上一整顆黑松露。義大利人利用七鰓鰻搭配燉飯（risotto），法國人則在紅酒醬中加入七鰓鰻自己的血液，使它更濃郁。一一三五年，英國國王亨利一世拜訪諾曼地時，因為吃了太多的七鰓鰻，造成著名的死因：「進食過量」。而詩人亞歷山大波普[2]，儘管品嘗的是經過烹調、保存在黃油裏的七鰓鰻，卻也因此走上了不歸路。

據說七鰓鰻對女人具有催情的作用。希臘神話中狩獵女神黛安娜身邊的侍女卡莉絲托（Callisto）就是因為一盤七鰓鰻，導致她熱情如火，而讓宙斯假扮女神，引誘她進入樹林。然而在激情過後，宙斯卻非常沒有紳士風度地把她變成一頭熊。一七〇〇年代早期的英國詩人約翰蓋伊[3]，認為卡莉絲托還是最好吃素。

牧羊女郎，終日以沙拉為食，
冷卻青春精力，控制自我品味，

一旦黛安娜的侍女釋放情慾本性，
品嘗攻占河域的大型七鰓鰻，
那麼每個看得見的林間空地上，
將會躺滿像卡莉絲托一樣的仙女。

英王亨利一世喜歡的烹調方式是將七鰓鰻加糖，放在餡皮裏烤熟。餡皮打開後，舀出裏面混合著葡萄酒與香料的糖液，放在麵包上，上面再放上一小片銅幣大小的七鰓鰻肉。

就在我正想放棄尋找這些珍貴的動物時，幸運地在 YouTube 上面看到一段記錄著加拿大邊界尚普蘭湖中，一羣七鰓鰻攻擊湖中泳者的短片。我認出這段影片的旁白者是一位老朋友，德州出生的演員比爾胡特金[4]，他低沉富有磁性的聲音，使他成為有聲書以及紀錄片的最佳旁白人選，他所唸過的全本《白鯨記》是經典傑作。雖然他在很多影片裏都扮演小角色，但是他最讓人印象深刻的銀幕傑作，是在《星際大戰》裏面飾演出場不多的機師波爾金，這個角色有趣卻也有些尷尬。

他自認最好的表演，是在舞台劇《希區考克的金髮女郎》中扮演希區考克本人，他非常適合擔任這個角色，因為他和這位偉大的導演一樣，都非常愛吃。一九七〇年代末期，我在倫敦負責監督他的「中國佳肴」課程，這個課程每個禮拜都要坐在一間不同的餐廳裏，面對一桌佳肴，我只要拉一把椅子坐在旁邊監督就好。比爾則是整個晚上不停地進出廚房，用流利的中文檢閱每份菜肴。

可惜比爾很年輕就過世了，所以我沒有機會向他請教：在他尋找新口味的過程中，是否品嘗過七鰓鰻？不過正是這份想要青出於藍的念頭，才使我踏上這場追尋美食之旅。

「如果想要吃七鰓鰻的話，該去哪裏找？」我問瑪莉。

「妮可或許知道！」

我早該想到，妮可是住在波爾多的醫生，她和丈夫在鄰近的貝爾席拉克[5]有座農場，在那裏種植自家蔬果。擁有桃、梨，還有像梅子一般大小而鮮嫩多汁的綠色蘋果，直接從樹上摘下來吃，還帶著太陽的熱氣。

波爾多的烹調是有名的油膩。我第一次拜訪妮可的時候，她扭開一瓶暗黑色的長罐，裏面是浸在鴨油裏的牛肝菌，她解釋說那是一位病患的謝禮。後來多次前去拜訪，又享用過多種類似的長罐，多數的內容都應該在卡路里表上貼上骷髏以及骨頭標幟。

所以當她回覆我的提問時，我實在不該感到意外：「剛巧，我有個病人正好在烹調七鰓鰻，讓我來安排。」

＊＊＊

幾個月過後，我們穿越多爾多涅河的村落馳騁在鄉間路上，葡萄園不時出現在狹窄彎曲的道路兩旁，再開幾公里，我們被困在一輛手推車後，車上滿載盤根錯節的葡萄樹藤，顯然是功成身退後；從泥土裏被拔出來的殘餘枯枝。我感覺時光彷彿倒退一個世紀，甚至是兩個世紀。如果這個時候一位身穿紅色絲絨長衣、頭戴羽絨帽的紳士，騎著駿馬穿越前方道路，再輕巧地躍進樹林的話，我們大概連眼皮都不會眨一下。

適逢週末，我們順路在貝爾席拉克的市集停留。一間高聳的教堂占據了整座廣場，教堂尖塔頂端的石磚已被清洗乾淨，可是邊牆還沒有，留下飽經歲月洗禮的黑色，像是那些並不起眼、才剛出土的農產品。

越是深入法國內陸，農產品的顏色越深。沿著海岸生產的食物映照出陽光與海水的光色。往東與德國邊界相連的大陸地區，則是青白色的阿爾薩斯捲心菜，利用白酒醃製成酸菜（sauerkraut）。但是往內陸走去，顏色逐漸變深，氣味也逐漸變烈，例如來自羅克福的乳酪、阿讓的梅乾[6]、波爾多的鵝肝，以及派里哥地區的黑松露。

貝爾席拉克地區的堅果樹園和葡萄園一樣普遍。有一次我在附近的城堡裏品嘗主人自制的餐後酒，其中有一瓶黑色的變種義大利胡桃酒（nocino），將浸漬胡桃加在酒精裏。貝爾席拉克市場上，沒有人會販賣這種令人早日歸西的酒，但是很多人會用堅果釀油，然後把釀好的油裝在隨手可以找到的瓶子裏。我們買過裝在大肚瓶裏的金黃色榛子油，那個瓶子曾經裝過法奇那（Orangina）果汁。農夫太太把我們買的東西放在塑膠袋裏，順手放進幾杓新鮮榛子，我們一邊閒逛一邊吃，榛子鬆軟爽口，一點也沒有超級市場裏裝在玻璃袋中的乾燥口感。

經歷過巴黎市場內那些賣相勝過味道的蔬菜水果，再看貝爾席拉克市場奇形怪狀的番茄、熟透滴汁的黑色無花果、還有糾結在一起的洋蔥和大蒜，把這些東西都裝上車後，真有一種變態的快感。從這裏到妮可山頂的農莊，無花果、大蒜加上榛子油的香氣一路伴隨著我們，不需要獵狗也能追尋我們的足跡。

妮可帶著諒解的眼光看著我們買的東西，顯然我們不是唯一到這裏來大肆採購、眼大肚小的客人。

「我們可以拿七鰓鰻當開胃菜，然後再吃串燒烤鴨。」她說。從我們買的東西裏挑出無花果，「這個配上鴨子會更好吃。」

「我可以瞧瞧那……？」

「當然可以！」

裝著七鰓鰻的罐子，看起來和我幾年前吃的牛肝菌罐子一樣，不過裏面的顏色更為渾濁，像是醫院實驗室裏用福馬林保存起來的人體器官，用來展示特別讓人感覺噁心的疾病。

「她用紅酒燴製再加一點韭蔥，」妮可解釋說，「為了讓醬汁濃一點，她又加上——」

「我知道——七鰓鰻的血。」

我的反感顯而易見。

「如果你不想吃的話，我們也可以吃別的。」

「哦，不！當然要吃！」胃口事小，榮譽事大。

晚餐前一、兩個小時，我們坐在房前樹蔭下的草坪上，妮可遞給我們一個餐盤，上面放著一塊塊小餡餅，每塊餡餅上是一小片鵝肝，還有一團自製綠色番茄酸辣醬。她的先生不停地往我們的杯裏注入貝爾席拉克地區最有名的蒙巴斯拉克甜白酒，為什麼這些甜白酒，無論是蒙巴斯拉克，或是格烏茲塔明那，或是貴腐瑞絲林[7]，都和鵝肝搭配的如此完美呢？這是在法國品味美食心曠神怡的另一項神祕之處！

吃完最後一塊餡餅，喝乾最後一滴酒，太陽開始下山，落在山丘後，我們回到屋裏，決心面對殺了國王的那條魚。

這頓晚宴直到午夜才結束，令人難忘。妮可將我們買的無花果切成四瓣，與黃油加上香料一起煎炒，用來搭配串燒烤鴨。更令人滿意的是她的甜點，提拉米蘇的變奏，一層餅乾碎片，一層新鮮莓果，最上面是揉合馬斯卡普尼乳酪[8]、優格酸奶油、加上磨碎的檸檬皮與檸檬汁的組合。

那條七鰓鰻呢？

黑絲絨般的醬汁，非常具有誘惑力，使我們很快地忘記血液是牠維生的方式。這種魚的肉色粉白，很像鮭魚，但是肉質更細緻，類似沙丁魚。你可以很容易了解為什麼中世紀的廚子會用糖和香料來燴製牠，和丹麥人吃鯡魚一樣，都需要提味。

可是這是值得國王為牠而死的美食嗎？我不認為。如果我能進入亨利一世的廚房，我還真有些嚴肅的問題要質問御廚呢！

至於做為盛宴的一份子呢？我想還有更好的選擇。

①德州姬楠：*Mary Louise Cecilia "Texas" Guinan (1884–1933)*，出生於德州的美國默劇女牛仔，於禁酒時期在紐約開了一間名為「*300*」的俱樂部，舞孃雲集，名流薈萃，她以作風大膽、言談直爽聞名，通常以「*Hello suckers*！」跟她的客人打招呼。

②詩人亞歷山大波普：*Alexander Pope*（*1688 - 1744*），十八世紀英國著名詩人，曾意譯荷馬史詩，改編莎士比亞著作，創作諷刺詩《秀髮劫》（*The Rape Of The Lock*），並留下許多精闢語錄。

③約翰蓋伊：*John Gay*（*1685-1732*），英國著名詩人與劇作家，最著名的著作為《乞丐歌劇》（*The Beggar's Opera*）。描述一個小偷的愛情曲折故事。這裏所引用的詩句，出自他的詩作《*To A Young Lady, With Some Lampreys*》。

④比爾胡特金：*Bill Hootkins*（*1948 - 2005*），美國演員，在電影裏多半飾演配角，但在舞台劇上扮演希區考克十分出色，並擔任有聲書的配音工作。

⑤貝爾席拉克：*Bergerac*，位於法國西南多爾多涅省的一個市鎮，以出產酒與菸草著名。

⑥羅克福乳酪、阿讓梅乾：羅克福乳酪（*Roquefort Cheese*）是法國南部出產的羊奶藍乾酪，與義大利的 *Gorgonzola* 以及英國的 *Stilton* 並稱為世界三大羊奶藍乾酪。阿讓是位於法國西南的一個市鎮，享有「梅乾之都」的美名，每年都會舉行梅乾佳節慶典。

⑦蒙巴斯拉克、格烏茲塔明那、貴腐瑞絲林甜白酒：蒙巴斯拉克（*Monbazillac*）位於法國西南，出產著名的甜白酒。格烏茲塔明那（*Gewürztraminer*）是一種香葡萄品種，用來製成白酒。貴腐瑞絲林（*Botrytis Riesling*），瑞絲林是一種甜葡萄品種，原產自德國，貴腐瑞絲林是延遲葡萄的採摘時間，使其表層產生黴菌增加甜味，酒質更加濃郁。

⑧馬斯卡普尼乳酪：*Mascarpone cheese* 是用鮮奶油製成的義大利乳酪，是提拉米蘇甜點的主要原料。

Nine

國王的菜單

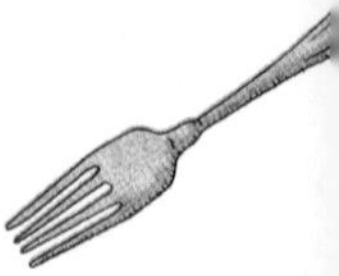

好的服務固然重要，可是會使食物變冷。
除非宴請國王，否則我和大家一樣，不會勞師動眾。
我懷疑國王是否曾經吃過一頓熱餐。
——《航艦司令》，C．S．佛瑞斯特[1]

回到巴黎，我告訴波里斯最近的進展。

他不為所動。

「到目前為止你只選擇了開胃酒？」

「是的！」

「還有做為小點的瑪德蓮蛋糕？」

「還找到會煮七鰓鰻的人！」我還沒說我並不喜歡以七鰓鰻做主食。

「還不夠對不對？」

「還早嘛！」我反駁著。

「別以為還早，你不能把每件事都留到最後一分鐘，還記得瓦德勒[2]的教訓嗎？」

我帶著更鬱悶的心情離開咖啡廳，波里斯說的對，如果我希望這場盛宴能夠成功，還是要及早籌畫，不能重蹈覆轍，像可憐的瓦德勒一樣。

倫敦聖保羅大教堂圓頂中央的地板上，有一圈黑色的大理石，上面刻著拉丁文的墓誌銘：

這座教堂與城市的建築師，克里斯多佛雷恩[3]，長眠於這塊基石之下，享壽九十餘年，一生不為個人私利，造福芸芸眾生。如果你想尋找他的紀念事蹟，請看四周。卒於一七二三年二月二十五日，享年九十一歲。

「如果你想尋找他的紀念事蹟，請看四周。」這樣的墓誌銘，大多數的人都會希望刻在他們的墓碑上。「功勳彪炳、造福地方」，還有什麼比這更令人滿意的呢？然而這種說法並非一成不變，有時它代表的是戰勝，而非成功。就像羅馬帝國執政官塔西佗斥責那些誇耀平定地方的軍團將領們所說的：「他們把那裏變成一片荒漠，卻說這是和平。」

命運使然，瓦德勒這位十七世紀倍受尊敬的廚師，最為後人所記憶的事，卻是一場意外引發的可悲又可笑的結局。由於我也經常生活在這種情境裏，所以每天不忘他的教訓。而且，如果要尋訪他的紀念事蹟，我家的街道會是個開始的好地方。

瓦德勒與他的兒子

瓦德勒一六三一年出生於巴黎，本名費茲卡爾華德勒，家境清寒，父母來自瑞士，他們將他的本名改成法國名字，這些是我們目前對他私生活的所有認知。當今僅存的幾張畫像中，呈現出一位黑髮披肩、神情自傲，但帶著幾分憂鬱的男人。他的成就眾所皆知，才三十多歲就掌管路易十四財政大臣尼可拉斯富凱（Nicolas Fouquet）的家務，進而成為當時法國最有權力的人物之一——孔代親王[4]的餐飲總管。

孔代親王，是國王的堂兄，也是具有皇室血統的王儲，所以被稱為「親王」，但是他個人比較喜歡大家稱他為「大孔代」。他的城堡位於巴黎北方五十公里的尚蒂伊（Chantilly）。就以十七世紀的標準來看，他的城堡也非常奢華。那個時候衡量奢華的標準之一，就是看你供養的內臣人數，尚蒂伊大約有一千多人。瓦德勒的工作，就是和親王的城堡總管古維爾（Jean de Gourville）一起合作，餵飽每個人。

像尚蒂伊這樣的城堡，半數以上的僕人每天除了張羅吃的之外，什麼事都不做。幾百位僕人每天忙著清洗、分切、碾碎、攪拌、捶打那些堅果、穀物還有香料。揀選蔬菜、處理禽肉、清洗鮮魚；宰殺、扒皮、分解畜肉。其他人則負責照料花園、果園，還有牲畜；維護養魚的池塘與溪流，同時保持森林內野雞、野兔、野鹿的數量，因為皇室喜歡打獵。

為這些貴族們烹調飲食困難重重，皇室認為有些材料本質高貴，理當攝取。文藝復興時期的醫生將珍貴的寶石磨成粉，治療有錢有勢的貴族們。義大利政治家洛倫佐服用珍珠粉，教宗朱利耶斯二世（Pope Julius II）則喝下液化黃金。

這種信念也延伸到食物上，要成為高貴的人物，必須吃高貴、稀有、超凡脫俗的食物。貴族們唾棄生長在田野的蔬菜，例如胡蘿蔔、大頭菜，或是草食性動物的肉。他們的食物根基於水果、花朵，以及水裏游的或是空中飛的，越稀少越珍貴。

如有必要，貴族們也會吃那些圈養在農場裏的雞鴨，但是他們比較喜歡野生的禽類，例如雉雞、鷓鴣和鵪鶉。還有極具異國風味的小鳥，如雲雀。牠們清脆的歌聲使牠們彌足珍貴。有些廚師甚至會拋棄雲雀身上所有部分，只留下舌頭，用蜂蜜烹調。天鵝與孔雀也經常出現在皇家餐桌上，通常會以牠們自身華麗的羽毛，隆重地裝點在牠們被烘烤的身軀邊。

在這類數量稀少；色彩繽紛的鳥類中，最珍貴的種類要屬嵩雀（Ortolan）。這種小鳥比大拇指大不了多少，因為太小所以很難捕捉，要用特別的方式才能活捉牠們。捕捉後餵食到最後

吃嵩雀的方式

一分鐘，再把牠們浸在雅文邑白蘭地裏淹死，拔毛清理，加味煎製，而後立刻放在有蓋的小盅碗內，一盅只能放上一、兩隻，吃的時候是全隻一起吃，連同雙腿、骨頭以及內臟（挑剔的人可能會留下頭），由於風味非常容易散發，所以吃的人在打開碗蓋前，通常會用餐巾把碗連頭一起罩住，以保持每一口的味道。

時至今日，嵩雀雖然已是保護類動物，不過牠的神祕風味依然留存。前法國總理密特朗（François Mitterrand）飽受癌症折磨，一九九六年去世前不久，曾經與四十位好友共享最後一頓晚宴，就要求並品嘗嵩雀。這頓晚宴直可與歷史時代看齊，稀有珍品不但美味且具醫療價值，對這位一輩子維持尊貴形象的王者來說，最後的晚宴具有神奇的魔力，每一道菜隱含著多活幾個月的訴求，一位來賓如此形容：

他吃生蠔、鵝肝，還有閹雞，份量甚多。乾燥的嘴唇滿是多汁鮮嫩的美食。最後則是這場盛宴的重頭戲：一頭法律規定不能食用的嬌小鳴禽，珍貴又充滿誘惑，代表的是法國的精神。而這位飢渴的老前總理，將牠全部吞下，翅膀、雙爪、鳥肝、心臟，全部吃完，還包括骨頭。罩在一塊白布下大吃大喝，這樣老天爺也不會瞧見這種野蠻的吃法。

＊＊＊

瓦德勒以發明「尚蒂伊奶油」享有盛名（將鮮奶油、糖和香草混在一起），其實這種做法

在他之前就已經存在。忙著張羅尚蒂伊城堡盛宴的他，沒有時間真正掌廚，他的工作比較像是晚宴總管，忙著和供應商交易，安排餘興節目，排定座位表，分隔敵友，確保已受冷落的情婦不會和主人的新歡坐在一起。還要監督所有賓客都按照尊卑排位，越高貴的越靠近國王。這項規矩一直持續到二十世紀才被愛德華七世推翻，一位公爵的小兒子被安排與國王同桌，位置比當時平民出身的首相亞瑟貝爾弗（Arthur Balfour）還要靠近國王。

我們現在已經習慣宴會裏每位賓客的菜肴與份量都相當，並且同時上菜，但是十九世紀早期，這種被稱為「俄羅斯服務」的上菜方式，只存在於沙皇的宮廷內，他有無數的僕人為他服務。一頓沙皇餐宴大約需要兩百名僕人，一位僕人伺候一位客人。其他國家使用僕人較少的「法國式服務」，賓客們接受川流不息的菜肴：開始是十二種湯，然後是十二種肉類，然後是十二種甜點。每種菜肴都一起上，客人們自己拿菜，當他們吃夠之後，總管就會指示撤菜，僕人們把桌子清乾淨，讓後面的十二道菜上來。沒吃完的菜肴就進入廚房下人或城堡員工的肚子。這種無端浪費又毫不在乎的方式，正足以表示主人的富饒。

進入十四世紀後，玻璃杯非常稀少而且易碎，所以不是每位客人都能有一個杯子。想要飲酒的客人，需要召喚僕人拿葡萄酒來，喝完之後僕人會把杯子收走，洗乾淨後再等待另一位客人的召喚。客人們也不會使用扁平的餐具，尚雅努義在他的劇作《貝凱特》[5]中描述湯瑪斯貝凱特對他的朋友國王亨利二世，介紹一款義大利的新發明：叉子。

「把它叉進肉裏再放到嘴裏。」貝凱特解釋道：「這樣不會弄髒手指。」

「可是這樣叉子不就髒了嗎？」國王說。
「是呀！但是你可以洗叉子。」
「手指頭一樣也可以洗！」亨利說，「我看不出有什麼道理？」

把叉子放在桌上，一開始令人緊張，會讓人們聯想到中世紀的繪畫，魔鬼就是用夜叉折磨該死的人。於是傳統上使用簡單的器皿把食物放到盤子上後，大家就用手來吃，因此餐巾需要經常更換。一張典型的十七世紀家庭餐具清單裏，只列出十八根叉子，卻列出六百條亞麻餐巾。這種用手指吃東西的法國貴族飲食習慣，一直流傳至今，麵包是用手撕，而不是用刀切，同時用手撕下來的麵包，還可以擦乾盤上的醬汁。

電視影集《唐頓莊園》（Downton Abbey）的背景設在第一次世界大戰期間的英國莊園中，編劇朱利安發現拍攝上的錯誤，製作人回憶道：「有一幕是女兒西柏為了給母親一個驚喜，第一次自己烤蛋糕。鏡頭拍攝放在桌上的蛋糕，還有盤子、叉子與餐巾。朱利安對此非常沮喪，他說上流社會的人是用手來吃東西，他是對的。」重拍後的畫面，從歷史角度來看非常正確，但是從現代眼光來看卻很怪異，所以這個鏡頭沒有在電視上出現。

孔代親王在一六七一年完成尚蒂伊城堡的改建工作。為了慶祝新廈落成，他邀請當時三十三歲的路易十四去巡視並鑑賞他的改造工程。這是聰明的做法，因為就算孔代親王是當時重要的皇家部隊將領，更是國家經費的重要貢獻者，但是路易十四對這位在他五歲時就企圖推翻他的堂兄，仍然懷恨在心。孔代親王希望能夠藉著這次視察，重建國王對他的信心，因為路易國王最喜歡的就是接受別人的吹捧。

「他最喜歡的就是奉承，」聖西蒙公爵曾經寫道：「簡單的說，就是諂媚。越是直截了當，越是笨拙，他越喜歡。」

路易國王接受引誘，派了一個侍從到尚蒂伊，為他的到訪先做安排。

「皇上不喜歡大肆鋪張，」侍從告訴孔代親王，「他只想安靜的和幾位親密老友在鄉下共度幾天。」

但是孔代親王了解國王：「我想這表示他想要的食物；還有娛樂表演的豪華程度，只要能超越羅馬帝王就好。」

「正是如此！」

「那麼『親密老友』大約是多少位呢？」

「一隻手就可以算得出來，大概不超過五、六百人吧！」

按照路易國王的標準，這已經是很客氣的了！他的凡爾賽宮內有將近三千人，其中六百位是侍女（courtesan），這是當時情婦以及交際花的禮貌稱謂。

孔代親王要瓦德勒準備連續三天的皇家盛宴還有豪華表演。餐宴過後如果沒有長達兩個小時的音樂舞蹈或是幻象戲劇，外加煙火盛放，將不被視為是完整盛宴。這點對取悅路易國王來說，格外重要。因為他自認是位舞蹈家，他在凡爾賽宮的化妝舞會上表演，身邊環繞的淨是著名的藝術家，如劇作家莫里哀、音樂家盧利[6]。據說盧利就是在凡爾賽宮為了指揮一篇激烈的樂章，把指揮棒戳到自己的腳上，最後因感染敗血症而去世，這是指揮家死於指揮台上的少數特例。

這場皇家宴會大約要花費孔代親王五萬銀幣，以現在的幣值來算，大約數百萬美元。但是非常值得，因為如果路易國王滿意的話，離去後將會賦予孔代親王掌握法國財政的機會，那可就有許多中飽私囊的機會了。

＊＊＊

路易和他的隨行於星期四抵達，孔代親王熱烈地歡迎他們，帶領他們遊覽整座城堡。城內為了這次拜訪種植了水仙花叢，一行人便在其間野餐，結束後騎上駿馬開始打獵，一直獵到日落黃昏，路易國王在月光下追逐一頭雄鹿為止。狩獵結束後他們回到城堡，坐下來喝鱉湯，吃奶油雞片、酥炸鱒魚、火烤雉雞，最後的高潮則是煙火表演。

可是對瓦德勒來說，這個夜晚令他非常沮喪，因為賓客的人數比他預期的要多，準備的雉雞不夠分配二十五桌客人。一桌賓客還抱怨什麼都沒有，只會用雞肉搪塞他們。然後氣候突然轉陰，打濕了晚上原來準備要掀起高潮的煙花表演。

「我的頭快要炸掉了，」接近歇斯底里的瓦德勒對總管古維爾說：「我已經十二個晚上沒睡覺，還會發生這種倒霉的事！」

更糟的事還在後面。天主教徒禮拜五不吃肉類，所以接下來第二天的晚宴必須是魚類或是蔬菜。當時的菜譜或許和下面這份菜譜類似，這是一七五七年路易十五的菜譜：

第一道餐

兩份湯：扁豆濃湯、生菜絲湯。

八樣開胃小菜：酸草凍、布列塔尼式煮白豆，新鮮鯡魚與醃漬鯡魚配芥末醬、香草黃油烤鯖魚、油炸麵包塊配蛋捲餅、奶油醬鹹鱈魚、麵條。

第二道餐

四大份前菜：波蘭式煎梭魚、烘鮭魚、高湯鯉魚、夏堡式鱒魚（內填魚漿烘烤，外加松露醬及蠔醬）。

四份中盤的前菜：新鮮香草鯧魚、炭烤鱒魚配酸豆與醃黃瓜醬、河鱸配荷蘭酸辣醬、德式魚、黑黃油魟魚、炭烤鮭魚。

第三道餐

八道烘或炸各式魚類：炸梭魚排、檸檬鰨魚、炸鯰魚、鱒魚，以及鮭魚尾。四種沙拉。

第四道餐

八道各式熱蔬菜：乳酪花椰菜、鯷魚烘蘑菇、雜菜燉鍋、油炸朝鮮薊、四季豆、高麗菜及菠菜。

四道冷點：排成金字塔式的小龍蝦叢，底層是水果慕斯製成的巴伐利亞蛋糕，以及瑞士捲的前身波佩琳捲，還有圓頂餐包。

城堡可以提供梭魚、鱒魚，還有其他淡水魚類，但是海水魚類以及其他海鮮就必須從百哩

捕魚日曆

外的大西洋海岸運來。離城堡最近的布洛涅（Boulogne-sur-Mer）海港每天凌晨在天尚未破曉之際，就會將前晚捕捉到的魚貨裝上馬車，塞入冰塊與海草，每輛馬車裝載三點五噸的魚貨，由四匹馬拉載運往城堡。沿途每十哩路就有另一批馬等候換班，可是就算這樣日出夜行，兼程趕路，這段途經蹣跚小徑的旅程也需要二十四個小時。

星期五早上四點，瓦德勒離開臥房下樓，跨過在外面通道還有廚房地上呼呼大睡的助手們。比較資深的僕人住在尚蒂伊的另一棟建築中，但是隨從門僮需要隨時待命，於是就睡在穿衣間，或是靠近主人的地方。最低階層的僕人睡在通道的地上，上面鋪滿稻草，因為他們習慣把房間內的夜壺倒入外面的通道。

破曉時分，一位助手拿著兩籃鮮魚進入廚房，可能是剛從城堡池塘裏捕撈上來的淡水魚。累得快發瘋的瓦德勒責問道：「只有這些嗎？」慌張的助手稟告其他的鮮魚還沒有到達，瓦德勒開始抓狂。古維爾被請來安撫他的情緒，就算鮮魚從布洛涅海港前天破曉就上路，也不可能這麼快就抵達這裏。但是瓦德勒已無可理喻：「我無法忍受這種恥辱！」他對古維爾說：「我失去了我的榮譽，還有名聲！」

他跑回房間，把長劍的刀尖夾在門縫中，對准他的胸膛，然後往前撲去，試了三次，第三次劍尖終於刺穿他的心臟。

一位國王的隨侍，著名的塞維涅夫人[7]，她寫的書信生動活潑，很快地給她的朋友去了一封信：

曾是財務大臣富凱的家務總管，現在則是侍奉孔代親王的偉大瓦德勒，今天早上八點發現鮮魚還沒有送到，眼見羞辱即將來臨，無法忍受，簡單的說——他刺死自己。他們通知孔代親王，他非常難過，古維爾也哭了出來。你可以想見這場悲劇引起的慌亂場面。而且更糟糕的是，在他垂死之際，鮮魚送到。我現在只知道這麼多，我想你會同意這已足夠。眼下無疑人仰馬翻，一團混亂，在花上五萬銀幣的宴會上發生這種事，真是令人懊惱。

對可憐的瓦德勒來說，當然令人懊惱，可是真的有人會為鮮魚而自殺嗎？多年以來，這封信是瓦德勒自殺僅有的證據，因此令人有點懷疑。後來其他的證據陸續出現，也證實了這件事。不過這項原因令人難以理解，因此二〇〇〇年的電影《烈愛灼身》中，編劇湯姆提出了一個說法，劇情顯示瓦德勒正在追求路易的情婦，他撲向劍尖的原因，並不是為了鮮魚，而是為了無法得到的愛情。瓦德勒是由傑哈德巴狄厄飾演，至少比當時的瓦德勒還要大上二十歲，身材也要大上兩倍。

儘管瓦德勒已死，星期五與星期六的宴會照常舉行，而且非常成功。國王與賓客舉杯同歡之際，僕人們悄悄地把瓦德勒葬在城堡內。路易國王直到餐會結束前還完全不知道瓦德勒已死。不過那時他已決定給他的堂兄另一次掌權的機會。

然而孔代親王的好運並沒有藉此延續，由於孔代親王沒有合法子嗣，所以他過世後，爵位傳給另一支家族。法國大革命時，暴徒摧毀尚蒂伊城堡。孔代家族賣掉巴黎宅邸，一七九〇年他的宅邸又被拆毀，美麗的花園被改建成戲院，同時開闢新的道路，包括一條由塞納河直通戲院前廣場的道路，叫作奧德歐路（rue de l'Odeon），也是巴黎第一條設立人行步道的道路。

這也是我所居住的道路。

這條道路的左右兩旁有兩條小街，一條叫孔代街，另一條叫親王街，都在提醒我們這裏曾是孔代親王的宅邸。

那麼瓦德勒呢？他也有屬於他的紀念方式，只是差了一等。

從我家前門出去走路不到幾分鐘，就會走到羅比諾街，街上有一座巴黎最小的餐廳，只能容納十二個人，菜單、酒單都非常簡單，不接受預約，也不接受信用卡，是現代巴黎用餐的最佳典範，餐廳名稱就叫作：小瓦德勒（Le Petit Vatel）。

①C．S．佛瑞斯特：*C. S. Forester*（1899 - 1966），英國小說家，以著作英國皇家海軍系列小說風靡一時，《航艦司令》（*The Commodore*）即是其中一本。作品曾改編成電影，其中以《非洲皇后》（*The African Queen*）最為有名。

②弗朗索瓦瓦德勒：*François Vatel*（1631 - 1671），十七世紀名廚，曾任法國財政大臣尼可拉斯富凱（*Nicolas Fouquet*）的家廚，後任孔代親王廚務總管，據說發明尚蒂伊奶油。二〇〇〇年電影《烈愛灼身》（*Vatel*）即描述其生平。

③克里斯多佛雷恩：*Sir Christopher Wren*（1632 - 1723），英國建築歷史上最富盛名的建築家之一，聖保羅大教堂即為他畢生傑作，故有此語。

④孔代親王：*prince de Condé*，是法國波旁王朝時期的貴族稱號，其中最重要的人物即為「大孔代」（*le Grand Condé*）（1621 - 1686），是十七世紀著名的軍事家與政治家。古維爾（*Jean de Gourville*）（1625 - 1703），曾為大孔代重要內臣。

⑤尚雅努義：*Jean Anouilh*（1910–1987），法國近代重要劇作家，作品舞台劇《貝凱特》（*Becket*）描述大主教 *Thomas Becket* 在充滿陰謀與貪污的世界中追求道德與良心之路。這也是他大部分著作的重要主題。其他著名劇作包括改編自古希臘戲劇《安蒂岡妮》（*Antigone*）。

⑥劇作家莫里哀、音樂家盧利：莫里哀（*Molière*）（1622 - 1673）是法國著名喜劇作家，對法國喜劇創作具有深遠影響。盧利（*Jean-Baptiste Lully*）（1632 - 1687）是法王路易十四的宮廷作曲家，開創法國歌劇，對歐洲古典音樂發展有重大影響。

⑦塞維涅夫人：*Madame de Sévigné*（1626 - 1696），法國作家，書信體的風格活潑生動有趣，主要描述十七世紀法國宮廷與社會生活。

Ten

海鮮煮魚的祕訣

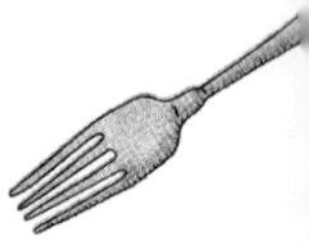

「昨天晚上我們點了一鍋海鮮煮魚，但是由於烹調的過程太恐怖，所以我碰都沒有碰。這道海鮮煮魚的祕訣是把所有活生生的海鮮直接丟進滾燙的水鍋內。我看見一隻垂死的龍蝦正在變色，卻還伸出爪子抓住一隻垂死的螃蟹。這鍋滾燙的海鮮魚湯，是垂死海的殺戮戰場，牠們之間互相搏鬥，而廚師則在蠢蠢蠕動的魚蝦上面撒著番紅花。」

——《巴黎日記》，奈德羅倫[1]

如果你問任何喜歡義大利菜的人，什麼是他們最喜歡的電影畫面時？至少半數以上的人會說是電影《教父》裏面的那段情節，肥胖的克雷曼沙把他的義大利麵醬食譜，傳授給麥克柯里昂（艾爾帕西諾飾演），有些人甚至還會模仿那位演員用沙啞的聲音講述這段台詞：

小子聽好！學點東西！說不定有一天你會做飯給二十位傢伙吃。你先放一點油，然後放大蒜，再放一點番茄，還要加上番茄佩司，炒一炒，別讓它們黏在一起，煮開後再把所有的香腸、肉丸放進去，加上一點酒，一點點糖，這就是我的祕訣。

有些菜適合煮給一大堆人吃，義大利肉醬麵是其中之一，另外一種就是海鮮煮魚（bouillabaisse）[2]。

海鮮煮魚適合出現在我理想中的盛宴嗎？很少魚類菜肴會那麼經典，那麼戲劇化，而且又被現在的廚師所忽略，所以至少該讓它有候選的機會吧！

我還記得那些初嘗海鮮煮魚的日子。

那是一九七〇年，我第一次在歐洲過冬，伴侶安琪拉和我剛從澳洲坐了三十天的船抵達這裏，住在東英格蘭的一個村鎮裏，她應聘成為當地學校的代課老師，我則正在寫我的書。從我們居住的小屋窗口往外望，荒蕪的曠野白霧茫茫，烏鴉棲息在光禿的榆樹枝上吱喳作響，樹木都被叫作荷蘭榆樹蟲的寄生蟲給蛀光了。我開始了解為什麼英文中形容這羣灰黯的鳥類聚集在一起的名詞叫作「謀殺」，形容一羣羊是 a flock of sheep，形容一羣魚是 a school of fish，形容一羣烏鴉則是 a murder of crows，真是我心情的寫照。

為什麼我要離開充滿陽光的南邊？我需要一點東西能讓我喚起溫暖的感覺，芒果樹或是菠蘿樹都可以，但是方圓五十哩內，不可能找到這兩樣水果，村裏的商店內，當然也不可能有，那裏除了蘋果之外，任何其他的異類，都只會出現在罐頭內。

那個星期末尾，我們的運氣開始轉變，當地畫家與他的太太邀請我們共進晚餐。

「我煮了我們最喜歡的菜，海鮮煮魚。」女主人說。

我從來沒吃過海鮮煮魚，但是光聽名字就夠棒了！最誘人的地中海海鮮佳肴：用蝦子、螃蟹與龍蝦煮成一鍋海鮮濃湯，加上番茄與橄欖油，撒上番紅花調色，用大蒜、胡椒、月桂葉調味。作家卡畢（Alfred Capus）形容得非常好：「海鮮煮魚是海鮮加上陽光的美味。」

我高昂的興致持續到女主人端上一碗灰白色的湯，蒼白的團塊浮現在湯上面，像是停靠在海岸邊垂死的魚雷船，我的臉色顯露出我的懊惱。

「這是北海的海鮮煮魚。我母親的做法，是從大戰那個時候傳下來的，那種年頭沒有辦法買到很多東西，只有當地的白魚。」她說。

看來納粹也禁運大蒜、月桂葉，以及番茄。因為湯裏面只有韮蔥與馬鈴薯，還有一團美其名為「岩鮭」的白斑角鯊。他們慷慨地盛起魚頭放在我的盤子裏，主人非常高興地說：「祝你好胃口。」盤子裏的魚頭對著我瞧，我恍然大悟，現在我了解「用死魚眼睛看人」是什麼樣的表情！

開著沒有暖氣的金龜車回家，我問安琪拉：「你可以找時間跟我去度假嗎？」

「去哪裏？」

我往外看著陰暗的樹林：「去溫暖的地方。」

她皺著眉頭：「也許……等學校放假……如果有人跟我們分攤費用的話……。」

也就因此，幾個月後，我們的小金龜車開出法國北邊卡萊市的渡船碼頭。坐在後座，分攤費用，要和我們一起去蔚藍海岸的是西瑞爾（Cyril）。

在英國，名叫西瑞爾的人多得像松鼠一樣，多數是大男人主義的典型，其中很多人和我們一樣是老師。西瑞爾和安琪拉在同一所學校任教，多年來和他剛過世的母親同住在鄰村的一座小屋中。他的身軀短小，頂上稀疏，面無表情，穿著一般西瑞爾式的制服：漁夫毛衣、褐色燈心絨褲、麂皮短靴，比較正式的場合他還會加上一件雙肘都打上皮革補丁的斜紋呢外套。

西瑞爾和我一見面就互看不順眼，我是位傲慢的澳洲人，他是位勢利的英國人，這就夠了。

同時他還喜歡安琪拉，想不透安琪拉為什麼會看上我？就像珍奧斯汀在《傲慢與偏見》裏所寫的：「世界上所有有錢的單身漢，必定想要尋找一位太太，這是全世界公認的真理。」西瑞爾毫不否認由於母親去世，小屋空虛，他非常想要找個伴侶結婚。他把每位條件適合的女人都視為潛在的對象，但是大多數的女人只要一見到他，就像是野生紀錄片裏面的羚羊一樣，一旦發現花豹在四周窺伺，馬上跑得不見蹤影。可是西瑞爾毫不氣餒，拒絕使他的意志更加堅定。

保持這樣的心情，他和我們一路穿越法國，來到南邊的亞爾勒市（Arles）才遇上對手。

我們在星期天抵達亞爾勒市，當地的手工藝人在中央噴泉旁的小廣場上擺地攤。其中有一位披頭散髮，穿著褪色牛仔褲，披著破舊毛衣的漂亮女人，坐在一條毯子上，裸露的雙腳旁是手工製成的珠寶首飾。

西維爾漫步越過她的身旁，又回頭小心地靠近她，慢慢蹲下來，彷彿像要觀賞她的珠寶首飾，其實是想近距離仔細瞧她。當他貼近抬頭時，與她的眼睛四目相對，她的表情沒變，卻齜牙裂嘴，低聲咆哮，宛如杜賓犬蓄勢待發，準備瞄準喉嚨咬去，西瑞爾大驚失色，往後一退，失去平衡，一屁股重重地跌坐在地上。自此以後，法國太太這一項，就從他的名單中劃去。

我們來到地中海區，靠近西特（Sète）港口，在布其蓋村（Bouzigues）中租了一棟小屋，這是我深入接觸法國內陸的開始，很少遊客會來這裏，當地人養殖生蠔與貽貝，同時也釀造玫瑰醋，只裝成小半瓶，顯然不甚受歡迎。

每天早上至少會有一位家庭主婦，帶著滿滿一砂鍋的東西，走到我們的街上，令我滿頭霧水，西瑞爾解釋說：「那是砂鍋扁豆燉肉（cassoulet）！」每天早上當糕餅師傅的烤箱還熱的時候，她們就會把砂鍋拿到那裏，放在烤箱中讓它慢慢煨燉，味道會更完美。

就連告訴我這些無傷大雅的訊息時，西瑞爾都有辦法暗示我是個白癡。不過我並沒有老實承認我完全不知道他在說什麼，這樣只會讓他更得意。其實我從來沒有吃過砂鍋扁豆燉肉，甚至連見也沒見過。

在這種情況下，分道揚鑣是必然的事，而這件事的起因來自於食物。為了要省錢，我們同意儘量在家吃飯。因為西瑞爾和安琪拉都不喜歡做菜，這項任務就落在我的頭上。我利用當地出產的生鮮蔬果做菜，特別是用多肉的貽貝，加入白酒烹調出「白酒貽貝」（marinière）。可是當我建議以此為晚餐時，西瑞爾發火了：

「我們就不能吃別的嗎？」

「貽貝有什麼問題嗎？」

「我就是不喜歡牠們！」

其實他也不喜歡我煮的任何食物。

於是餐桌成為部隊營區，我煮東西給安琪拉和自己吃，他煮他的。我們探尋品嘗當地的特色佳肴，他則繼續堅守英國現成食物：白麵包、馬鈴薯泥、香腸，外加大量的番茄醬。

安琪拉和我拿出僅有的現款，到當地餐廳品嘗他們的砂鍋扁豆燉肉，終於了解西瑞爾說的是什麼。有關慢火烹調這點他沒說錯，砂鍋扁豆燉肉的做法據說是源自波士頓燉豆：白色扁豆加上鹹肉、香腸、油燜鴨一起經過好多小時的慢火焙燉，才能讓味道融合，產生油亮醬汁，然而，第一次接觸的味感遠比日後更加深刻。

為了彌補我和西維爾之間的嫌隙，回英國前的最後一個星期日，安琪拉領著我們三人開車進城，在西特港共進最後晚餐。我們沿著寬大的運河往前走，漁船在運河港口販賣它們當日的漁獲。

儘管西特港在二次世界大戰時遭受美軍炮火猛烈的轟炸，但是出身當地的詩人保羅梵樂希（Paul Valéry）以及作曲家歌手喬治巴桑（Georges Brassens），使這塊地方保持了它的美名，那天下午我們拜訪了這兩位的墓園。

梵樂希葬於海軍公墓，大片白色墓碑沿著山丘往下而建，面對地中海洋，可以想見他永世面對海天一色的美景，靈感泉湧。

真實美麗的天空，見證我的改變！
歷經自大、徬徨的過往，
現在充滿力量，
在這塊光亮空間內放逐自己。

這兩位的墓地非常不一樣，梵樂希面對海洋，而巴森則依照他的心願，被葬在比較貧窮的區段，沒有漂亮的景緻，只是一座位於松樹庇蔭下的墓地。對喜歡他的音樂的人來說，比較容易尋找。他對來生的觀點簡單別緻，寫在一首歌中：

以我的墓碑為枕，
沙灘少女伏睡於上，
迷你泳衣遮不住動人身軀，

馬賽——水手的海鮮煮魚

老天見諒，
如果我的身影匍伏於她之上，
尋求一絲死後的福祉。

拜訪過他們的墓園後，我們沿著石頭砌成的港邊漫步，漁船在這裏卸貨，我從來沒見過這麼多餐廳齊集一處，所有的招牌上都註明「正宗海鮮煮魚」。

地中海岸的漁夫們發明「海鮮煮魚」這道菜，把品質較好的魚賣出去後，把剩下那些瘦骨嶙峋、賣相不佳的魚全部煮成一鍋。在普羅旺斯，無論是 bouiabaisso 或是 bolhabaissa 這兩個字的意思都是「小火煮滾」。特別強調烹調海鮮類菜肴的祕訣就是不能煮得太久。發明這種菜肴的廚師，來自十九世紀，居住於地中海地區的沿岸漁港，他們都有義大利或是希臘血統，使用大量橄欖油來煎洋蔥、大蒜、番茄、芹菜，然後加入幾公升的白酒，煮開後放入蝦子、螃蟹、龍蝦，還用很多的番紅花調和味道以及顏色。一旦魚湯呈現光亮的金黃色彩，再把整條魚連頭一起丟進去，用小火煮幾分鐘就可以上桌了。

如何烹調完美的「海鮮煮魚」要比如何調配完美的馬丁尼，更難凝聚共識，不過大多數人都同意如果加入獅子魚（Rascasse）的話，湯味會更鮮美。這種頂部長著誇張尖刺的魚類，也叫作蝎子魚。那天下午我們所路過的餐廳，很多都用獅子魚調入「海鮮煮魚」做為招攬顧客的手段，但是坐在港邊的一家人說服了我們。那一大家子圍坐在桌前：父親、母親、祖母，外加三個小孩，每個人的領口都塞上餐巾，正此起彼落地對一口像臉盆那麼大的「海鮮煮魚」開懷大

一九一〇年代，傳統的港邊海鮮煮魚

吃，顯然如果不是真的好料，他們絕對不會吃得那麼高興。

我們在他們旁邊的餐桌坐下，我開口就說：「請來三人份的海鮮煮魚」，以為大家都會同意。

西瑞爾打岔道：「你介意我點自己的東西嗎？」他冷冷地說。盯著那張湯水四濺的菜單，對侍者說：「我想要炸雞和薯條。」。

侍者揚起眉毛，在一間海鮮餐廳裏點炸雞和薯條？恐怕在他有生之年都永遠搞不懂這些英國佬。

三十多年過後，住在巴黎這個以前我做夢也想不到的地方，「海鮮煮魚」的滋味重上心頭。巴黎只有少數幾間餐廳宣稱供應「海鮮煮魚」，幾條魚排浮在南瓜色的湯上面，完全沒有地中海邊的感覺。「海鮮煮魚」需要陽光、大蒜、橄欖油，還有最重要的：獅子魚。

幾年前我的朋友提姆從澳洲來訪，他和我曾經在一個星期六的早晨，做了一件極為特殊的事，買了一幅馬諦斯畫作當禮物送他太太。

「想不想去蔚藍海岸吃海鮮煮魚？」我問。

「太棒了！」他毫不遲疑。

一個星期後，我們穿越法國，直奔西特港。

時光荏苒，這趟法國之旅和過去乘坐老爺金龜車的旅程，真是不可同日而語，那個時候我們沿途停宿在小型養老院內，有的時候甚至在露營區內搭帳篷過夜。西瑞爾曾是童子軍，也是大學裏的健行隊員，他打繩結、綁帆布的功力，加上時尚的睡袋，在在都令我們自嘆不如。

當時穿越法國花了一個星期的時間，現在從巴黎里昂車站坐上高鐵，只要三個小時，提姆和我就已經走出車站，來到微風徐徐、陽光燦爛的西特港街道上。

數棟公寓大樓取代了戰時被轟炸倒塌的建築，運河上來往的是遊船而非拖網漁船。除此之外沒有甚麼改變。從車站走到我們的旅館途中，發現街道已被市集所占據，最後一百呎我們穿梭在攤販間，他們販賣深紅色的番茄、成排的洋蔥、一堆堆的大蒜，還有大的像咖啡壺的生蠔。

一個小時後我們來到港邊，胃口大開。碼頭邊的餐廳看起來就像是一九七〇年代的餐廳，就連海洋藍的遮陽篷都長得一樣，餐桌伸展到人行道上，菜單壓在玻璃杯下，上面用四到五種語言宣傳正宗原味好吃的「海鮮煮魚」。

「你記得吃過那一家嗎？」提姆問。

「不太記得。」

我們隨便選了一家，我建議我們先試試它的午餐，如果好吃，晚上再回來吃「海鮮煮魚」。他點了海鮮拼盤，擺在傳統的高塔式網架上，由上而下共五層，分別放著生蠔、蝦子、螃蟹、龍蝦、貽貝，還有一種叫作挪威海螯蝦的鹹水蝦。拼盤兩邊放著大蒜蛋黃醬，還有搭配生蠔的沾料：紅蔥頭紅酒醋，法國隨處可見。

「看來不錯，不知道海鮮煮魚是不是一樣好？」提姆說著，敲碎一隻龍蝦螯。

我們扯住侍者打聽消息，他馬上把餐廳主人找來，我向他說明我們想找的美食。

「先生，我向你保證，我們供應最道地的海鮮煮魚！」

他指給我看菜單上的彩色圖片，上面是一鍋深紅色的湯，兩旁擺著小圓吐司，還有一堆磨碎的格魯耶爾乳酪（Gruyère），一盤辣椒口味的蛋黃醬叫作鐵鏽醬（rouille），旁邊還有一盤堆滿了烹調好的魚、螃蟹、以及其他貝殼類海鮮。

「但是這只是普通的海鮮湯！」我說。

任何大型的法國餐廳都供應這種海鮮湯，把鐵鏽醬塗在吐司上，再灑上一堆乳酪，然後放在湯上面，趁麵包還沒有浸得太軟前把它撈起來吃，就算有額外的炸魚也改變不了這道菜。

餐廳主人看起來非常吃驚。「完全不是，先生，請看這些魚……」他指著那堆烹調好的海鮮：「有鯛魚、魴魚、鯰魚……」

「獅子魚呢？」

他帶著一臉不太確定的表情走回廚房，過了不久回來說：「很抱歉，我們的廚師說，獅子魚不見得經常有貨，但是我們仍然是正宗的西特式海鮮煮魚。」

「西特式海鮮煮魚？那表示還有其他的方式？」

「當然，還有馬賽式海鮮煮魚、義大利式海鮮煮魚、西班牙式……」，當然別忘了還有北海式……。

那麼多年前我吃的到底是什麼？我還記得那口紅色陶鍋，我們從裏面撈出蝦子、貽貝、蟹腳、一團團湯湯水水的魚肉，或許廚師是來自馬賽或巴塞隆納，甚至是熱那亞？在這個四方雲集的城鎮非常有可能，也許我吃了西班牙式或義大利式的「海鮮煮魚」，而非西特港式？還是因為年代久遠，我的記憶已經模糊？記憶中的吃和想像中的吃，已經配合不上！

如果我的盛宴要供應這道菜肴，顯然我需要發明自己的版本，才能展示我記憶中初嘗這道佳肴的美味品質。

＊＊＊

午餐過後。提姆和我沿著城鎮後方，漫步在高聳的狹窄山路上，兩旁樹蔭下的長椅上老人打著瞌睡，母親哄著小孩。一處廣場中我們發現了跳蚤市場，和城鎮一樣都處在睡眠狀態中，法國到處都可見到的舊貨商，自己帶了午餐以及折疊式桌椅，一邊吃乳酪喝紅酒，一邊期望能有人看上他們所賣的碟子、生鏽的工具，或是成排的舊雜誌。

我注意到提姆的臉色不太好。

「我們可不可以找間咖啡店？」他說。

「想喝咖啡嗎？」

「並不是。」

我們走進所看到的第一間咖啡店，還沒坐定，他立刻跑到廁所去，十分鐘後回來，臉色看起來更蒼白。

「我需要回旅館去。」他說，他的肚子無法適應海鮮拼盤裏的東西。

到了晚上他感覺好一點，但是還是非常不穩定。雖然我以為同樣的事也會發生在我身上，可是居然沒有，我感覺良好。

「別讓我拖累了你，」他說，「你來這裏是為了吃海鮮煮魚，你應該去吃。」

一個小時過後我回到碼頭，選擇碼頭邊上最後一間餐廳坐下，侍者給我一份菜單，上面都是著名美食。海鮮拼盤、海鮮湯、挪威海螯蝦、生蠔，當然還有「海鮮煮魚」。

「要點什麼？」侍者說，鉛筆停著，似乎在說：我聽著呢……

我闔上菜單，想到海鮮我的胃就翻騰。

「炸雞！」

「好的，還有甚麼嗎？」

「薯條！」

「好的，外加薯條！」

我可以聽見他聲音裏的抽氣聲，炸雞外加薯條！這些英國佬！

①奈德羅倫：*Ned Rorem*（*1923-*），現代美國作曲家兼作家，曾以音樂作品獲得普立茲獎與葛萊美獎，也曾出版過十六部文字創作，其中包括五部日記。

②海鮮煮魚：*Bouillabaisse*，又翻譯為「馬賽魚湯」。由於 *Bouillabaisse* 一字本來是由 *Occitan* 語中的 *bolhabaissa* 而來，*bolhir* 意為煮開，*abaissar* 代表小火之意，加上這種魚湯的烹調方式出現在環繞地中海岸的不同國家中，如葡萄牙、西班牙、希臘、義大利等地，因此翻譯為「海鮮煮魚」不致混淆，也較接近烹調方式與原意。

Eleven

大象的聖誕晚宴

我餓到可以吃下一頭馬，還要追逐馬伕。

——傳統英國古諺

法國的飲食與階級有關，所有的國家也都一樣。對英語系國家來說，財富彰顯在所吃的食物中，例如肥肉、黃油、糖、奶油。同時也顯現在份量裏，例如比盤子還要大的牛排，夾餡多到一口也咬不完的三明治等等。

在法國，越是有錢的人，所吃的肉就越細緻，麵包就越白，葡萄酒也越陳，但是份量卻越小。麵包、葡萄酒、還有肉，都是衡量成功的標準。成功的人一旦不幸落入艱困的生活中，法國人就會形容是：「他先吃白麵包！」如果一個人每天都吃肉的話，就相當於美國人所說的：「搭上富貴列車！」（catching the gravy train）

進入十九世紀，任何含有蛋白質的東西都是奢侈品，窮人仰賴蔬菜與稻穀維生，這些食物熱量不足，加上一天辛勤工作，使他們份外疲累，根本無力抗議這種悲慘的生活。法國從來不曾真正風行素食主義，因為蔬菜被認為是窮人的食物，而肉類則代表富裕繁榮，越精瘦越好。在一個中產階級家庭吃飯，你非常可能會吃到沒有肥肉，也沒有太多味道的烤牛排，外加一些綠豌豆，也可能有馬鈴薯泥，最後是乳酪。

出了城市，對於肉食的規矩比較寬，定義也比較廣，所謂肉類還包括一些城市人嗤之以鼻的部位。

從鄉居住家的生活中，我們就可以了解這種現象。舉例來說，住在鄉間的一戶人家，因為

損失了不少錢，決定解雇廚師以節省開支。

「我們非常抱歉，可是食物實在太貴了！」太太解釋道。

廚師放寬心懷，還好她並不是因為失職而被解雇。

「但是夫人，你應該早點告訴我，給我幾個禮拜的時間，我可以省下足夠的錢付我的工資。」她說。

她開始在野外與屋舍旁邊的路肩，搜尋蝸牛、野生芝麻菜、蒲公英，甚至草藥香料，例如墨角蘭、香蔥以及薄荷葉。綠葉用來做沙拉，梗子則做為湯底或是煮成湯，剩下的東西就曬乾以備日後再用。

到了市場，她無視於攤位上最好的水果與蔬菜，那些摔壞的蘋果還有過熟的番茄，不但便宜，甚至可能免費，而且熟透的程度更適合做醬汁或是打成泥。到了肉攤，她選擇便宜的肉類，可以用來滷或是燉，還堅持要肉販把骨頭以及切邊碎肉等，所有其他挑剔的客人挑剩下的東西全部打包，她說是給狗吃（當然沒人會相信）。所有骨頭以及切邊肉，除了羊脂之外，都可以先烤出肥油，然後煮成湯底。羊脂是靠近羊腎臟邊的肥肉，可以生打取代黃油，製成油滋滋的餡餅和布丁。

雞是最好的挑戰，雞身上有哪一個部位不能吃嗎？雞胸肉可以打成雞排，小腿、大腿和翅膀，都可以放在紅酒裏做成紅酒燉雞。骨頭可以熬湯，一隻雞可以分成三頓來吃，可是如果用烤的，只能吃一頓而已。

她保存雞肝，直到做成肉凍的材料夠了為止。雞心和其他可以吃的器官被煮成高湯之後，封存在熬出的黃油中，稱為雞雜（gésiers），拌在沙拉裏，增添特殊風味。雞背骨上左右兩片肉被稱為「蠔肉」，也一樣別具美味。這兩片雞蠔肉，有個傳統的稱呼叫作 sot-l'y-laisse，意思是「笨蛋才會不要」，表達了鄉下人的優越感

無論雞身上的資源多麼豐富，有一個部位她卻不見得會用到。葛楚德史坦茵的伴侶——愛麗絲托克拉絲[1]，在她的第二本食譜書《過去與現在的香氣與口味》中提到海鮮填雞的做法：「這個食譜需要一整隻嫩雞的每一個部分，包括頸子、雞肝、雞胗、雞翅，還有雞爪。」編輯建議她把雞爪刪掉，托克拉絲回應道：「不要因為不習慣使用雞爪而失去信心，就請仿效歐洲人的做法，記得膠質就是來自於雞爪。」托克拉絲不但堅持要加入雞爪，同時還詳細地說明在入鍋之前該如何剝皮、去甲。

笨蛋還會留下什麼呢？顯然還有很多，特別是碰到牛或豬這類動物。不過精打細算的村婦會烹調每個部分，包括肝、腎、腦、骨髓，還有舌頭。生豬的資源特別豐富，鮮嫩的部分吃過後，剩下的關節部位可以用鹽和糖醃製留存，或是風乾成火腿或醃肉。小塊肉片可以和肥肉一起絞成香腸，腸子可以當成香腸套。豬耳朵可以煮到軟黏，然後可以切片酥炸，加在沙拉裏，別具風味，或是切分、填料，搭配黃瓜蛋黃醬（gribiche）一起吃。黃瓜蛋黃醬是將黃瓜、酸豆和煮熟的蛋一起混在奶油裏。芝加哥的肉類包裝工人誇口說道：「除了尖叫聲之外，我們什麼都能用。」顯然是從法國屠夫那兒學來的本事。

其他的動物資源一樣豐富。牛骨，特別是牛髓骨，用電鋸切成圓塊後加以烘烤，用小匙把骨髓舀起來放在吐司上，撒上花之鹽——這是最好的精鹽，海水蒸發後最上層的部分。此外，小牛胸腺（ris de veau），或是羊胸腺，與胡桃一起烹調也是人間美味，整塊牛腎與芥末醬的搭

配也是另一道佳肴。

還有牛肚——牛的胃，在諾曼第地區也是受歡迎的食材，他們用褐色香味醬汁烹調。法國美食之都里昂，曾經出現過一道名菜叫作「工兵圍裙」（tablier de sapeur），工兵是指挖掘地道在敵人的要塞下埋炸藥的法國工兵，他們為了保護起見，穿上厚得像牛肚一樣的保護衣，這道佳肴因而得名。烹調時先醃再燜，然後裹上麵包屑油炸。

不過有些東西甚至連法國人都不吃！

羅馬人喜歡吃睡鼠，用蜂蜜與罌粟籽烹調。雖然法國曠野中到處都是這些小睡鼠，但是沒有餐廳願意嘗試。羅馬人還有一項佳肴就是睪丸，也沒有出現在歐洲菜單中。紀錄片《漫漫長路．哈雷機車環球全紀錄》[2]中，影星伊旺麥奎格與查理布爾曼騎乘摩托車，橫跨世界的旅程中，曾被邀請到蒙古包內享用一鍋熱氣騰騰的高湯，裏面就浮現一顆顆的動物睪丸，他們試吃時的表情，絕對值得觀賞。

生活艱難的時候，過去的規則往往無法適用。例如從一八七〇年到一八七一年間，巴黎人必須靠吃睡鼠，或是睪丸維生。他們也吃馬、狗、老鼠、貓、犛牛、熊，還有大象，他們為什麼要吃這些動物？廚師又如何烹調這些食物呢？這個答案是烹飪歷史上最奇妙的一頁。

當我計畫這場盛宴並在國內各地尋找食材的時候，接觸過許多法國美食家，他們意外地熱情與慷慨的反應，使我了解到他們認為這件事不僅是一項知性的探討，更是對傳統優良文化的再次肯定。

今晚的蛞蝓非常鮮美。

法國人早已習慣用餐宴來慶祝各種場合，例如小孩初領聖體日、受洗日，或是訂婚以及結婚。政治目的也是舉行餐宴的另一種理由，例如慶祝軍事勝利、紀念日，或是向某位軍事或政治將領致敬，或是歡送退休等等。

因此，愛國者也會利用餐會表達他們的愛國之心，法國歷史上最有名的愛國餐宴就發生於一八七一年，在最慘烈的法國敗戰之役後。

一八七〇年七月，法王拿破侖三世與普魯士王國長年的不合終於引發大戰，可惜當時的法王拿破侖三世，並沒有繼承伯父拿破崙軍事上的天才，面對普魯士王國組織嚴密、配備精良的軍隊，第一場戰爭就被打敗，拿破侖三世被俘。當他還在與普魯士磋商投降條件時，普魯士軍隊圍困巴黎。

巴黎圍城歷時五個月。圍城期間，任何人和動物都不能進出城內，荷槍實彈的部隊沿著外圍防守，外地記者為了報導城內詳情，將文章照成膠片，利用在蒙馬特高坡發射升空的熱氣球（Montgolfiers）向外傳遞訊息。熱氣球帶著這些相片順風飄到南方的圖爾和普瓦捷區，再把截獲的膠片沖洗印刷。

有一陣子部隊也使用信鴿傳遞消息，可是普魯士引進老鷹攻擊牠們。然而這些信鴿最大的威脅並不是來自老鷹，而是來自飢餓的巴黎人。聖安德里的修道院長曾抱怨道：「不排隊就買不到牛肉或羊肉，而且肉販還提高價錢騙我們。」顯然是熱愛食物的人。

當牛肉、雞肉和羊肉逐漸消失在市場上後，政府不理會教宗葛利果三世（Pope Gregory III）的呼籲，鼓勵巴黎人吃馬肉，巧的是巴黎在數年前才出現馬肉販子，把鍍金的馬頭高懸門上以凸顯生意，於是教宗曾頒布詔令，指責吃馬是「齷齪可厭的習俗」。然而圍城期間，據說巴黎人共吃掉了七萬匹馬，就連皇帝也臣服於口腹之欲下。沙皇亞歷山大二世所送的兩匹血統純正的駿馬，提供了好幾頓宮廷佳肴。

一旦馬隻被巴黎人吃完，估計還有兩萬五千隻貓，另外還有狗，接下來是老鼠。鼠肉比較瘦，沒什麼味道。但是如果調味適當，還是可以入口。窮人已經可以接受牠們，水手亦是如此。他們用餅乾屑飼養老鼠以取代豬肉和牛肉。街上還有賣鼠肉的攤販，狡詐的攤主穿的和一般肉販一樣，也同樣依照顧客要求去皮或切塊。

聖安德里的修道院長列出這些新出現的菜肴：

鼠臚肉凍
香檳鼠肉
羅伯醬（栗子、洋蔥加白酒）燉鼠肉
燒烤狗腿，幼鼠圍邊
小驢肉（號稱小牛肉）
狗腦（甚受歡迎）
香料黃油烤狗肝
蛋黃醬貓片
蘑菇燉貓肉

馬肉粟米清湯

豌豆狗肉排

對喜歡吃甜食的人來說，還有糖水黃桃，以及用馬骨髓提煉的肥油所製成的梅子布丁。

＊＊＊

圍城期間，一間位於聖歐諾黑街二六一號的餐廳，窗戶上掛著蕾絲窗帘，看起來不過是一間簡單的小咖啡廳，卻比其他餐廳更努力地維持應有的水準，這就是渥桑餐廳（Voisin），食物和酒都很出名，也貴得出奇。它的侍者羣中包括名廚艾斯克費日後的生意夥伴，倫敦著名的薩渥伊酒店（Savoy）經理西撒麗池[3]，巴黎的餐廳仍然保留著他的名字。

渥桑餐廳引以為豪的是它保持法國傳統，對抗外國異俗，首席領班曾經很憤怒地拒絕了一位英國人在聖誕節點布丁的要求，同樣也拒絕一位美國女人點沙拉的舉動。這件事或許引發了電影《俄宮艷史》[4]的靈感，主角葛麗泰嘉寶飾演一位蘇聯傳教士，向侍者點了一份生蔬菜，他冷硬地回答道：「女士，這裏是餐廳，不是草原。」

一八七〇年，渥桑餐廳的主廚是亞歷山大艾提安葛洪[5]，當年只有三十二歲，他來自法國北邊，所以對上不了檯面的食材非常清楚，他的家鄉卡昂（Caen）地區的美食是卡昂燉牛肚（肉汁燉牛肚），傳統上吃的時候是放在鐵鍋裏，架在燒熱的煤炭上。

葛洪了解他的顧客一定不會滿意只能吃馬、貓，或是老鼠。當年十二月，當地的動物園宣

一八七一年，射殺動物園大象

布他們無法再飼養裏面的動物，只能同意出售牠們時，葛洪大顯身手的機會終於來臨。

巴黎的肉販們搶購了鹿、羚羊，甚至熊，這些都是可以吃的動物。豪斯曼大道上的肉販迪布斯還買了一頭氂牛，畢竟那些毛皮下的肉，類似水牛，依然可以當成牛肉食用，十二月底他還花了兩萬七千法郎買了兩頭大象：喀斯特與波露絲，不知道要怎麼殺牠們，於是他雇了一名神槍手，用三十三釐米的鋼尖彈射殺他們。

美食界對這些動物們的貢獻議論紛紛，一位遭受圍困的外國記者湯瑪斯包爾斯曾經報導說他吃過駱駝、羚羊、狗、驢、騾子，還有大象，其中最不喜歡大象。另一位評論員亨利拉布舍[6]報導說：「昨天晚餐我吃了一片波露絲，既粗又硬而且非常油。只要他們有牛肉或是羊肉可吃，我可不會建議英國家庭吃大象。」他可能是吃到比較低等的大象肉，一磅只賣十到十四法郎。比較精明的廚師包括葛洪，早就以三到四倍的價格搶走了比較鮮嫩的象鼻。

某些動物就連葛洪的專業技術也對付不了。動物園出價八萬法郎賣犀牛，但沒人買，沒人知道這個龐然大物的肉是不是可以吃？獅子與老虎也沒人買，沒有人敢接受射殺牠們的任務。而對猴子也有一種特殊情結，因為達爾文的《物種起源》出版於一八五九年，他的進化理論在當時逐漸獲得認同，所以吃猴子就像是吃自己的同胞。諷刺的是一次世界大戰期間，躲在戰壕裏的士兵們，譏諷他們所分配到的牛肉罐頭為「猴肉」。

一八七〇年聖誕夜晚宴，由渥桑餐廳掌廚，大象、熊、駱駝、袋鼠、羚羊、貓，還有老鼠，構成這份傳奇的餐宴，菜譜如下：

前菜：

黃油、紅菜頭、填料驢頭、沙丁魚

湯：

紅豆泥配酥炸麵包塊

大象清湯

主菜：

炸小鯰魚，英式烤駱駝

燉袋鼠肉

胡椒醬汁烤熊排

烤菜：

狼腿肉配鹿肉汁

貓肉（鼠肉圍邊）

水芥菜沙拉

羚羊肉凍配松露

波爾多式牛肝菌

黃油綠豌豆

甜食：

米布丁加果醬

點心：

格呂耶爾乳酪

為了搭配這些奇特的菜肴，餐廳還供應多種紅酒：一八四六年的木桐羅吉德堡酒（Mouton-Rothschild）、一八五八年的羅曼尼康蒂酒（Romanée-Conti）、一八六四年的帕馬堡酒（Château Palmer），餐後酒則是一八二七年的波特酒（Grand Porto）。這麼好的酒單，甚至連老鼠肉都能令你胃口大開。

但是葛洪的手藝卻讓他應接不暇，顧客們開始對大象產生興趣。聖誕節過後，渥桑餐廳從植物園以十五法郎一磅的價格買來大象，菜譜上出現了「紅酒燉大象」這道菜，也就是象鼻配獵人醬汁。就連象血也不浪費。小說家愛德蒙龔固爾[7]在他一八七〇年除夕夜的日記中寫道：「今晚在著名的渥桑餐廳裏，我發現並且吃了大象血腸。」顯然吃得非常愉快。

所幸一八七一年一月底，拿破侖三世降服，放棄了他的王冠，其餘的動物都得以生存。政府與軍隊害怕將與強悍的普魯士軍隊發生肉搏戰，於是慌亂地棄城而逃。但是普魯士軍隊凱旋進城遊行後卻立刻轉回家園，將巴黎留給那些迷茫卻興奮的市民手中。接下來是政治權力的真空時期，比較激進的巴黎市民，特別是那些住在蒙馬特的居民，進攻巴黎占據城市，宣布成立巴黎公社（Commune），一個無政府主義的組織，人人平等。

由於圍城而使巴黎人被迫改變飲食習慣，馬匹成為可以吃的動物，這對日後的政治改革產生了微小卻具決定性的因素。這種在過去文化中擔負著貨運與交通重責的動物，在巴黎處處可見，一旦習慣改變，人們接受可以吃馬這件事，貧窮的勞苦大眾突然有了豐富的蛋白質來源，使他們具備更充足的精力，更充沛的精神，準備革命。

紀念圍城的圖像中，有的甚至彰顯了馬肉的重要性。一座寓言式的雕刻中將巴黎比喻為一位手持寶劍、奮不顧身的女人，身後是烽火連天的城市，天上是攻擊信鴿的老鷹。她靠護盾護身，護盾上有圍城的八項標記：火炬、熱汽球、信鴿、寶劍、手銬、火藥盾、紅十字（七年前才成立），以及一副馬頭。雕刻上的標題，讓馬說明了牠自己的犧牲：「我被圍困在巴黎，並且餵飽了它！」

巴黎圍城期間最為人所記憶的事，就是渥桑餐廳那天晚上所提供的晚宴，包含駱駝、狼，還有大象，相當典型的法國風範。渥桑餐廳的晚宴並不單純只是一頓佳肴而已，而是社會與政治事件，菜單上款別具意義地註明：「圍城第九十九天」，代表巴黎仍在持續頑強的抵抗中。

我雖然非常讚賞法國人的愛國心，還有他們的廚藝技巧，但是對這頓著名的晚宴，仍然保持著懷疑的態度。這份菜單無疑是種宣傳手段，真的能夠相信嗎？他們真的吃菜單上所寫的食物嗎？

有些菜肴看起來非常傳統，袋鼠這種肌肉發達的動物，能夠烹調的方式不多，用燉的是其中之一，袋鼠尾可以做成很好喝的湯。牠的臀肉和鹿肉一樣鮮美，但是其餘的部分非常粗糙，所以通常是做成絞肉當成寵物食品。

鼠肉在中國仍是一份佳肴，一九九〇年代英國電視名廚凱斯佛洛依德[8]曾經在電視中試吃，他說：「不會讓人噁心，吃起來有點像鴨子。」佛洛伊德專門介紹偏遠地區的奇特食物，也曾在介紹鄰近北極圈地帶的系列節目中大烤熊腿，葛洪的「胡椒醬汁烤熊排」可能類似凱斯的烹調手法，使用醃肉油塗肉，然後加入大蒜片，依據佛洛伊德的說法，嘗起來像美味的烤豬。

可是就算是佛洛伊德也不會建議烹調以肉質粗硬聞名的駱駝，或是款待狼肉。現代美食作家瑪莉費雪（MFK Fisher）曾經出版過一本書叫作《如何烹調狼肉》，但是書中狼肉只是一個比喻，象徵飢餓。雖然她曾經在法國住過，而且喜歡吃以雲雀做成的肉醬，這種鳴禽的舌頭曾是中世紀時代的珍饈美味，不過她從不曾建議吃雲雀。

至於渥桑菜單上其他的菜肴，填料驢頭聽起來很可疑，特別是和沙丁魚、黃油紅菜頭一起出現在前菜的菜單上，這兩者都是傳統的前菜，驢頭的肉不多，所以可能只是從隔壁戲院的倉庫借來的擺設，或許是舞台劇《仲夏夜之夢》當中的道具吧！

貓肉以鼠肉圍邊，聽起來也非常可疑，任何大廚都不會把這份看來很倒胃口的異類，放在「羚羊肉凍配松露」這種菜色旁邊。看來是要凸顯差異。不過換個角度來看，渥桑的廚藝絕對足以創出貓鼠肉凍，或是把肉凍放在酥皮內，做成「酥皮肉凍」（pâté en croûte）。

精心調製這樣一頓愛國晚宴，使得渥桑餐廳的名聲更加卓著，甚至在紐約也開了一間分店，一九三〇年原店歇業前，它的往來賓客包含多位國王與王子，以及政界與藝術界的重頭人物。菜單不再供應大象與駱駝，但是一位賓客寫道：「如果餐廳主人帶著喜愛的眼神看著你，那麼他就會給你一張小小的粉紅對摺卡紙，裏面正是渥桑餐廳一八七〇年那份聖誕晚宴的菜單。」

葛洪活到一九二四年，對任何附加在自己名聲上的說法都很知足。除了一八七〇年的那頓晚宴之外，他也發明了「葛洪醬」（sauce Choron），蛋黃醬加上番茄以及龍蒿葉。據說他會發明這道著名醬汁純屬意外，只是把番茄泥倒進了貝亞奈斯（Béarnaise）醬汁中而已。無論真相如何，只要提到任何有關那場著名晚宴的各種風言風語，葛洪都很聰明地把嘴巴閉了起來。

①愛麗絲托克拉絲：*Alice B Toklas*（1877 - 1967），葛楚史坦茵的長年伴侶，與她一起推展巴黎的藝文活動，包括她們所建立的「藝文沙龍」。不過托克拉絲一直位居幕後，協助葛楚史坦茵處理實際生活事務。史坦茵過世後，她繼續創作，出版自傳與食譜，她的第一本食譜書 *Alice B Toklas Cookbook* 頗受歡迎，第二本食譜書為《過去與現在的香氣與風味》（*Aroma and Flavors of Past and Present*）。

②漫漫長路．哈雷機車環球全紀錄：*Long Way Round*，是拍攝英國影星伊旺麥奎格（*Ewan McGregor*）與查理布爾曼（*Charley Boorman*）騎乘摩托車，二〇〇四年四月從倫敦往東出發，歷時三個多月，途經中歐、俄羅斯、蒙古、西伯利亞等地，於七月抵達紐約，長達三萬多公里的紀錄影片。

③西撒麗池：*César Ritz*（1850 - 1918），著名的瑞士酒店管理人，訂立高級酒店的經營規格與標準，世界性的麗池酒店即由他所創辦。

④俄宮艷史：*Ninotchka*，一九三九年由米高梅電影公司出品的喜劇電影，由葛麗泰嘉寶（*Greta Garbo*）主演，描繪史達林統治下的蘇聯社會與巴黎的對比。

⑤亞歷山大艾提安葛洪：*Alexandre-Étienne Choron*（1837 - 1924），法國名廚，以發明葛洪醬，以及設計一八七〇年的聖誕晚宴菜單，留名廚藝史。

⑥亨利拉布舍：*Henry Labouchère*（1831 - 1912），英國政治家與出版商，最著名的事蹟是在一八八五年提出《亨利拉布舍修正法案》，並獲通過成為正式法規。其中首度將男性同性戀列為犯罪行為，受到這條法規的影響，導致大文豪王爾德被捕入獄，電腦之父圖林遭受化學閹割而後自殺身亡。

⑦愛德蒙龔固爾：*Edmond de Goncourt*（1822 - 1896），法國小說家，法國最尊貴的文學獎「龔固爾獎」（*Prix Goncourt*）即由他所設立。

⑧凱斯佛洛依德：*Keith Floyd*（1943 - 2009），英國著名的烹飪節目製作人，他幫 *BBC* 電視台主持的一系列美食節目深受歡迎，他隨性寫意的主持風格也影響了許多美食節目的型態。

Twelve

重現火烤的美味

戶外烤肉的歷史就和美國的歷史一樣悠久，
拓荒者來到這片未經污染的大地，
開發奇妙的野味，用火烤來吃。
——《道地戶外烤肉》，文斯史塔坦[1]

瓦德勒與葛洪一樣，堅信正式的晚宴不但是一頓美食佳肴，也是一場表演。在他們主辦的餐宴中，菜肴展示的重要性，絕不下於它的味道。從羅馬時代開始，就以廚師是否能夠別出心裁的展示菜肴，來決定他們的適任與否。所以如果我的盛宴想要獲得真正的讚美，至少某些部分必須具有戲劇效果。

羅馬時期抒情詩人佩特羅尼斯的作品《薩迪瑞康》[2]中宴會主辦人崔馬奇歐，融合食物與戲劇效果的表演達到顛峰。佩特羅尼斯在書中形容一場盛大的餐宴中，一頭全豬被抬進來：

我們一致表達讚賞，但是崔馬奇歐卻凝視這頭豬，臉色越來越難看。他叫道：「這是什麼？為什麼竟然連裏面的東西一起烤，叫廚師來！」

廚師被叫來站在桌邊，垂頭喪氣地說他忘記清理內臟。

「什麼？…忘記？」崔馬奇歐喊道：「把他的衣服脫掉！」伸手準備拿鞭子。

我們全都上前勸阻他說：「難免會發生意外，這次原諒他吧！」

這時崔馬奇歐的臉上綻出一絲笑容，對廚師說：「既然你的記性這麼差，那麼現在在這裏清理這頭野獸，這樣我們都可以看得見。」

廚師用顫抖的手劃開這頭豬的腹部，裏面流出大量的香腸血腸，是用豬的內臟所製成。到了這個時候，所有的僕人開始一致鼓掌。廚師獲得美酒還有銀環的賞賜。

中世紀的廚師必須要會用天鵝或是孔雀的羽毛來裝飾牠們的肉身佳肴，用棉花糖砌成精巧宮殿，有些菜肴的展示活像是現在的派對伎倆：一隊僕人端進一盤巨大的派餅，切開時裏面會有活鳥飛出。或是一頭火雞裏面塞著一隻普通雞，普通雞裏面再塞入一隻小鴿，小鴿裏面再塞入活雞肉，雞肉裏面包入鵪鶉，就這樣一直包下去，直到包入拇指大小的嵩雀為止。

這些作品在繞行過所有來賓後，會擺在桌上讓賓客欣賞。皇室餐桌上的人並不見得真的會吃牠們，這是身分的象徵，讓廚師準備這些食物本身就已經夠令人嘆為觀止，而且不但不在乎花費，還讓牠們就擺在那裏展示，代表了真正的富貴。

我們感恩節的火雞大餐，或是耶誕節的乳豬大餐，多少也受到這種排場的影響，都是整隻上桌然後切割。多層的結婚蛋糕也是來自這種傳統。我父親製作過的結婚蛋糕，都會附帶提供幾個盒蓋上鑲有婚禮鈴鐺的金屬盒，如果任何親友不能參加結婚典禮，他們就會收到一塊結婚蛋糕做為紀念。裝在類似錫盒裏的皇室結婚蛋糕偶爾也會出現在市場上。二〇〇八年，查爾斯王子與戴安娜王妃的婚禮蛋糕要賣到一千八百三十美元一片。

＊＊＊

還有一項豪華的飲食儀式也流傳下來，就是「風笛羊肚」（Piping in the Haggis）。這項儀式通常是在每年的一月二十五日，蘇格蘭詩人羅伯特柏恩斯[3]的生日時舉行。這道菜肴與羅馬時代在烤豬裏塞入豬肉做成的香腸一樣，羊肚裏面塞入燕麥、洋蔥、香料，以及羊腎、羊心與羊肝，然後像煮肉一樣把它煮熟，雖然不見得每位美食家都會喜歡，但是柏恩斯熱愛這份菜肴，甚至為它寫了一首詩：《羊肚燴頌》。

《羊肚燴頌》這首詩是獻給任何菜肴中最熱情的讚美，更別說讚美的對象還是美國超市中稱為「雜肉」、英國則更為直接，稱它為「內臟」的食物。他稱羊肚為「布丁一族中最偉大的領袖」，柏恩斯用蘇格蘭方言寫出他的心聲，認為一位真正的蘇格蘭人，除了靠羊肚維生外，其他的食物絕不會令他滿意。《羊肚燴頌》粗略的翻譯如下：

你的力量足以照顧眾生，
為他們選擇佳肴，
記住蘇格蘭不會喜歡肉汁菜式，
如果你期待她感激的謝辭，
給她一隻羊肚。

每年的柏恩斯餐會中，傳統上都會由蘇格蘭風笛前導，一面朗誦《羊肚燴頌》這首詩，一

火烤鮮肉，送到桌邊。

面捧著這份菜肴繞行各個餐桌，然後在冗長的儀式——照柏恩斯要求的「像手臂一樣長的儀式」——過後，主人才慎重地切割羊肚，分享賓客。這是一般進行的方式，但是，誠如柏恩斯在詩作中所言：「周詳的計畫通常會出錯。」4

一九六〇年代，在一場澳洲大學的柏恩斯之夜中，出現一隻巨大飽滿的羊肚，完全符合柏恩斯所描述的那樣飽滿多汁：「透過毛孔，散發出琥珀色的露珠。」大學廚師私下對朋友說，他是用新買的工業規格的壓力鍋烹煮，物理系的人偷聽到後，開始解釋說：羊肚這種半透膜，本身可以吸收極大的氣壓，絕不外洩。就在這個時候，校園牧師說完了他的禱詞，校長起身，穿著正式的長袍，拿起切刀，一刀切下——

整個校園都可以聽到它的爆炸聲，清潔工花了好幾天的時間，才刮完噴到牆上的羊內臟。

我真的很同情他們。

我也曾經一度突發奇想，決定用火熱的方式呈現澳洲烤肉，不是把烤肉放在傳統的鐵串上，而是用劍把肉插在上面點火烤肉，一路上菜到餐桌邊。

這種菜式曾經出現在一九二〇年代的俄國餐廳中，叫作 Shashlik（烤肉串），shashka 是一種軍刀，這道菜肴後來在六〇年代成為美國餐廳的名菜。我看過芝加哥「充氣餐廳」（Pump Room）的手繪廣告，一位侍者身穿白色外套，手上拿著一把著火的長刀，冷靜地穿越客桌，我一定要試過才會甘心。

我把計畫告訴擊劍的朋友，意外地發現他們並不願意出借寶劍給我，一位朋友終於從衣櫃深處找出一把生鏽彎曲的刀刃，我把鐵鏽磨掉，但是彎曲的部分回復不了，而且刀鋒也無法磨利，我可以諒解這只是一種運動器材，可是要串羊肉塊就有點困難了。

大部分的肉都插上去後，這把刀還有一半的空間，這才發現這把刀有多長，所以我只好把羊肉取下，重新來過，在羊肉塊中間插入洋蔥、綠椒、蘑菇、番茄，還有醃肉。

這些食材很漂亮地填滿了整個刀身，但是那天晚上當我要帶到烤肉的地方時，才驚訝地發現它的重量要用噸來計算。

我們小心翼翼地把那笨重的東西搬到烤肉架上，「你確定要這樣做嗎？」安琪拉問。

「當然！美國餐廳天天都這樣做！」

「你說了算！」

肉塊一碰到燒紅的鐵架，馬上發出好聽的滋滋聲，放眼看去，在草地對面或是陽台上的客人，已經開始喝第三瓶紅酒，對燒烤架上正在進行的實驗毫無知覺。我開始翻轉刀身，肉塊黏在烤架上，更糟糕的是，刀柄燙得幾乎無法碰觸。

我連忙跑回廚房，尋找任何可以保護雙手的東西，安琪拉在我身後叫道：「別讓它擺太久。」番茄和蘑菇已經烤熟變軟，但是肉塊還在半熟狀態。

我找到兩隻防熱手套保護雙手，從火上拿起刀把，原本已經彎曲的刀身，現在因為肉的重量更加彎曲。安琪拉沿著刀身澆上白蘭地，比較好的干邑白蘭地可能會燒得比較平均，可是我不想浪費我的美酒，所以買了當地的「塔拿達堡」（Château Tanunda）烈酒，號稱是「正宗澳洲釀造」。光是它的臭味就能薰昏一頭袋熊，這股氣味散發在夜空中，使我昏然欲醉。安琪拉一劃火柴點燃肉串，藍色的火焰在刀背上來回跳躍，在黃昏中格外醒目。

「來嘍！借過！」我大聲嚷叫。

和雜誌上畫的一樣，我把刀身向上直立在空中，朝客人走去，他們抬起頭來，原本期待的眼光霎時變成驚慌的眼神，他們說我從黑暗中大步邁出，手上高舉著一個繚繞著藍色火焰，不斷閃爍跳躍的東西，不但照亮了我們的花園還有兩邊的房子，這幅畫面可是非常嚇人。

恐慌的驚叫接著從隔鄰傳來，原來白蘭地像油一樣燃燒，把肉塊重新再燒一遍，油脂不斷地流瀉。森林大火就是這樣引發的，桉樹葉上的油汽化後引燃火苗隨後爆發大火。我們的朋友在電視上看過，但是從來沒有在郊區的後院中見過這幅景象，就算是範圍很小，也夠讓他們嚇得往後退了。

就在這個時候，酒精與火熱的汁液往下滴到刀柄，浸濕了防熱手套，開始燜燒，瞬間點燃，一陣火光……

「我還是不知道哪裏出錯了？」第二天早上我對安琪拉說，把燒焦的防熱手套連同我的襯衫，以及燒焦的袖扣，一起丟到垃圾桶裏。

「我想我知道！」安琪拉仔細研究餐廳的廣告單，「那把刀和你的不一樣。」

她說對了，侍者手上的那把刀，刀柄上有圈像杯子一樣的護圈，本來是為了保護擊劍士的手而設計，現在則是護圈朝上，仔細看才發覺，那不是傳統的刀刃，而是仿效傳統刀刃做成的大型烤肉串，任何往下流的汁液或是白蘭地，都會被收在杯圈裏，而且我敢打賭，那把刀一定也有防熱設計，防止熱度從刀身傳導到刀柄。

這個時候電話響起，昨天晚上一位客人打來：「這是我們大家參加過的最棒的戶外烤肉，那把刀真是他媽的妙透了，沒見過像這樣的東西，可以借給我們嗎？我們希望下個禮拜在我們那裏，重新再來一次！」

我們為夏朗德的朋友舉行的晚宴中，有個建議讓我心動，也使這些景象全部重回心頭。瑪莉的家族來自大西洋海岸的夏朗德地區，法國多數的帶殼海鮮都出自這裏，我們位在富拉市（Fouras）漁村的夏季別墅花園裏，曾經主辦過幾場巨型的海鮮盛宴。

一位客人說：「如果你想要尋找失傳的美味，何不試試火烤小貽貝（éclade），我已經不記得上次是誰做過了！」

「這也難怪，」他的太太說：「你上次試做的時候，幾乎把整個屋頂都燒掉了。」

「這個主意不錯！」我回答，沒注意到瑪莉警告的眼神，繼續輕鬆地說：「你說的對，這的確是快失傳的傳統，我一直都想試試看，你已經受到邀請了！」

最後一位客人走了以後，瑪莉說：「你說真的嗎？真的要做火烤小貽貝嗎？」

「有什麼不可以？」

「因為它又危險又困難，又費時間又骯髒，而且你又一直說你不喜歡貽貝。」

她說對了一部分，品嘗過生長在溫暖的太平洋上，鮮美多汁、肉質豐厚的綠殼貽貝後，誰還會喜歡那幾乎只出產在法國，又小又黑的同類貽貝（bouchots）呢？這些貝類沿著英吉利海峽

貽貝養植

與北海的海岸港口邊，附著在插入潮汐線的木棒上生長。

然而法國人不認同我的品味。二〇一一年的一項調查顯示，煮貽貝加薯條是這個國家第二受歡迎的食物，第一項是烤鴨胸，隨後是另一項入侵的外國食物：北非的古斯小米（couscous）。這項事實對法國人來說多少有些難堪，不過英國也是一樣，英國人發現最受歡迎的國家食物不再是烤牛肉或是約克夏布丁，而是印度的咖哩馬薩拉雞（chicken tikka masala），用陶土烤爐烤過雞塊後，再用咖哩馬薩拉醬烹調。

更糟的還在後面，傳統上貽貝是比利時人最喜歡的美食，而法國人總認為比利時人無可救藥的愚蠢，直稱動作派電影明星尚克勞德范達美為「布魯塞爾肌肉男」[5]，這句話不但是雙關語，更暗示做為一個比利時人，他不會太聰明。

十年前貽貝絕對不可能被列入受歡迎的名單當中，部分原因是因為牠們需要花很多時間清理，而且殼比肉還多，一大桶的貽貝才能構成一餐，同時還要剔除碎殼，扒掉纏在石頭上的鬚根，洗刷黏液以及非常小的殼石，然後還要浸在清水裏二到三個小時，才能夠去除海鹽與海砂，所以法國人暗示，除了比利時人之外，誰肯花閒工夫去處理牠們呢？

但是貽貝的入侵已有時日，一九一四年當德軍挺進時，牠們也悄悄地穿越皮卡迪（Picardy）陣線，壓境巴黎，只有先進的巴黎人注意到牠，其他的巴黎人除了計畫八月假期外，很少會去關心城外的事。

可是一旦他們留心注意，巴黎人就會發現這些討厭的小黑蚌殼已經到處都是。超級市場裏推出填入麵包屑；浸在黃油裏；可供烤箱隨時烹調的貽貝盤，不但是招牌食品，也是餐廳的開胃菜。每年九月的第一個週末，在距離布魯塞爾一百多公里的法國里爾市（Lille），都會舉行法國最大的跳蚤市集（Grande Braderie），吃貽貝加薯條配啤酒，成為這個場合的風俗習慣，每次都會消耗掉五百噸的貽貝、三十噸的薯條。空蚌殼堆在城內廣場，高及腰際，大胃王的標記，也是餐廳的廣告，彼此競爭誰堆的空殼最高。

以吃來說，貽貝的特性和肋排或松露一樣，如果你吃的不多，你就吃的不夠。牠們也象徵著法國人所謂的「泥地情懷」（nostalgie de la boue），偶爾會有想在泥地裏打滾的懷舊之情。用手指頭吃貽貝薯條，對現在高級的度假人士來說，有種回歸貧民的感覺。沿著英吉利海岸停泊的休旅車，滿載的都是這些在陽光下拿著貽貝薯條紙盤，邊吃邊逛的旅客，他們甚至沿襲比利時人的習慣，用空蚌殼來夾貽貝肉，使牠成為正宗的「手指食物」（finger food）。

貽貝入侵的決定性關鍵是里昂布魯塞爾餐廳，這間餐廳一八六七年由里昂范蘭克[6]創立開張，招牌菜是貽貝，搭配薯條與啤酒。一九八九年他的曾孫將餐廳開到巴黎，時至今日，法國已有六十一家分店，每天賣出八噸的貽貝，你可以選擇用傳統的白酒煮法，也可以選擇加入羅克福羊乳酪，或是馬德拉斯咖哩醬，或是用普羅旺斯、阿登省（Ardennes）、第戎式做法，但是就連里昂先生也不敢提供夏朗德式做法——火烤小貽貝！

這樁差事正好留給我！

準備好要烹調的食材，是廚師的重要工作之一。超級市場無法取代路邊攤販，後者會讓你挑三揀四。在法國，攤販老闆甚至還會教你該怎麼烹調所買的食物。此外，在野外尋找食材，無論是採摘還是打獵，能夠把大自然所孕育出來的東西搖身一變，讓自己親手搬上餐桌，當然是更令人刺激興奮的事。

至少在一個秋天下午，我是這樣安慰自己的！我在大西洋邊緣的一座森林內，四肢著地，匍伏前進，一邊閃躲毛毛蟲、木蝨，還有當地的狗隨意便溺的樹幹區域，一邊暗自詛咒，用手捧起散落在地上的乾燥松針，把它們塞進一百公升的大型黑色塑膠製垃圾袋內。

誰出的笨主意要製作火烤小貽貝？我真的有那麼蠢嗎？

當我拖著兩大袋松針回到富拉家中時，花園內已經準備好要開始行動：紙盤、餐巾、酒罐，還有一籃籃切好的棍子麵包，都已經放在大餐桌上，桌旁還有一個垃圾桶，準備丟棄空的蚌殼。花園中央，遠離任何會著火的樹木或其他東西，擺著一台原本棄置在洗衣房內，長滿灰塵與蜘蛛網的乒乓桌，上面放著一塊咖啡桌大小的木板，木板中間釘上四根三吋長的釘子，每顆釘子間隔一吋，呈四方形。

瑪莉和她的妹妹從房子裏抬出一個像澡盆那麼大的金屬盆，裏面裝滿了發光的貽貝。海鮮市場的供應商只要求多加點小錢，就幫我們把貽貝清理乾淨，並且送貨到家。他們用像洗衣機一樣的機器，刷除最難清理的殼石。但是為了保險起見，我們還是把它放到清水裏再浸一遍，全部撈起來後，一層泥沙沉澱在盆底。

「現在怎麼辦？」

瑪莉拿起一顆貽貝，開口朝上，靠著釘子擺好，然後繼續不斷一個一個擺上去，圍成一個四方圈，然後抬起頭看著我們：

「等什麼，一起來吧！」

我們三個人花了將近一個小時的時間，才把閃閃發光的貽貝像地毯一樣鋪滿木板，這個時候客人們都已抵達，他們圍過來欣賞我們的傑作，幾位朋友想要幫忙，可是需要穩定的手才能夠把貽貝朝上放直，如果一顆倒了，會連累至少一打的蚌殼跟着陣亡。就像骨牌一樣，在旁邊看要比實際操作更有趣，所以他們逐漸晃到葡萄酒桌邊。

夏朗德海岸地區的夏夜，落日緩緩，等我們準備打開那袋松針的時候，已經將近晚上十點，我們用手把那些松針均勻地鋪在貽貝上。

當那些松針鋪到將近一呎厚的時候，我問：「這樣夠了嗎？」

瑪莉搖搖頭，我們持續把松針撒在上面，直到兩大袋全空了為止，松針在上面看起來像個小型的稻草堆。

「大家來吧！」她這才叫道：「我們準備好了！」

客人們手持酒杯，陸續走來。

雖然貽貝烹調前的準備工夫相當麻煩，可是背後的理論簡單，而且如果運氣好的話，成果會非常輝煌。一個世紀前的漁夫們就即興發明了烹調蚌殼的這種方式：速度又快，又不需要用到鍋鑊。他們從軟木橡樹上剝下樹皮，把貽貝一排排地放在上面，撒上松針，放火燃燒。松針燃燒的又快又烈，留下一層灰燼，把灰燼吹開後，露出底層綻放的貽貝，還帶著松針的芳香。

我們的客人都站在後面，瑪莉、她的妹妹，還有我，分別站在桌角，相互一點頭，各自劃開一根火柴，點燃松針。

事情發生得太快，後來我們各有說法，沒有定論。瑪莉堅持說是貽貝太小，我則很肯定地認為是松針放得太多，這個夏天非常的乾燥，松針的易燃性太高。無論是什麼原因，松針和我那可憐的烤肉架上的白蘭地一樣，一團火焰霎時飆到空中，客人們蹲下驚叫，一位客人撞到桌角，那堆燃燒中的松針慢慢倒塌，火星向上攀升，威脅到鄰居的花園。

雖然非常非常接近，但是火勢並沒有延燒到鄰居，我也及時阻止了一位賓客拿著消防水龍頭正對那堆貽貝，差點完全毀掉這場火烤儀式。

一旦火勢熄滅，吹走灰燼，我們發現貽貝已經燒熟，至少大部分燒熟，排在外圍地帶的貽貝並沒有開殼，只有外殼燒得焦黑，其他火勢太小的區域貽貝沒有燒熟，但是那些整齊排列的貽貝則受到羣體效應的保護，免受大火攻擊。張開誘人的雙殼，汁肉鮮美，松香撲鼻，景象動人，只要你不在乎灰燼沾到牙齒上。

第二天我們的朋友打電話來向我們道謝，我早該想到他們的反應會和那場戶外烤肉一樣，每個人都承認這真是一場「光輝」的盛宴。

可是自此之後，那個乒乓球桌卻再也沒用過。

①文斯史塔坦：*Vince Staten*，美國專欄作家，曾經出版過十四本書，其中以《道地戶外烤肉》（*Real Barbecue*）最為有名。

②佩特羅尼斯：*Gaius Petronius Arbiter(c. 27 – 66 AD)*，是羅馬時代暴君尼羅的宮廷內臣，也是詩人與作家，據說《薩迪瑞康》（*Satyricon*）這本諷刺小說便是出自他的手筆，描述羅馬時代的社會生活。

③羅伯特柏恩斯：*Robert Burns*（*1759 - 1796*），被視為代表蘇格蘭的民風詩人，以蘇格蘭語言與方言寫作詩歌，同時也是浪漫主義的先驅，蘇格蘭文化的代表人物，除了個人的創作之外，他也收集並改編蘇格蘭民謠歌曲，如今風行世界的《驪歌》（*Auld Lang Syne*）即是由他所寫的歌詞，配上蘇格蘭的傳統民謠而成。由於他偏愛羊肚，因此特別寫下《羊肚燴頌》（*Address to a Haggis*）這首詩。

④周詳的計畫通常會出錯：這句話出自柏恩斯獻給老鼠的詩作，由於他耕田的時候不小心搗毀了鼠窩，因此寫下《獻給老鼠》一詩。這句話的原文為「*the best-laid schemes o'mice an'men gang aft agley*」，意思是老鼠與人類訂下的對峙計畫通常會出錯，引申而為「周詳的計畫通常會出錯」。

⑤布魯塞爾肌肉男：*The Muscles from Brussels*，由於 *muscles* 與貽貝的英文 *mussels* 發音近似，因此用以消遣電影明星尚克勞德范達美（*Jean-Claude Van Damme*）。

⑥里昂范蘭克：*Léon Van Lancker* 於十九世紀在比利時的布魯塞爾創立 *Chez Léon* 這間餐廳，專賣貽貝加薯條。到如今已超過百年歷史。他們在巴黎開設的分店名為里昂布魯塞爾（*Léon de Bruxelles*）。

Thirteen

意外的索卡餅

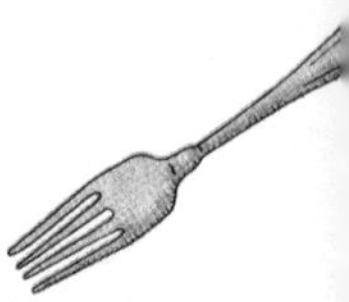

銀色橄欖閃耀
赤色大地上
薰衣草遍野
在這靜止灼熱的空氣中
香味完全昇華
天空如此粹藍
不見任何混雜
每種色彩真實呈現
每種事物清澈成形

——《普羅旺斯》，梅莎頓[1]

五個小時的火車之旅，行駛到法國最南端的角落後，火車軌道筆直轉向東方，沿著地中海往義大利的方向駛去。

我從瞌睡中醒來，眨著雙眼，看著窗外巨幅景觀，藍黑色的海洋沖刷著岸邊磚紅色的嶙峋岩石，我的岳母克勞汀曾經說過：「從來沒見過那樣的岩石。」六十年前她初見這般奇景，現在依然生動如昔。

那個時候的這輛火車叫作「藍色列車」（Le Train Bleu），和東方快車齊名。一九二二到

一九二七年《溫柔廂的女神》暢銷書封面

一九四七年間，它從法國北邊的卡萊市迎接下船的旅客，以豪華的車廂將他們送往南方義大利蔚藍海岸邊的文帝米利亞（Ventimiglia），途中經過巴黎、第戎、馬賽、土倫、聖拉斐爾、坎城、尚叻龐（Juan-les-Pins）、昂蒂布、尼斯、摩納哥、蒙地卡羅、蒙頓（Menton）等地。

電影明星、工業鉅子及外交官，都是車上常客。餐車內準備前往蒙地卡羅賭場的職業賭客在此豪賭橋牌，高級交際花們則徘徊流連，準備在此擄獲贏家。搭乘「藍色列車」的漂亮單身女乘客，往往會被蒙上一層神祕色彩，通常也名副其實。作家莫里斯迪哥博哈一九二七年的暢銷書為這些女人定下一個稱號，書名就叫作《溫柔廂的女神》[2]。

藝人們也喜歡「藍色列車」，導演邁克鮑威爾成長於父親在昂蒂布所經營的旅館中，於是在電影《紅菱艷》中，讓喜歡跳舞的女主角命喪列車輪下以資紀念。一九三〇年的電影《蒙地卡羅》，女明星珍奈特一邊唱著《藍色地平線之下》，一邊穿越法國，奔往真正的藍色——蔚藍海岸而去。

一九二四年音樂家戴流士米堯為舞星迪亞基列夫寫了一齣芭蕾舞劇《藍色列車》[3]，他是列車常客，這齣劇的劇本出自另一位常客尚考克多之手，服裝則出自第三名常客香奈兒，布景則是第四名常客畢卡索。考克多把海岸假期的特殊歡愉，巧妙地戲寫在他的劇本中：不安於室的戀人們，與其在各個臥房中閃現身影，不如像舞劇中的夫妻一樣，躲進林立於海灘邊的度假小屋內。

一九三七到一九三八年間，影星瑪琳黛德麗[4]手挽電影大亨以及外交官喬瑟夫甘迺迪，穿梭於這裏的開普敦酒店庭內帳篷中，甘迺迪二十歲的兒子約翰甘迺迪前來參加一場舞會，瑪琳

位於法國南方地中海岸的普羅旺斯

讓這位未來的美國總統永遠記得這一次的邂逅：他們隨著當時最紅的歌曲柯爾波特的《愛的開始》[5]翩翩起舞後，她把手伸進他的褲襠內。

＊＊＊

「你難道不包括普羅旺斯嗎？」檢視過我的盛宴計畫後，瑪莉問我。

「有啊！」我說，「海鮮煮魚不是嗎？」

「但是你並沒有吃海鮮煮魚，你只是想要去吃而已。而且普羅旺斯很大，只是其中的一部分。」

她說的對，由於普羅旺斯原本是古羅馬的一個省份，它的名稱也因此而來，所以從義大利邊界到法國大部分的地中海沿岸，甚至到西班牙都可以被稱作是普羅旺斯。雖然有人會告訴你從技術層面上看，普羅旺斯終止於坎城背後的濱海阿爾卑斯省（Alpes-Maritimes），但是其他人會告訴你其實它一直持續往北，到隆河之上一百一十五英哩的亞維儂市（Avignon），普羅旺斯沒有正式界線劃分邊界，它並不只是一塊區域，而是一種心境。

這一個多世紀以來，許多英美人士都曾夢想生活在這塊溫暖的南方地區，一九九〇年代英國作家彼得梅爾曾經以此為題，出版過《山居歲月》，還有接下來的《重回山居歲月》[6]，成為暢銷書籍。梅爾在書中寫到他計畫改建房舍，卻對普羅旺斯人散漫的行事風格感到沮喪，他筆下的這些人心地善良卻毫無組織，經常會停下手邊工作享用長時間午餐，疑心病重也非常迷信，對接受他們生活方式的外來人非常友善，但卻固執得抗拒改變。

梅爾所碰到的困難，嚇阻不了任何英語系讀者，相反地會讓他們更想要找到一間破落別墅，聘雇那些瘋狂的法國人重新整修。時至今日，北緯四十三度以下的每座山頂村落，鐵錘敲打、電鋸嗚咽的聲音鎮日迴蕩在空中，把一座座古老房舍，改建成每間都擁有四座衛浴套房的度假小屋。

建築工程的聲音，和洋蔥番茄的切菜聲、大蒜擠壓聲，加上放入橄欖油內滋滋作響的烹調聲，此起彼落，相互競爭。而凌駕於上，更清脆的聲響則來自於電腦鍵盤，那些想成為梅爾的作家，記錄下每一顆鑽進的釘子，每一頓烹調的餐點，希望由此也能夠成為一名暢銷作家。

「有錢人跟我們非常不一樣。」據說費茲傑羅有一次對海明威這樣說。

「當然，」海明威答道：「他們有很多錢！」

更重要的是他們有很多房子，普羅旺斯被外國人霸占的歷史，事實上就是一篇招待外來賓客的輝煌歷史。

一次世界大戰過後，蔚藍海岸開始凋零，許多酒店在戰爭時期被徵召為療養院，內格雷斯科酒店（Negresco）與卡爾登（Carlton）酒店，後者突起的圓頂建築靈感，據說來自於當時著名的交際花歐特蘿夫人的乳房。這些酒店在大戰過後難以維生，過去大多數的房客是俄國貴族還有他們的僕人，數目多到使得尼斯特別為他們建立一座東正教教堂。但是一九一七年的革命將他們掃地出門，榮光不再。過去曾是酒店內尊貴客人的俄國大公，現在淪為酒店的侍者、門房或計程車司機。

戰後的普羅旺斯被拋回原來居民手中，著名的美國外地人傑羅莫非[7]說：「那個時候夏天沒有人會來蔚藍海岸度假，英國人和德國人會在春天時來此暫住，然後五月天氣變熱之前就會趕快鎖門離去，你瞧，甚至沒人會下水。」

創作《琪琪》與《謝利》兩書的女作家柯蕾特在一九二五年和他的第三任先生莫里斯在聖特佩羅的漁村中買下一棟房子，除了幾位當地畫家之外，沒有外人住在那裏。「晚上在一般酒吧內，村裏的年輕人會跟著機械式的鋼琴音調起舞，男孩與男孩，女孩與女孩。」莫里斯寫道。

同一時期，莫非和他的太太莎拉前往柯爾波特位於昂蒂布的別墅拜訪，立刻愛上這個地區的寧靜與空曠。鄰近的海灘無人管理，以致海草覆蓋沙灘將近一哩。莫非一家清出一塊角落享受陽光，稍後在附近買了一棟房子，稱它為美國別墅。從此成為他的藝術家好友的臨時居所，英國旅遊作家艾瑞克紐比[8]盛讚莫非改變了黃金海岸的風貌：

不知不覺中他們發明了一種新的生活方式，還有搭配的衣服。帆布白短褲，橫紋運動衫，以及從水手店裏買來的白色船型帽，成為新的制服。從此以後，不光是在北邊的有錢人，甚至每個人，都很嚮往享受無盡的陽光、海水、白色沙灘，或是可以往下跳水的岩壁，以及戶外用餐的機會。

一九二三年，香奈兒從情人西敏寺公爵的遊艇踏上坎城後，她那曬成棕色的皮膚，還有簡單舒適的衣著，立刻成為一種風潮。「我想她還發明了日光浴。」藝術收藏家尚路易王子讚嘆地說：「那個時候她發明了所有東西。」

坎城棕櫚大道風光

蔚藍海岸的風格，還有重現對陽光的熱情，引發了北方那些蒼白的藝文人士的新狂想，美國作曲家奈德羅倫當時住在諾阿耶伯爵夫人[9]家中，他在日記中寫道：「我身穿金絲雀黃的襯衫，金色的雙腿上是卡其布短褲，腳踩棕褐色涼鞋，頭上是橘色頭髮，整個人看起來就像是一罐蜂蜜。」那天晚上，超現實詩人保羅艾呂雅（Paul Éluard）和他的太太前來晚餐，「他被太陽曬成深棕色，他們整個下午都在裸體者的聖地勒萬島（Ile de Levant）上。」晚餐過後他們坐在露台上，聆聽保羅朗誦波特萊爾的詩句。正如詩人華茲華斯形容的法國大革命：「日出之前還活著是一種恩賜，但正值年輕則是身在天堂。」

史考特費茲傑羅和他的太太透過莫非一家發現蔚藍海岸，一九二八年的四月到十月間，他們住在莫非巴黎的寓所，緊鄰盧森堡花園，夏天則是在美國別墅度過。熙來攘往的名流還包含畢卡索、攝影師雷曼、作曲家柯爾波特、小說家約翰多斯帕索斯（John Dos Passos）、機智女作家陶樂絲帕克（Dorothy Parker）、導演尚考克多等人。

我也和他們一樣與好友為伍，自作主張到友人查爾斯家度週末，他在全世界各地都有房產，包括一間位於坎城上方濱海阿爾卑斯省的高地住宅。

由於美國別墅的生活引發了費茲傑羅的靈感，寫下《夜未央》（Tender Is the Night）一書。所以我利用這次火車之旅，複習書中作客的情節，特別是瘋狂妮可的誇張舉止，結束了這場晚宴的情景：

露絲瑪莉眼見妮可壓在母親喜歡的一個黃色晚宴包上說：「我覺得東西應該屬於喜歡它的

人。」然後掃出所有她可以找到的黃色物品：鉛筆、口紅、小記事本，「因為它們都該在一起。」

雖然費茲傑羅的描述包括了擺設花藝、穿著衣服、閒話內容，當然還有酒（凱歌香檳），不過他沒有提到食物，美國人無論到蔚藍海岸做什麼，都不是為了吃。

法國人就不是這樣，美國記者珍耐特形容柯蕾特是：「身處於一個視吃為藝術的國度中的美食藝術家。」她熱愛當地農產，特別是刺鼻的大蒜，辛辣的程度和辣椒一樣。先生莫里斯曾於書中寫道，柯蕾特多數的餐點開始於：

一片麵包沾上橄欖油，再抹上大量的蒜醬，最後撒上粗鹽。每盤菜肴都用烹調過的大蒜調味，甚至整餐都是。她像吃杏仁一樣生吃整瓣大蒜，午餐都是普羅旺斯當地菜肴：綠瓜、鯷魚醬（鯷魚加上大蒜、橄欖油、香醋一起打成蔬菜的沾料）、獅子魚、綠蟹義式燉飯、海鮮煮魚以及大蒜醬。

本土主義者指控「藍色列車」傷害了當地美食，因為觀光客蜂湧而至後，從義大利、西西里島和科西嘉等地的各式餐廳紛紛湧入，以應觀光客的要求，因而掩蓋了當地美食的鋒芒。「普羅旺斯美食」變成各種用番茄、大蒜、洋蔥與橄欖油所烹調的義大利麵或海鮮的代稱。同樣的食材，加上少許的橄欖，煮熟的蛋，還有鯷魚，就變成所謂的尼斯風格的沙拉（salade Niçoise）。任何吃過這份菜肴的人，一定不會訝異當地人治療感冒的土法是喝煮過老鼠的開水。這些菜肴不可避免地都會使用普羅旺斯綜合香料（herbes de Provence），這是法國美食中的

咖哩粉，綜合的程度就和材料一樣沒有定數：百里香、奧勒岡草和迷迭香是標準配備，再來就取決於架子上還有什麼香料：墨角蘭、羅勒、龍蒿、鼠尾草、月桂葉、小茴香、薰衣草、蒔蘿葉、細葉芹、薄荷甚至橘皮，只要是任何可以刺激嗅覺的香料都能使用。難怪一些不擇手段的藥頭，會拿普羅旺斯香料當作大麻，賣給那些愚笨的客戶。

幸運的是，當地的農產品製造商開始出手反擊，「普羅旺斯香料生產合作社」在巴黎開了一間分店，幾乎就在我家隔壁，他們堅稱店裏所賣的香料是真正傳統的普羅旺斯綜合香料：百分之二十六的奧勒岡草、百分之二十六的香薄荷、百分之十九的百里香、百分之三的羅勒。負責這家店的年輕人譏笑超級市場賣的都是假貨：「你知道這些香料多數都是打哪裏來的嗎？波蘭！」

步下高速火車後，我幾乎認不出坎城，普羅旺斯每年都會出現的西北季風掃過街頭，這些只有在影展期間我才知道的街道如今塵煙漫布。每年五月中的十天，新聞記者充斥在老城區的小巷中，沿著濱海大道則經常停放掛著阿拉伯大公國車牌的跑車，一輛接一輛。眼前的坎城顯然完全不同，沒有一輛跑車，或許食物也會不一樣。

擠進查爾斯水仙黃的跑車後，我們駛離車站直往北開，進入狹長的海岸後方，往上攀升到山區地帶。

「我以為我們可能會在穆景市午餐？」他說。

「你是說在穆景市的磨坊餐廳[10]？」

我的心抽動了一下，節慶期間那裏是電影人最喜歡去的地方，價錢也搭配他們的身分。一

卡布里

份在松針上薰過的扇貝搭配黑松露義式燉飯的價格，在別的地方抵得上一頓全餐。

「我想去比較平實一點的地方，但是如果你喜歡──」查爾斯說。

「哦！不！沒有問題，換個胃口也好！」我連忙說。

在一間偌大空曠的餐廳裏，我點了淋上松露油的白豆湯，然後是羊肉燉與焦糖布丁。整份菜單裏一點番茄配料都沒有，也沒有普羅旺斯香料。老實說，在這片峭壁上，番茄很難生存，蔬菜也幾乎絕跡，只有雄偉的松柏，還有些許歪七扭八的橄欖樹還能在那少得可憐的土地上生根，其餘的地方都是岩石，百里香以及奧勒岡草生長在岩石縫裏，摘取它們可要冒上生命的危險。

我們沿著小路不斷換檔往上開去，兩旁是乾燥的石牆，蛇行穿梭在村落中，這些地方看起來像是活在塑膠和鋼鐵發明前的時代，只能就地取材，依山過活。栗樹木做成的橫樑可以上溯至中古時代，窗戶全不對稱而且畸形，鐵扣鉸鏈粗厚生鏽，當地鐵匠的傑作。木頭邊框依據玻璃窗型而築，而非相反，因為這裏的玻璃要比木頭更珍貴。

查爾斯的家位於卡布里（Cabris）頂端的村落中，三個世紀以前這裏是曾是卡布里侯爵城堡的農莊。一七八九年農夫們拆毀城堡，運走石頭，改建他們的房舍，現在只剩下一塊殘破的拱門，象徵一度宏偉的入口氣派，整修過的大道一路延伸到懸崖，一千八百呎下就是地中海。

晚餐前我們走到懸崖往下欣賞，比普通起居間還大一點的平台，旁邊種著橄欖樹和水果樹，再往下去沿海平面延伸到藍黑色的地中海，對古代人來說，海洋就是地球的中心。

「西北季風吹起後，這裏的視野清楚，你可以看見一百一十哩外的科西嘉，村裏的人經常上來看風景。」查爾斯說。

或許他們也來這裏尋找聖修伯里[11]，這位寫作《小王子》的飛行哲學家，童年時代就經常來卡布里過暑假。一九四四年七月，他從科西嘉出發，駕駛一架P－38閃電式戰鬥機出航後，從此沒再回航。多年後在馬賽地區發現了飛機還有人體遺骸。大多數人認為他選擇在憂鬱的藍色地中海內，埋葬他日益困擾的沮喪感。

我們在隔壁的老城堡客棧（Vieux Château）用餐。

我以為我很熟悉各種不同的基爾酒，但是大廚埃米利提供的開胃酒卻是一種新的基爾酒，香檳加上荔枝汁，還在玻璃杯的底部放入一小匙的玫瑰果醬，雖然很好喝，但是這和麥泰雞尾酒上面插的蘭花，還有山布加酒上面的咖啡豆一樣，在飲料和展示的模糊地帶徘徊，我們是該喝呢？還是像看花一樣，只是純欣賞呢？

接下來的三個小時內，在客棧主人安隆可與主廚西維爾馬丁的精心烹調下，我們品嘗了一連串的傳統普羅旺斯佳肴，包括當地產的南瓜做成的湯，然後是一小份填塞烏賊搭配櫛瓜，然後是一片油炸麵包上面擺著幾勺紅酒牛肉，搭配一點自製的紅椒粉義大利寬麵，然後是羊乳酪塊與鮮綠沙拉。柯蕾特或許會想多放點大蒜，但是為了表達敬意起見，我想這樣她也會很滿意了。

晚餐過後我們在城內閒逛，舉目所見淨是風霜。腓尼基人、羅馬人、摩爾人都曾在這裏飽受折磨，再過幾個世紀，我們也會名列其中。和北邊呂貝宏或是沃克呂茲省的熱門山頂城鎮不同，這裏拒絕浪漫。費茲傑羅從來沒有寫過它，也沒有任何電影明星在這裏買房子，或許是因為害怕在這裏會顯得份外渺小。這裏唯一的文化都與法國人相關，聖修伯里[11]的母親與他的遺孀都住在卡布里，城內的一座小廣場也以他為名。安德烈紀德[12]夏天也住在這裏，可能藉機窺伺年輕男童，不過令人訝異的是，他後來竟然成為人父，有了一個女兒，像是基爾酒內的那團玫瑰果醬——意想不到的事，隨時會發生。

普羅旺斯給了我一份最終的意外。

第二天我們開車到昂蒂布的星期六市集，被稱作「展覽館」（halles）的場所，搭起棚頂，四邊打通，早已擠滿了各式攤販與顧客。在巴黎幾乎看不到的櫛瓜花，在這裏堆成一座座小山，觸犯巴黎人胃口的鮮辣椒也到處可見。一陣普羅旺斯綜合香料的氣味傳來，領我走向一座香料攤前，攤前分別擺著迷迭香、奧勒岡草、小茴香、月桂葉和薄荷，旁邊是深紅色的椒粉，還有黃色的薑黃，展現了普羅旺斯所有的氣味，分庭抗禮，彼此敬重。

市場的最後一個攤位，面對廣場，我看見火焰竄升。

「那是什麼？」

「哦，那是有人在烤索卡餅（socca）！」

我一臉茫然。

「你不知道索卡餅嗎？」

「我該知道嗎？」

「我的天！當然！」

與好友查爾斯共享美食。
面對艱苦的環境，活得快樂是最好的反擊。

一部推車半邊停在市集外，上面放著一個圓蓋，大小像是烤披薩餅的石磚烤爐，液化瓦斯桶將火焰點燃，他的太太站在一旁，他站在桌子後面，烤餅人把一團漿液倒在一個帶有手把的大型鐵盤上，再把鐵盤放在火焰上，漿液表層開始冒泡呈現棕色。

「這是什麼？」

女人指指吊在牆上的一塊招牌：

「索卡餅，鷹嘴豆麵粉、初榨橄欖油、水、鹽，每份三歐元。」

那個男人把餅放在錫箔紙上，表層棕褐，內層青白，女人撒上胡椒，然後把它切成合適入口的大小。

我拿起一塊，燙得幾乎無法穩住，然後一口咬下——

「太棒了！」

鷹嘴豆麵粉、橄欖油、水，加上鹽以及一點白胡椒，誰會想到成分這麼簡單的東西，會這麼好吃？

「這一帶的地中海區到處都是，」查爾斯說：「我很奇怪你居然沒吃過？」

我真的沒吃過，但是如果是在巴黎、倫敦或紐約，甚至是在這裏的節慶時候再吃它，感覺會一樣嗎？或許不會！這類食物必須要踩在冷硬的石地上；頂著灰塵僕僕的西北季風；聽著趕集人慨嘆乳酪與魚貨的環境中，方可享受它所帶來的美味。當光陰消磨所有事物後，這是最後殘留的價值。

「完美之所臻，並不是因為沒有事物可以添加，而是因為沒有事物可以刪減。」聖修伯里如是說。

①梅莎頓：*May Sarton*（1912 - 1995），美國詩人小說家，作品中對個人的孤獨、年老、友誼、親密關係等有極為深刻的描寫，其中有許多語錄，精闢簡短，刻劃入木，如：「寂寞是貧困的人，孤獨是富足的人」、「勇於做自己，儘管結果可能令人害怕或是陌生。」

②莫里斯迪哥博哈：*Maurice Dekobra*（1885 - 1973），這是他的筆名，本名 *Maurice Tessier*，法國作家與翻譯家，年輕時周遊世界各地，以三種語言寫作，並曾將馬克吐溫，傑克倫敦等美國作家的作品翻譯推介至法國。他的創作以描寫異國都會情調著名，曾到過中國，於一九三四年發行《穿燕尾服的孔夫子》（*Confucius en pull-over*）一書。他最有名的著作就是《溫柔廂的女神》（*The Madonna of the Sleeping Cars*）。

③芭蕾舞劇《藍色列車》：*Le Train Bleu*，這是法國音樂家戴流士米堯（*Darius Milhaud*）為俄國舞星迪亞基列夫（*Sergei Diaghilev*）所寫，劇本出自法國作家尚考克多（*Jean Cocteau*）（1889 - 1963）之手，考克多是一九二〇年代法國文藝界的領銜人物，創作文藝小說、舞台劇本、電影劇本以及小說，其中最著名的是《詩人之血》（*Blood Of A Poet*）、《可怕的父母》（*Les Parents Terribles*）、《美女與野獸》（*Beauty & the Beast*），以及《奧菲斯》（*Orpheus*）。

④瑪琳黛德麗：*Marlene Dietrich*（1901 - 1992），一九三〇年代著名德裔美國影星，被美國電影學會選為百年來最偉大的女演員第九名。早年以《藍天使》一片走紅，後來因德國納粹上台而離開家鄉，去到美國堅決反戰，從此不曾再回德國。她日常的中性裝扮，低沉音色成為當時女明星的異類，而銀幕上的她則是誘惑天使，冷艷性感。她在大戰期間翻唱的〈莉莉瑪蓮〉（*Lili Marleen*）一曲，成為敵我雙方共同流行的暢銷曲。

⑤柯爾波特：*Cole Porter*（1891 - 1964），美國最為人所懷念的百老匯、爵士作曲家之一。自小受古典音樂教育，一九二〇年代後開始在百老匯展露頭角，寫過許多著名百老匯音樂與歌曲，並不斷被後代歌手翻唱。電影《搖擺情事》（*De-Lovely*）即是描述他的生平。《愛的開始》（*Begin The Beguine*）一曲是他最著名的作品之一。

⑥彼得梅爾：*Peter Mayle*（1939 - ）英國作家，原本在英國從事廣告業，辭去工作後移居至法國普羅旺斯專事寫作。《山居歲月》（*A Year In Provence*）以及《重回山居歲月》（*Toujours Provence*）均為描繪普羅旺斯生活的作品，文筆生動有趣，被翻譯成多國文字。除了旅遊生活散文外，他也發行過多本小說。

⑦傑羅莫非：*Gerald Murphy*（1888 - 1964），二十世紀初期居住在法國的著名美國富人。由於他的慷慨好客，使得他位於巴黎以及蔚藍海岸的寓所，成為當時選擇法國居住的眾多外國文人與藝術家駐足之地，包括費茲傑羅、海明威、畢卡索、波特等人，並且間接地將法國南方蔚藍海岸度假生活型態推薦到全世界。

⑧艾瑞克紐比：*Eric Newby*（1919 - 2006），英國旅遊作家，重要著作有《走過興都庫什山》（*A Short Walk in the Hindu Kush*）、《最後的運穀競賽》（*The Last Grain Race*）等。

⑨諾阿耶伯爵夫人：*Marie-Laure de Noailles*（*1902 - 1970*），二十世紀初期最大膽也最重要的藝術作品贊助人之一，支持過的藝術家包含達利、美國當代攝影大師曼雷（*Man Ray*）、超現實主義電影大師路易斯布紐爾（*Luis Buñuel*）、音樂家弗朗西普朗克（*Francis Poulenc*），現代美國作曲家奈德羅倫、法國作家尚考克多……等。除了她所支持贊助的藝術家外，她的行事風格與愛情生活也同樣精采。

⑩穆景的磨坊餐廳：*Moulin de Mougins*，是法國蔚藍海岸著名的餐廳，位於一座十六世紀的磨坊內，二〇〇九年獲得米其林餐飲指南四顆星的評價。

⑪聖修伯里：*Antoine de Saint-Exupéry*（*1900 - 1944*），法國作家詩人與飛行員，出身貴族，自小便熱愛飛行，作品多半以飛行經驗為題，馳名世界的著作《小王子》，即是出自他本身從巴黎到西貢的飛行途中，墜落撒哈拉沙漠的經驗。《小王子》一書至今仍是法文著作中，被翻譯成最多他國語言的著作，總計多於二五〇種語言。

⑫安德烈紀德：*André Paul Guillaume Gide*（*1869 - 1951*），法國著名作家，象徵主義代表人物，一九四七年諾貝爾文學獎得主。主要作品有《田園交響曲》、《窄門》、《如果麥子不死》等。

Fourteen

韃靼牛肉的祕密

廚師對牛解釋牠的犧牲是有價值的。

「你知道巴黎怎麼稱呼一份四盎司牛肉漢堡嗎？他們叫它皇家乳酪。」文生說。

「那他們怎麼稱呼華堡？」朱里斯問。

「我沒去漢堡王！」文生說。

——《黑色追緝令》，昆汀塔倫提諾[1]

無論我的盛宴使用什麼樣的食材，有一項不必多說也該有的主菜，就是牛肉。牛犢肉或許是有錢人的主食，可是牛肉才是享樂的主食，法國最近的一部廣告影片就是最好的證明。一羣身穿華服，頭上長角，臉色黑紅的惡魔，正在家裏烤牛排，這時傳來一陣天籟之音，僕人打開雙門，晚餐賓客來臨：一羣天使簇擁着一位貴客，身上穿的不是我們所熟悉的長袍，而是一件網球衫，但是從他手上拿的牧杖，以及臉上的鬍鬚和微笑，不難知道「祂」的身分……。於是天使與魔鬼雙雙對對相親相愛，火烤牛排滋滋作響，貴客咀嚼紅嫩牛肉，正式宣告眾人：沒錯！耶穌也喜歡吃半生牛排。這段廣告影片的結尾是耶穌和他的對頭一起翩然起舞，而結語標題是：「牛肉！和睦共處的滋味！」

在此同時，我想參觀烤牛的消息正四處散布，內容隨著傳播不斷演變，有人以為我們想烹調活體動物，所以願意降價提供我們合適的野獸。巴黎外圍有許多業餘農民，他們一時興起買了頭牛：「想想看！我們馬上可以擁有自製的新鮮牛奶和奶油！」——但是卻快被吃到破產。他們犧牲現金投資夢想的意願，令我想起一個謠言。澳洲電影導演喬治米勒正在籌劃拍攝《衝鋒飛車隊II》（Mad Max II）時，由於電影中的男主角梅爾吉布遜瘸了一條腿，導演喬治認為男主角應該有頭和他一樣殘障、名叫崔克的狗夥伴，或許失去一隻腳。於是發出尋找這類狗的消息，但是後來立刻收回要求，因為他們接觸過一些馴獸師，那些人一邊若有所思地看著他們豢養的狗，一邊對他們說：「你們什麼時候要？」

素食主義或許也傳進了法國，但是最多不過是一小撮人而已，大多數的主食還是肉類或禽類。以孤芳自賞的貴族形式擺上桌面，旁邊放著各自配的醬汁。如果供應蔬菜，通常是偷偷地擺上去，很多餐廳甚至不會解釋，只說這些是配菜。如果你問侍者有哪些蔬菜，他很可能只是呆呆地看著你，好像你在問他圍裙在哪裏買的一樣！還有一個理論認為文明的誕生，來自於烹調肉類，由於生肉和蔬菜難以咀嚼消化，於是以火烤或水煮令它們易於進食，同時也促使早期人類圍聚火邊，共享食物，也是文化創始的第一步。

每十年幾乎都會出現關於牛肉的負面消息，然而法國卻幾乎沒有。上一次的危機是一九九〇年代末期英國的「狂牛症」，導致歐盟禁止進口英國牛肉。當法國畜牧業者被問到這種「狂牛症」怎麼可能只出現在海峽對岸的英國，而不會影響到他們呢？他們只會眼看着天，心中暗自哼起國歌《馬賽進行曲》。據說他們會在夜裏祕密埋葬受感染的動物，或在屠宰場的火爐內焚燒，不留下一點痕跡。

和漢堡被引進法國的那場戰爭比較起來，「狂牛症」實在不算什麼。寒冷的冬夜裏，速食業鉅子會召集小孩圍坐在一起，告訴他們有關一九七〇年代美國的漢堡公司，包括強大的麥當勞在內，企圖闖入法國市場最初宣告失敗的恐怖故事。

這場戰爭中的英雄名叫雷蒙達勇（Raymond Dayan），他是一位來自北非的生意人，最早在美國是位室內設計師，當他為麥當勞老闆雷克羅克（Ray Kroc）裝潢住家的時候，說服克羅克讓他經營芝加哥北區的連鎖店，由於經營得當，所以把眼光轉向法國。麥當勞曾經試圖在法國建立連鎖企業，但是最終以失敗收場。法國人稱呼麥當勞為麥肚（McDo），他們給了雷蒙三十年的經營權，希望他能將大麥克漢堡引入法國，不過從合約條件中就可以知道他們對他的前景並不看好，大多數的連鎖店要付給母公司百分之十二的收入，雷蒙卻只要付出百分之一。

不過雷蒙認為他明白麥當勞為什麼會失敗，他們不了解法國人對牛肉有多挑剔，不光是薯條太過細瘦，對這個發明了油炸馬鈴薯的國家來說是種侮辱，而且麥肚漢堡對他們來說，也太過肥膩。

於是他從改良食譜開始，不但把薯條加厚，同時也把牛肉變瘦，在沙拉醬中加入更多芥末，同時販賣啤酒與礦泉水取代奶昔。嚴格來說，這都違反了連鎖店的規定。雷蒙也知道法國人不喜歡排隊，美國顧客習慣井然有序地排隊等候，但是在巴黎，就像一位美國人描述的：「一條隊伍是一個三角形，底線才是做生意的地方。」因此雷蒙建立了一個新制度，拉線圍圈，並且出聲招呼「有請下一位！」這才建立起顧客的秩序。

然而真正的轉捩點，來自於改變他們的客戶羣，對美國的勞工階層來說，一份漢堡、一包薯條外加一瓶可樂，或許是他們最喜歡的餐點。但是對法國人來說，這些就像是外面包上巧克力的章魚一樣陌生奇特。「在法國的速食店內，你找不到任何藍領階級的工人或農民。」競爭對手的領導者解釋說：「去速食餐廳對他們來說，像是去月球一樣。」

麥肚過去將他們的餐廳地點設在工業區內，靠近火車站或是工廠。但是雷蒙把它們搬到高級地段，例如香榭大道，靠近首輪戲院，或是時尚名流、美食家經常去的知名餐廳如 Le Drug Store 旁邊。這間餐廳成功地引進美國式混合沙拉，足以證明它的影響力。這種沙拉混合了火腿、乳酪、麵包塊、堅果、水煮蛋，甚至鵝肝醬加上蘿蔓葉，搭配一種又濃又甜的醬汁，雖然它一點也不像任何一種法國油醋汁，但是菜單上堅稱它為「法國醬汁」（French dressing）。由於從查理大帝開始，大家只知道沙拉就是綠葉加上一點油，一點檸檬，以及一點鹽，因此這項改變成果顯著。

雷蒙還把麥當勞主角大麥克漢堡，重新命名為皇家乳酪（Royal Cheese），完成了它的改革。到了一九七六年，他成為母公司的輝煌拓荒者，擁有十四家連鎖餐廳，財源滾滾而進。麥當勞多次希望能買回他的股份，但是都沒有成功，於是他們控告雷蒙，聲稱他觸犯合約。他們說：世界上任何一位穿過那座黃金拱門用餐的顧客，都應該得到和他們家鄉同樣的食物，「但是雷蒙的漢堡溫度超過一百八十度，薯條溫度也超過五十度，魚排超過五十五度，蘋果派超過六十七度。」同時他們還指稱他不符合衛生標準，顯然沒有注意到法國侍者的閒散態度，他們同時也抱怨：「顧客等待服務的時間超過三分鐘。」

麥當勞控告成功，雷蒙放棄麥當勞連鎖店之名，把他的連鎖店改名為 O'Kitch，但是很快地就被競爭者併購。麥當勞學到教訓，時至今日，雖然所有外部設計全世界都一樣，但是裏面所賣的各項產品，無論如何奇特，都配合當地需要。生意有起有落，官司有贏有輸，只有鮮肉照常運行。

想像中的盛宴一定要有牛肉，可是它廣受喜愛的程度，會造成我的問題。因為，任何一種用牛肉烹調的菜肴都不能算是非常特別，所以沒有什麼新鮮事可供發覺。肋眼牛排或是沙朗牛排是午餐必備老套，至於晚餐，較大的餐廳通常會推出兩人份的特殊餐排，例如一塊稱作是「夏特布里昂」[2]的大牛排或是經典的「帶骨牛排」，或是烤肋排。如果你要從煮的或是燉的牛肉裏面挑選，那麼你就會有一長串的菜單可供選擇：紅酒牛肉、紅酒燜牛肉……。

於是瑪莉問我：「那韃靼（tartare）呢？」

「什麼韃靼？」

最近這個名稱已經被廣泛使用到包含切碎的生鮪魚、生鮭魚，甚至生番茄。一位評論家描寫位於紐約的一間日本餐廳供應「一種所謂的生韃靼，包含切碎的毛豆、紫蘇與柑橘。」瑪莉和其他的法國女人一樣，對這個做法不屑一顧。

「牛肉，自然的！」

對喜歡吃肉的人來說，沒有什麼能比典型的韃靼生牛排更能令人享受道地的美味。毫無裝飾、未加工的生牛肉，用鋒利的刀精準地切下瘦肉，簡單少量的調味，最多就和一小盤沙拉以及薯條，一起擺上餐桌。

至少應該是這樣。

但是很不幸的，一般餐廳都會買事先切好、兩百公克或是半磅包裝的真空單人份生牛肉。

其他餐廳則會使用新鮮牛肉，然後剁碎，這種方式需要信得過的好手，分裂並拉長牛肉的纖維使它纏繞成團。大家都同意最糟糕的方式就是用食物處理機，牛肉經過法國人所謂的「機器人」處理——機器人是他們對食物處理機的稱呼，最後變成一團粉紅色的醬塊，沒有汁液又貧乏無奇，難以入口。

就算尊重生牛肉的餐廳也覺得有必要改進它，端上來的餐盤中間是一團生牛肉糊，旁邊是一堆堆切好的洋蔥、荷蘭芹、醃黃瓜、還有酸豆圍成一圈，生牛肉頂上再放上一顆生蛋黃。侍者會問你是不是要「製作」（préparée）？如果你同意，他們就會退到一邊，把所有的東西攪拌在一起再拿回來，另外還會帶來伍斯特郡醬汁（Worcestershire）、芥末、番茄醬或辣醬，以防你還需要再加點東西。

作家費雪除了同意這道菜「是有一點野蠻」，多數美國人會無法入口之外，非常支持純粹不多添加作料的做法，她認為切碎的生牛肉，除了新鮮的香料、蛋黃、鹽、胡椒，還有一點橄欖油之外，不應該添加任何東西。她警告大家，「別讓具有熱切表演欲的侍者靠近你」。非常好的建議！

我從來沒想過要把生牛肉放進我的盛宴中，這份菜和其他的牛肉菜肴一樣，太過熟悉。不過我對它一無所知，它是從哪個地區發展出來的？它是傳統菜肴嗎？拉伯雷[3]曾經坐下來吃過生牛肉嗎？羅特列克[4]也吃過嗎？

「我也許會考慮，為什麼這樣問呢？」

砰的一聲，瑪莉把這個禮拜的《新觀察者週刊》放在我的眼前，翻到餐廳那一頁。

「因為這一家餐廳應該是——生牛肉的聖地！」她在我的身後邊讀邊說。

如果你熟悉《紐約客》雜誌評論餐飲那種冷硬犀利的語氣，可能會被法國餐飲評論未經修飾的貪婪欲念給嚇到，這段文字簡直就是食欲在說話：

「想像這盤生牛肉，份量達三百五十公克（先生，我們沒秤過！），調和得既精巧又優雅，也就是說適當調味，而非過分調味，只使用少量足夠的整顆酸豆避免過酸，這是調味的藝術：避免大手揮灑，只添加分毫，留下足夠的時間讓肉復甦。除了生牛肉外，還有薯條，簡直可以為它而死：大塊、不規則、又酥又脆，及時融化入口，另外還有嫩葉沙拉，新鮮撲鼻，只加一點油，其他什麼都不加。至於牛肉的切法呢？生牛肉的純粹主義者，我知道你們在想甚麼，我看見你們已經爬到烹飪鍋上，拿起叉子，指向上蒼說：除非用刀好好切好，否則不能算是真正的生牛肉！你錯了，愉悅與美味可以出現在各種地方，而在這裏，相信我，管它用刀與否，它們都會直撲你的臉上。」

「看起來真的很有趣！」我結論道。

「我也是這樣想！」瑪莉看看時鐘：「我想今天中午你要帶我去吃午餐！」

＊＊＊

為什麼最好的餐廳永遠最難找？有些藏身在沒有標示的門後，坐落在那些通常沒有攜帶武器就不會踏入的詭異街道內，還有很多不接受訂位，就算接受，通常制定很嚴苛的規矩，好像拘留所一樣。「我的家」餐廳（Ma Maison）一度是洛杉磯最時尚的餐廳，它的電話號碼沒有列在電話簿上。這些餐廳的開放時間也隨它喜好，例如完全沒有事先通知，就休業一個月重新裝修，或是因為家庭聚會休業一個星期，甚至還有其他難以理解的理由。（這件事並不限於餐廳，我的女兒快出生時，診所拒絕接受我們建議的時間，櫃台接待員解釋說：「那是滑雪季節的開始。」我問道：「這有關係嗎？」她一臉毫無表情的說：「如果你不想讓你的小孩被園丁接生的話！」）

評論中描述這間生牛肉餐廳的地點是：「第十四區被遺忘的小角落」，並無誇大之意。雖然十四區是蒙帕納斯擁有最多偉大咖啡廳的地方：「多摩咖啡」、「圓頂咖啡」、「圓亭咖啡」，以及「菁英咖啡」[5]。這裏也是墓園、火車終點站，以及巴黎唯一的摩天大樓——若隱若現的黑色蒙帕納斯大樓蟠踞之地，圍繞這些地方的是狹窄的迷宮單行道，可以讓你在裏面團團轉轉好幾個小時。

正常情況下，你不會多看那餐廳一眼，它位於一個不起眼的街口角落，小巧摩登，但是一旦進入室內，現代的感覺全部消失，雖然經過一些裝修，這裏還是維持著原始的磨石子地板，以及用粉筆在黑板上寫下菜單的習慣，菜式也同樣經典：血腸（boudin noir）、白醬燉小牛肉（blanquette）、魚湯……還有韃靼生牛肉。

有些餐廳名稱代表尊崇傳統的菜肴與手法。「自家」（Maison）就是一個例子，代表菜色是出自家庭特有，往往也是大廚的招牌菜。「手藝」（Artisanal）代表是用手工製作，而非工廠製造。「古老」（à l'ancienne）代表是用古法製作，可能是母親，或者更好，是祖母所用的方式。

這間餐廳以上三項全部具備。供應的麵包並不是一條條的棍子麵包，而是一塊塊全麥酸麵包，堅硬富有彈性，外殼酥脆，挑戰牙齒。餐廳酒裝在那種一九三〇年代電影上才看得見的大肚瓶，通常是惡棍們打架時互相敲頭的瓶子。

生牛肉端上來時已經「製作」完成，搭配沙拉還有薯條，全部放在一個餐盤內。我先嘗薯條，切得很厚，通體黃褐，但不酥脆，快樂地有別於一般漢堡店內的乾扁細條。

生牛肉也完全不妥協於外面的做法，第一口吃下去，我嘗到切得很好的洋蔥，整顆酸豆，除了蛋黃、鹽和胡椒之外什麼都沒有，完全沒有損害品嘗純生牛肉的快感，完整呈現事物原有的本質。

那篇評論承諾說這間餐廳的生牛肉會「喚起我們食肉的快感！」它說的沒錯，但是這道菜肴的特別在哪裏？足以包含在我的盛宴當中嗎？或許在這個國家的某個遙遠角落裏，還存在著某種變奏，已不復出現在當今的巴黎餐廳內，可是我不知道那會是什麼？事實上，我對生牛肉一無所知！

我開始在網上探索搜尋，有一個網站聲稱這份菜肴的名稱來自韃靼人，他們在十四到十五世紀時曾入侵歐洲，一邊騎馬一邊大口吃肉，忙於燒殺掠奪而無法停下來烹煮食物。另外一位權威人士同意韃靼這個名稱可能出自這段歷史，不過認為那些戰士們早上把肉放在馬袋裏，經過一整天馬背上的撞擊，再加上動物汗水的影響，到了晚上肉質會更嫩。我不敢去想這種味道嘗起來的感覺，但是想到這些人另外一項嗜好：一種叫作「馬奶酒」（kumis）的飲料，利用馬奶發酵而成，我曾經問一位喝過的人：「喝下去是什麼感覺？」

「剛開始感覺像喝淡優格，然後酒精開始上來，然後很快的就是——吃了馬屎的噁心味道！」

第三種說法聲稱韃靼名稱的由來，是因為韃靼醬（tartare sauce），這是蛋黃醬與洋蔥、酸豆和醃黃瓜攪拌在一起的醬料。這種說法使我感到很意外，韃靼醬通常搭配魚類而不是肉類，還是因為它們共享相同的食材：醃黃瓜、酸豆與洋蔥？

我繼續深入研究，尋找這項代表法國經典菜肴的原始出生地，沒多久我就發現這道菜肴第一次出現在艾斯克費一九二一年版的《烹飪指南》中，那個時候並不叫作韃靼牛肉，而是叫作美國式牛排。

而且我還發現我碰上了一個重大的祕密：忘掉那些韃靼戰士的故事吧！將韃靼牛肉引入法國的外國人是一批完全不同的入侵者：美國佬！一九一七年他們是收復巴黎的美國軍隊，幾年後又以觀光客的身分重新回到這裏，韃靼牛肉只是漢堡外加薯條，重新整合，以符合法國口味。

我幾乎可以重現當時發明的情景：一九一九年，兩位美國人，坐在蒙帕納斯的咖啡館裏，可能已經喝醉了，企圖跟侍者解釋他們要點一份漢堡。雖然一九〇四年芝加哥已經發明了漢堡，但是當時世界上其他地方還完全不知道這種食物。他們或許描述了其中的食材：絞碎的牛肉，加上洋蔥還有黃瓜，可是端出來的東西可能把他們嚇住了：所有東西都有，處理方式卻不一樣。

「不，不，我們是說半生，不是全生！」

與此同時，大廚正在廚房裏品嘗這道新菜，並且說道：「你知道嗎？這些美國人雖然很瘋狂，但是這還不賴……」

我還在幻想當時的情景，瑪莉出現在我身後：

「那……你會把生牛肉放在你的盛宴裏嗎？」

我闔起《烹飪指南》。

「嗯……還沒決定。」

其實我已經決定好了，我的盛宴桌上將不會有生牛肉，萬一傳出我將這份法國經典菜肴揭穿為美國人的發明，還有哪間餐廳會招待我呢？

①昆汀塔倫提諾：*Quentino Tarantino*（1963 - ），好萊塢著名動作片導演，《黑色追緝令》（*Pulp Fiction*）是他於一九九四年執導的黑色幽默動作片，也是他的代表作之一。

②夏特布里昂：*Chateaubriand*，是指牛背上靠近脊骨側邊所切下來的大塊厚片牛排，據說是由拿破崙時期的外交官弗蘭索瓦夏特布里昂（*François-René de Chateaubriand*）的家廚所發明的菜肴。

③拉伯雷：*François Rabelais*（1493 - 1553），文藝復興時期著名作家，對近代歐洲著作具有重要影響，最著名的作品為《巨人傳》（*Gargantua and of Pantagruel*），結合現代嘲諷意識的奇幻文學。

④羅特列克：*Henri de Toulouse-Lautrec*（1864 - 1901），與塞尚、梵谷、高更同列為後現代主義的著名畫家，作品以蒙馬特居民為主，也是著名的美食家。

⑤穹頂咖啡、多摩咖啡、圓亭咖啡、菁英咖啡：*La Coupole*、*La Dôme*、*La Rotonde*、*Le Select*。

Fifteen

野兔和洋蔥湯的關係

蒙帕納斯的皇家野兔、奧德歐路的烤乳豬、聖米歇爾廣場的糖果……

這些東西或許不是左岸特有，但是在這塊安逸的環境中，他們各有來源，可以盡情品味。

——《巴黎左岸》，巴黎左岸商會官方指南，一九五七／五八

在蒙特莫朗西採摘櫻桃

離開巴黎到法國各地尋找美食，不時會想到自己是否忽略了所在的城市，我的盛宴是否至少應該包含一份特殊的巴黎佳肴呢？

可是另一個問題立刻浮現在我腦海，巴黎連一份特殊的菜肴都沒有！我在貝爾席拉克吃七鰓鰻，在西特港吃海鮮煮魚，在富拉市吃貽貝，或是在昂蒂布吃索卡餅，套句現代的名詞，我算是位「土食者」[1]，食材就算不是來自隔壁鄰居，也是來自數公里之內。

可是現在巴黎已經沒有人栽種糧食了！

一七八〇年，巴黎地區有一千六百種水果、鮮花、植物，還包括一〇四種菇類。巴黎的外圍村落，各有各的特產，例如阿讓特伊產蘆筍，蒙特勒伊產桃子，蒙特莫朗西產櫻桃，渥爾吉哈產草莓，聖日爾曼產豌豆，克拉馬爾產朝鮮薊[2]。根據不同的季節，這些農產品每天清晨都會運到當時的批發市場「大展覽館」（Les Halles）內，利用當地食材料理食物，便利簡單。

那些果園與農場早已不見，取而代之的是公寓大廈還有車道。在英國，地方上的農會將荒置的土地劃分成耕地，讓人們自己種植蔬果，維持了自耕農場的傳統。但是巴黎沒有這種制度，蒙馬特以及美麗城（Belleville）還留存著一些葡萄園，而渥爾吉哈（Vaugirard）留存下來的葡萄藤，

現在已成為兒童公園的一部分。任何過去栽種的痕跡，對巴黎人來說，就像是星期日下午帶小孩去觀賞駱駝或北極熊一樣，都是異域風情。

白洋菇被稱作「巴黎洋菇」，普通煮火腿也被稱作「巴黎火腿」（jambon de Paris），但兩者都不是巴黎特產。艾斯克費曾列舉出一些巴黎菜肴，包括「雞肉抓飯」，但是他的「希臘抓飯」（pilaf à la Grecque）、「東方抓飯」、「土耳其抓飯」，都是用同樣食材，也許加一點番紅花，或加一點薑粉，或是一些葡萄乾，若要說是巴黎特產……讓人難以信服。

安妮威蘭在她的《法國區域烹調食譜》中，曾提出兩道菜是巴黎的特殊菜肴，聖日耳曼濃湯以及蒙特莫朗西鴨胸[3]。聖日耳曼濃湯內有綠色豌豆與生菜，或許起源於聖日耳曼修道院的園內，這所修道院一度占據左岸大部分區域。不過豌豆與生菜到處都能生長，這道菜很有可能源於里昂或里爾省。蒙特莫朗西鴨胸利用自家生產的著名酸櫻桃做為配料，但是這個城市位於巴黎城外十五公里，所以不能算是巴黎的特產。早期人們會在週末出外旅行，租一棵櫻桃樹，自己採摘自己吃，諷刺的是，現在一棵櫻桃樹都沒能留下。

至於皇家野兔，左岸商會曾說這是蒙帕納斯的日常食物，我認為可能是個玩笑，和派遣新進實習生去買一罐條紋漆，或是買左手用的螺絲起子一樣不切實際。

烹調野兔是件煩人的工作，首先要抓住這頭動物。一八六一年伊莎貝拉比頓出版的《家庭管理》[4]這本書，就很聰明地以「罐裝野兔」食譜掀開序幕：「首先抓住你的野兔」，這是個很實在的建議。野兔狡猾敏捷，而且只有在特定的季節才能捕殺。由於牠的血液對烹調十分重要，所以不能買事先殺好的野兔，需要當場精確射殺，或者設下圈套捕捉，這樣吊起來流出的血液才算新鮮。十九世紀末期，據說獵人會跋涉到一百二十哩外的圖爾市（Tours）近郊，花上一個星期的時間尋找最佳標本。

一旦野兔吊得夠久，肉開始爛到野味散發，適合烹調，廚師就可以開始工作，分解身軀，把肉塊和鴨油、醃肉放在一起煎煮，然後倒入兩瓶紅酒燉煮，再放入二十瓣切好的大蒜與四十顆紅蔥頭，「儘可能達到滲透入每一分子的狀態」，這份標準食譜如此描述。一旦兔肉熟嫩到只需要一根湯匙就可以吃的時候，再倒入兔血，外加兩杯干邑白蘭地，和煮出的汁液一起融合產生醬汁，這可不是波希米亞式的蒙帕納斯家庭咖啡小店的菜單中，隨時可以出現的菜肴。

就在我要放棄尋找任何特殊的巴黎菜肴時，安妮威蘭書上一段旁言的文字，引起我的注意：「洋蔥湯與烤豬腳，成為批發市場內一般餐廳的傳統佳肴。」

對啊！我在想什麼？還有什麼菜肴會比這些更經典呢？我過去也曾戲煮過豬腳，但是從來不曾覺得那一點富含膠質的肉值得烹調。不過法式洋蔥湯（soupe à l'oignon）卻是經典，不但在廚藝上至關重要，並且在這個國家的文化、藝術，甚至文學傳統上都占有一席之地。而且還是非常典型；非常特殊的——巴黎特產，特別到可以直接指向一個特定區域：靠近「大展覽館」的農產區。

到目前為止，我還沒有烹調過任何計畫中的盛宴佳肴，可是現在靈感降臨，我要做自己的洋蔥湯。

沒錯！我就是這麼笨！

①土食者：*locavore*，這個新字是在二〇〇五年由美國舊金山職業廚師潔西卡普蘭迪斯（*Jessica Prentice*）所創，推動人們只吃住家鄰近，不超過一百英哩以內生產的食物，以維持環保與生態平衡的概念。

②阿讓特伊（*Arg enteuil*）、蒙特勒伊（*Montreuil*）、蒙特莫朗西（*Montmorency*）、渥爾吉哈（*Vaugirard*）、聖日爾曼（*Saait-Germain*）、克拉馬爾（*Clamart*）。

③安妮威蘭：*Anne Willan*（*1938 -* ），英國著名的法國菜名廚與作家，於法國創辦烹飪學校 *Ecole de Cuisine La Varenne*，以及餐廳，出版過多本烹飪書籍。她在《法國區域烹調食譜》（*French Regional Cooking*）中的兩道菜：聖日耳曼濃湯（*potage St. Germain*）以及蒙特莫朗西鴨胸（*canard Montmorency*）標示為巴黎特殊佳肴。

④伊莎貝拉比頓：*Isabella Beeton*（*1836 - 1865*），據說是最早出版食譜書籍的廚藝與家務管理專家，《家庭管理》（*Book of Household Management*）一書超過一千頁，其中有九百頁都是食譜，因此又名《比頓太太食譜》（*Mrs. Beeton's Cookbook*）。

Sixteen

神聖的燉湯

漂亮的湯！誰會在乎魚，肉或是其他的菜呢？
誰不想放棄其他食物，只為那兩毛錢的湯呢？
——《愛麗絲夢遊仙境》，路易斯卡羅爾1

星期天不要喝湯，至少不要在巴黎的餐廳喝湯。

事實上，星期天在巴黎，最好不要出門吃飯！

菜市場星期天中午就打烊，要到下星期二早上才會再度開張，大多數的小型餐館也打烊，就算少數的大型餐廳還開張，大廚通常不在，剩下少數行屍走肉般的侍者，和一張早就煮好菜的菜單，用微波爐加熱後就端上桌。

「紅酒牛肉」或是「砂鍋燉」這類菜沒有問題，它們煮好後放一、兩天再吃，味道會更好。但是因為漁船週末不會出海捕魚，所以你的「黃油烤魚」出海已經三天了，放再多的奶油或檸檬都無法掩蓋這項事實。至於生蠔，撬開它的人週末也休假，留下好幾打放在冰箱裏，等它端到你面前的時候，汁液早已乾枯，而且充滿腥味。

就連甜點也別想，焦糖布丁放在冰箱幾天後，上層的糖片會硬到黏牙。奶油蛋白浮島（ile flottante）的蛋白霜殼會變硬，巧克力蛋糕內的奶油放在冰箱太久也難以入口。

就算把這些都考慮在內，我也萬萬沒料到簡單的洋蔥湯，居然也會釀成一場災難！

共享美味的湯

那天前一分鐘我們還翹著腳，一邊享受禮拜天早上的可頌與咖啡，一邊計畫去跳蚤市場慢慢閒逛。下一小時我們卻忙著張羅當天一場十四位客人的生日晚宴，朋友剛從紐約飛來，臨時起意想要慶祝。

我們家連十四把椅子都沒有，讓十四個大人擠在一張餐桌邊不是個辦法，而且因為剛抵達的客人對「傳統巴黎餐廳」非常嚮往，所以我們很笨地決定——出去慶祝。

幾間星期天還開張的小餐廳無法容納這麼多人，所以妥協之下，我們只好去一間裝潢要比菜色更有名的餐廳。來這裏的人欣賞它們的藝術裝潢、奪目銅飾和拋光木板。可是我們早該警覺到那麼多的空桌，還有站在後面沒事可做的侍者，星期天晚上對他們和餐廳來說，是一個星期中生意最不好的時刻，他們的臉上看到我們進來時的表情，就好像一九四〇年看見納粹進攻一樣。

沒有等我們點開胃酒，侍者直接就問：「每個人都喝香檳嗎？」然後轉身就走。我們把他叫回來，他臉上不耐煩的表情非常明顯。因為酒保不在，他必須調酒，他調的基爾酒含有百分之九十九的酒精，只有一點糖漿，也把干馬丁尼解釋為甜馬丁尼加冰塊。

這個時候我們正在打量菜單，紅絲絨裱褙上油漬斑斑，裏面展示許多康康舞女郎與蓄著八字鬍紳士的圖片，很少真正的菜肴介紹，我看到熟悉的配菜：沙拉拼盤、海鮮湯、洋蔥湯及今日例湯，然後是主食：油封鴨、紅酒牛肉、紅酒燉雞等，當然都是袋裝或是罐頭產品。

當我問到今日例湯是什麼內容時，侍者消失了五分鐘。回來後告訴我意料之中的消息：今天的例湯是「春蔬濃湯」（potag printanier），這道湯是用春天的蔬菜做成，也是猶太人的胡蘿蔔湯的外國版本，用意第緒語來說就是tzimmes。這是廚師的小聰明，把所有廚房剩下的東西混在一起加熱攪拌，就可以創造出新菜，這個名詞充分表達了這種原則，於是這個字進而代表任何未經深思熟慮，包含太多變數的交易。其中一種定義描述為：「一段冗長的生意過程，充滿麻煩。」

一九六二年，尤涅斯柯[2]為一部電影《七宗死罪》寫劇本。他利用「春蔬濃湯」來凸顯「憤怒」這個主題。劇本描述在法國各地，丈夫因為每個星期天中午喝同樣的湯，甚至湯裏還發現一隻蒼蠅，導致怒火爆發，失去控制，成千上萬的家庭風暴演變成核子大戰，最終導致世界滅亡。沒有任何法國人認為這部電影太過極端，很多人訝異這種事竟然還沒有發生。

那個星期天晚上瑪莉和其他幾位客人都點了洋蔥湯，雖然有點老套，但是安全。只要把洋蔥湯舀出來，加一點吐司，撒一點乳酪，放在烤架下加熱，呈現棕褐色就行，怎麼會出錯呢？端出來的洋蔥湯上的乳酪還在冒泡，但不是棕褐色，證明是剛從微波爐裏拿出來的。瑪莉用湯匙戳戳她的湯，黃色的表層感覺像塑膠，她把湯匙提上來，乳酪像膠水一樣黏在匙上，還有一塊爛糊糊的麵包，厚得像漢堡包。麵包下面本來應該有湯，但是現在湯盤幾乎是乾的，由於放在冰箱太久，湯汁幾乎完全被麵包吸乾。

她喚住正要離開的侍者：「先生，請問我的湯在哪裏？」

他回過身來，走到桌邊，用英文傲慢地說：「女士，這就是你的湯！洋蔥湯，這是法國式的做法！」

企圖用「法國式的做法！」來掩飾一份糟糕的菜肴？不但是對一位法國女人，而且還是對一位巴黎人？針對的還是一份經典的洋蔥湯？我看他還是刎頸自殺算了！

每個國家的人在餐廳內發脾氣的態度都不一樣，英國人和美國人叫囂、捶打桌面，扯下餐巾，要求跟經理說話。且看傑克尼柯遜在電影《浪蕩子》（Five Easy Pieces）中為了一盤雞肉沙拉三明治，而對女侍發飆的場面。中國人和日本人會沉默地坐在那裏互相鞠躬，等待犯錯的人承認錯誤及時更正。義大利人以哭泣取勝而聞名，西班牙人則會挑戰侍者決鬥，德國人冷靜理智，記住名字，寫在他們的美食黑名冊中。有人告訴我，德國人都有這樣一本記事簿，專門記載這種事。

法國人則會用言語羞辱，他們的俚語中包含了許多有關動物和植物的用語，反映出法國人內心的農民心態，用來羞辱餐廳服務人員非常適合。例如用「母牛」表達憤怒與不悅，用「醃黃瓜」、「南瓜」、「蘿蔔」等字眼表達愚笨，還可以在罵人前加上「你是典型的……」來加強效果。

當天的侍者運氣實在非常差，因為我們的法國朋友尚馬克可是這方面的大師。他以來勢洶洶的霸道口吻，開始說這位男人很像一種用豬內臟（包括直腸）做成的香腸，然後拿他和一種餵牲畜吃的根莖蔬菜相比，接下來是他最常用的比喻：「你的腦袋是用乳酪三明治做的！」最後經理終於出面，或許他正在舒適的辦公室內看電視上重播的足球賽，被找出來安撫所有人的情緒。

了解到這場風波可能越演越烈，所以他免費招待我們每個人香檳酒與鵝肝醬，同時不計帳單。我們最後看見那位侍者穿著普通衣服從後門溜走，不是被開除，就是被提早遣送回家，他算是運氣不錯，有人會因為犯了比污毀洋蔥湯還小的罪，被送上吊刑台。

幾個世紀以來，法國人對湯的敬重已經到達了一個相當的程度。不但累積了一堆神話、習俗，還有傳說。法國人談到湯，就和談到國家、上蒼與大地一樣的崇敬，這不僅僅只是普通的湯，而是帶著象徵、隱喻及神聖的「湯」。

這種敬重不難理解。人類就是從海洋湯當中誕生，我們在母親的胎水中孕育，一旦出生，我們倚靠湯類餵養長大；湯可以撫慰治療貧窮、生病與沮喪的人，同時湯也可以代替各種語言，比方晚餐準備好了，我們會說「上湯了！」如果要侮辱對方，那標準的國際語言就是「在湯裏吐痰」。好的方面來說，湯代表溫暖、信任、撫慰、營養。湯就是家庭、信心、希望、慈善，還可能代表上帝。

湯的核心就是高湯，把肉類、蔬菜、香料放在一起加水燉煮，法國人稱之為燉湯（bouillon）。幾世紀以來，法國人、義大利人、葡萄牙人，還有英國人，都認為這種湯不但是食物也是醫藥。餐廳（restaurant）這個字的由來，就是因為十八世紀一位客棧的老闆，用燉湯恢復（restaurer）客人健康。一七五〇年，約翰賀克薩姆所寫的《發熱論文》[3]中建議用雞湯補充體液。

一七六五年，英國小說家斯摩利特[4]穿越法國飽受肺病之苦，經常有人供應他燉湯，但是他很懷疑是否有效：

你的腦袋就像顆發霉的大頭菜！

法國好心人士通用的治療靈藥就是燉湯，他們不知道人的死亡與喝燉湯毫無關聯。三十年前，一位英國紳士在卡萊與布洛涅之間遇搶被殺，奄奄一息下被送到布洛涅的驛站，立刻被以這種靈藥治療。站長說：我做的燉湯非常好喝，我親自用手餵他喝下，可是讓我感到意外的是，他居然沒有復元。

不過有的時候燉湯也會產生奇蹟，一六七二年靠近亞維儂市的聖笛笛耶（Saint-Didier），劊子手執行絞刑任務失敗後，旁觀的人看到受刑的犯人和他的女友雙腿在桿上擺盪，認為他們已受夠刑罰，於是砍斷吊繩，將他送到修道院。院內供應酒，「每星期六還有肉湯」，這樣的治療令他完全康復，或許再犯搶劫或謀殺案。

一想到要煮洋蔥湯，這個念頭就開始滋長。不過拿洋蔥湯做為晚宴中的開胃菜來說太過結實，一碗湯可以當成一頓飯。所以這場盛宴的開胃湯最多就是一道清湯：簡易、清淡、澄澈、爽口，刺激食欲而非滿足食欲，一道蘆筍湯就足以勝任，然而準備洋蔥湯具有某種詩意的崇高感。

和往常一樣，我請教波里斯。

他要我和他在一間從來沒聽過的餐廳見面，「胡椒礦」（Le Mine au Poivre），位於十八區的蒙卡睦路，是蒙馬特墓園下坡的一條小路。

去墓園的人，有的人是去親友的墳前獻花致意，但是大部分的人，是尋找名人墓碑的觀光客。例如尼金斯基[5]的墳墓前，是一座身穿《木偶彼得羅希卡》舞蹈服裝的憂鬱舞者雕像，還有阿道費薩克斯[6]，薩克斯風的發明人，世界上唯一用這種樂器裝飾的墓地。還有引發名作《茶花女》靈感泉源的名女人：瑪莉杜普雷絲[7]的長眠之地，由於她年輕時即香消玉殞且身無分文，她的情人將她埋葬在矮牆的陰涼避風處，陽光輕柔地照在沙石墓碑上，每當季節來臨時，這裏常會出現新鮮的山茶花。

墓園只有一個入口，而且是在上坡的那一面，多數日子裏，街上擠滿了汗流浹背的觀光客還有悼念者，他們在山坡底的巴士下車，必須長途跋涉繞過整個園區才能進來。

正因如此，附近的街上有許多酒吧，讓疲勞的遊客們在這裏暫時休憩。「胡椒礦」正是這樣一個地方：躲避熱浪的陰涼場所，稍停喘氣，享受飲料，還可以來些點心。

如果不是酒吧內傳出來的音樂，我可能就錯過了這間小店，那是蒂納透娜的老歌，用法語演唱，我往內張望，看見波里斯坐在後面，靠近廚房門口，他的頭上有一塊很大的牌子，上面寫著：「vérigood」。

我一邊坐下一邊問他：「vérigood？」

他頭也不抬地說：「尚克里斯多夫比較不拘小節。」

好像為了證實他的說法，音樂從蒂納透娜的藍調歌曲〈拿特布希城市邊界〉（Nutbush City Limit）變成了古典歌劇《拉克美》（Lakmé）中的女高音二重唱。這間小小的酒吧，很容易讓人感覺像是一腳踏入了一九四〇年代的電影：一位中年的火車司機或是電影院放映師，因為愛上一位流浪放蕩的女人而涉嫌謀殺。內容像是普契尼的歌劇《瑪儂》遇上左拉[8]的小說《人面獸心》。

這裏的客人跟這種場景很搭，那誰是殺手呢？或許是坐在人行道桌邊那位沉默的中年男子。那麼誰是受害者呢？顯然是坐在他對面的女人，他們的婚姻像是擺在他們中間才喝了一半的比利時啤酒那樣，淡然無味。

吧台旁邊一位高大的男人正在翻看左翼報紙《自由日報》，電影中他一定是那位歷經風霜的破案警探。隔著兩個圓凳，一位法國人所謂的「上了某種年紀」的苗條女人，頂著一頭蓬鬆黑髮，喝著一杯暗色烈酒，讓人欣賞她那稜角分明的側影。以蛇蠍美人的標準來說，這位女子太老也太冷峻，她可能該扮演那位不懷好意的鄰居，受命運所迫，出賣兇手。

「先生，你要喝什麼？」

那位翻著《自由日報》的先生，現在正站在我們的桌邊，手裏拿著一瓶酒。

「見過尚克里斯多夫，」波里斯說：「這是他的酒吧！」

我們互相握手，我指指那塊牌子。

「什麼是 vérigood ？」

「因為非常好！」

「什麼東西非常好？」

「他的紅酒燉牛肉。」波里斯說。

「全巴黎最好的！」尚克里斯多夫說：「煮了十五個小時。」

他往波里斯的杯子裏倒了半瓶紅酒，然後看著我。

「他是澳洲人。」波里斯說。

「啊！」他馬上往我的杯子裏倒酒，看見那個瓶子還剩一半，把它放在桌上說：「我再去拿一瓶來，或者拿兩瓶？」
音樂換成哀嚎的高音，聽起來像是用阿拉伯語在唱歌。
「牛肉好吃嗎？」他離開後我問波里斯。
他聳聳肩：「我喜歡，不過你自己決定。」
這讓我想起我為什麼來這裏，「我對你說過，我想要做洋蔥湯。」
「勇敢的人。」
「為什麼？這有什麼困難？每個餐廳都供應洋蔥湯，我就曾經用高湯塊做過。」
波里斯還是連頭都沒有回說：「尚克里斯多夫，你有牛肉高湯塊嗎？」
他的頭從吧台下伸出來，他正在找酒。
「我為什麼要這個東西？」
「幫我找一個吧！拜託！」
我很訝異地看他從吧台後轉出來，出了前門，越過馬路，走到對面的小市場。
「你還記得喬托[9]如何證明他的大師技巧嗎？」波里斯問我。
「好像是跟一個圓圈有關？」
「沒錯，當教宗要他證明他的技巧時，他拿了一隻畫筆，赤手空拳畫了一個完美的圓圈。」
「那麼煮洋蔥湯就是畫那個完美的圓圈嗎？」
「很接近，可能有人會說是，不過無論如何，還記得那本烹調指南嗎？」
「艾斯克費？你知道我有第一版，上面還有題款。」
「但是你讀過嗎？」

「沒有人會讀烹調指南，這就好像微軟的電腦開機手冊一樣，你只會查詢，不會閱讀。」一九〇三年艾斯克費出版的《烹調指南》從來不曾絕版，八百頁的食譜不但總結了法國烹調的豐盛度，還包含它的複雜度。如果你想知道小犢頭該如何剝皮、去肉、烹調，或是把海膽做成醬，製作黎塞留式鵪鶉，或是用北比利時的佛拉芒（Flemish）方式烹調紅色捲心菜，或是製作一道叫作「我的皇后」的果凍甜點，他都會用一種獨特近乎愚笨的方式教你，非常的艾斯克費，也非常的法國。

尚克里斯多夫回來，把一個橘紅色的盒子丟在桌上。盒上用黃色的字寫著「牛肉口味」，旁邊畫了一頭牛，下面是幾張圖片，一顆很大的褐色洋蔥，一堆新鮮香料，上面還帶著晨間的露水，盒邊上直行書寫：「風味濃郁」。

「如果你能找得到的話，看看它的成分表。」波里斯說。

盒子的末端，用非常小的字列出成分表。

「鹽、麥精、加味劑、味精、葵花籽油；以玉米為原料的調味粉，包括牛肉、糖、洋蔥、以及荷蘭芹；胡椒、大蒜、芹菜、月桂與麝香草的萃取精；焦糖（糖與水）、蔬菜纖維。可能包含些許牛奶與蛋。」

「注意這裏沒有一點真正的牛肉！」波里斯說：「沒說是牛肉，只說嘗起來像牛肉，就連這點也沒做到。」他對這嗤之以鼻：「回去看看艾斯克費的第一章，第一頁，然後我們再談。」

臨去之前我品嘗了尚克里斯多夫的紅酒牛肉，別家的紅酒牛肉是幾條瘦肉游在水水的醬汁內，搭配煮過的馬鈴薯和紅蘿蔔，但是他家的紅酒牛肉很不一樣，端上來的是一堆深色肉塊，幾乎沒有汁液，躺在一層自製的馬鈴薯泥上，除此之外什麼都沒有。肉在叉子下自然分裂，滑嫩潤澤，真的是「非常好」，十五個小時的烹調工夫沒有白費。

波里斯用間接的方式，為我上了一課，傑出的烹調沒有捷徑，要創造一頓貨真價實的偉大盛宴，就算是用想像的，我也必須先證明自己具有名廚的能耐。我或許永遠也不會成為艾斯克費，但是我可以成為一位謙卑稱職的二廚，「美食部隊」最低階的成員，派去負責枯燥卻重要的燉湯準備工作的見習生，達到這個目標後，或許他會提拔我去做更重要的事——說不定會去烤那頭公牛。

①路易斯卡羅爾：*Lewis Carroll*（1832 - 1898），英國作家，最著名的作品就是《愛麗絲夢遊仙境》與它的續集《鏡中奇緣》，他同時也是位傑出的數學家與攝影家。

②尤涅思科：*Eugène Ionesco*（1909 - 1994），羅馬尼亞劇作家，以法文寫作。為荒謬劇的領導人物，以荒謬的內容表達人類的孤寂與渺小，重要作品有《禿頭女高音》（*The Bald Prima Donna*）、《課堂驚魂》（*The Lesson*）、《椅子》（*The Chairs*）等。

③約翰賀克薩姆：*John Huxham*（1692 - 1768），英國醫學家，以研究發熱病症著名，所著《發熱論文》（*An Essay on Fevers*）發表於一七五五年，據說是最早提出流感病症的醫學家。

④斯摩利特：*Tobias Smollett*（1721 - 1771），蘇格蘭詩人與作家，以撰寫低階社會中的流氓英雄小說著名，影響後來的小說家如狄更斯、喬治歐威爾等人。

⑤尼金斯基：*Vatslav Nijinsky*（1890 - 1950），著名俄國舞蹈家，也是二十世紀初期最著名的舞蹈家，當時少數能夠演出足尖舞的男性舞者，不受地心引力束縛的舞姿是他最受人矚目的焦點。《木偶彼得羅希卡》（*petrushka*）是俄國作曲家史特拉汶司基所寫的芭蕾舞劇，一九一一年由尼金斯基擔綱於巴黎首演。

⑥阿道費薩克斯：*Adolphe Sax*（1814 - 1894），比利時音樂家，最有名的成就是發明了薩克斯風這項樂器。

⑦瑪莉杜普雷絲：*Marie Duplessis*（1824 - 1847），法國著名交際花，她和小仲馬之間的愛情故事引發他寫下名著 *The Lady of the Camellias*，後來音樂家威爾第據此寫成歌劇《茶花女》（*La traviata*）。

⑧埃米爾左拉：*Émile Zola*（1840 - 1902），法國文學家與戲劇家，主張觀察人生社會百態，以實際科學的態度，寫下人生的真相，形成自然主義文學的主張。也因為主張正義而公開控訴政府，造成法國十九世紀末最重要的政治事件，開啟文學家用文字形成社會輿論的重要先例。他的重要著作包括《盧貢瑪卡爾家族》（*Les Rougon-Macquart*）、《三城市》（*Les Trois Villes*）、《四福音書》（*Les Quatre Évangiles*）等。《巴黎之腹》（*The Belly Of Paris*）是其著作《盧貢瑪卡爾家族》中的一部分。

⑨喬托：*Giotto di Bondone*（1267 - 1337），義大利畫家與建築家，有西方繪畫之父之稱，開啟後來義大利佛羅倫斯文藝復興之路。

Seventeen

創意無限的廚師

廚皇——喬治· 奧古斯塔· 艾斯克費

一顆堅強的心靈，要有一杯上好的香檳支撐。

——莎拉伯恩哈特[1]向艾斯克費吐露她「活力旺盛」的祕訣。

法國人喜歡他們的文化英雄有些小壞，所以將烹飪轉化成藝術的名廚艾斯克費，就毫不意外地被描寫成一名竊賊以及盜用公款的人，和他的朋友與工作夥伴同時也是旅館界的名人麗池先生一樣。

西撒麗池，眼神冷峻、面無表情，臉上留著修剪上蠟的黑鬍鬚，長得像是通緝海報上的罪犯。但是艾斯克費卻截然不同，可以用最好的形容詞來形容他：風流倜儻。一頭銀白色的頭髮與鬍鬚，無可挑剔的西服，閃閃發光的皮鞋，擁有特製鞋跟以及增高鞋墊，可以拉長身高，使整個人看起來具有無比的大師風範。

一八八八年，企業家理查卡特將經營「吉伯特與蘇利文」喜劇[2]中所賺到的錢，投資在倫敦的河岸街開設薩沃伊酒店（Savoy Hotel），邀請麗池先生為酒店經理，艾斯克費掌管廚房，率領一批他們所謂「酒店界中的小部隊」，進攻英國。

倫敦餐飲界很快地就發現薩沃伊酒店能提供別的地方吃不到的佳肴，艾斯克費從法國進口嵩雀與松露，從蘇聯進口黃金小體鱘，而且每季初收的蘆筍從普羅旺斯運來後，他都會通知老顧客。於是倫敦社交界很快地蔚成一股風潮，每個星期讓家中僕人放一個晚上的假，自己則在薩沃伊酒店寬大的宴會廳內設宴，俯瞰泰晤士河，款待嘉賓。

艾斯克費和瓦德勒以及之前的名廚一樣，了解藝人風格的價值。他接受主人建議的主題，並以此準備餐飲，美國美食作家朱利安史崔特[3]描述出外宴客正確之道：

你應該及早到達已選好的餐廳，參考領班或是大廚的意見，選擇自己的菜肴，然後接受點酒侍者的建議，千萬不要讓你的客人自己點餐，太多不同的餐點會使廚房；甚至服務散漫無序，破壞餐宴的氣氛，讓每個人都吃同樣的菜肴，就像在家裏招待賓客一樣。

客戶們對他的關照，艾斯克費會盡情回報。他為某位女士的生日，創造出一份菜單，利用每道菜的第一個字母拼出她的名字……客人要求一份別出心裁的菜肴，他就創造出「黎明仙女」：把蛙腿染成粉紅色，和新鮮龍蒿草以及細芹菜葉一起包在透明的香檳酒凍裏，象徵躲在水生植物內的河中精靈。

他的招牌顏色是粉紅色，他用匈牙利的深紅色羅森紅椒粉[4]，為很多菜肴調色加味。對巴黎最有名的交際花柯拉珍珠（Cora Pearl）來說，應該也是最理想的廚師。她曾經在蘭花叢中裸體跳舞，然後橫臥在鋪滿鮮花的餐盤上，身上什麼都沒穿，只有粉紅色醬汁，把自己當成主餐。這對艾斯克費來說或許太過狂放，不過一八九五年，他同意一份特殊的邀約，讓他在紅色食物上大做文章。

一羣年輕的英國賭客在蒙地卡羅賭場賭輪盤，專賭紅色九號，贏了三十五萬法郎，他們也是薩沃伊酒店的常客，所以要求艾斯克費舉行一場晚宴，慶祝他們的賭運亨通。

每道菜都是紅色與金黃色，餐桌全部用紅玫瑰花瓣裝飾，菜單是紅色，餐椅也是紅色，上面還鑲上幸運的號碼九，晚宴廳用棕櫚樹裝潢，象徵蔚藍海岸，其間插上紅色燈泡。

餐間只供應紅酒，九道特色佳肴中，每道至少搭配一種紅色菜肴：紅色煙醺鮭魚搭配魚子醬，然後是紅鯛魚，羊肉搭配番茄與紅豆烤成粉紅色，雞肉搭配紅色生菜沙拉，蘆筍淋上一種被稱為「美麗的夏日夕陽」的粉紅醬汁，鵝肝醬混在塗上紅椒粉做成的果凍中。最後上場的是一道冰雕，以蒙地卡羅後方的高山為型，上面閃耀著紅色小燈，還有一窩紅色秋葉，上面擺著一碗用草莓覆蓋的橙香慕斯（mousse de Curacao）。

艾斯克費喜歡賣弄，特別是對有名的人。澳洲出生的歌劇名伶內莉梅爾芭[5]非常保護自己，害怕一般吐司會刮傷她的喉嚨，也怕最喜歡的冰淇淋會凍傷她的聲帶。因此艾斯克費為她設計了兩道菜肴：把吐司橫切成片，重新再烤，形成非常薄的「梅爾芭吐司」。另外把新鮮的桃子放在香草冰淇淋上，外面淋上樹梅醬（raspberry purée），他稱這道創新美食為「桃子梅爾芭」。

當他還是蒙地卡羅大酒店的廚師時，著名的女高音愛德琳納派蒂[6]經常住在那裏。擁有這間酒店的是一對名叫塔布魯斯的瑞士夫婦，這位女高音可能對艾斯克費精采的菜單大為欣賞，問他為塔布魯斯夫婦烹調什麼樣的佳肴，這對夫婦於是邀請她一起共進午餐。

艾斯克費本來只準備了簡單的阿爾薩斯燉鍋：牛肉、鹹豬肉，搭配胡蘿蔔、馬鈴薯與捲心菜一起燉煮，但是他不能容許自己拿出家常菜肴來招待偉大的派蒂，他寫道：「由於這個場合特殊，我想他們應該會原諒我充實了這頓『簡單的家庭餐宴』。」

午餐一開始，他用傳統的方式上燉鍋，先上肉湯，然後是肉與蔬菜，搭配辣根醬（horseradish sauce），然後才是他的精心製作：

> 我端上極為美味的布雷斯雞，把肥豬肉條綁在雞身上，穿在一根鐵架上燒烤，另外用菊苣葉與甜菜調成沙拉，然後出現在桌上的是完美的鵝肝醬，用阿爾薩斯的鵝肝加上派里哥的松露製作而成。最後端上柑橘穆斯，用浸在橙香中的草莓圍圈，完成這頓不凡的家庭午宴。

這餐過後，女高音可能需要節食了，對於這點艾斯克費可幫不上忙。一位女主人曾經對他埋怨自己的體重，於是艾斯克費建議了一份「節食晚餐」：魚子醬、蝦、生蠔、鱉湯、鰨魚、鱒魚、香檳冰沙、蘆筍，最終是紅椒粉舒芙蕾，還有浸在波特酒內的水梨。

雖然西撒麗池持續經營薩沃伊酒店直到一八九七年，但是他經常不在那裏，而是忙碌地穿梭在歐洲還有地中海各地，為其他的酒店諮商業務，另外監督建造位於巴黎凡登廣場的新麗池酒店。薩沃伊酒店的擁有人抱怨道：「除了吃和睡之外，你在倫敦的時候幾乎都不在酒店裏。你把酒店當成辦公室兼起居室，在這裏繼續經營你的事業，還拿這裏當成基地，開創其他的計畫，而這些事都與酒店無關。」

酒店管理有很多的漏洞，除了習慣從雜貨商、肉販、還有洗衣公司收取回扣之外，香檳公司還以每顆軟木塞來計算被喝掉的香檳數量，以便給與回扣，艾斯克費和麗池成立了他們的「麗池酒店發展公司」，以更高的價錢把貨品賣給薩沃伊酒店。

後來酒店查帳，麗池無法解釋消失的一萬一千英鎊買酒錢，以今日的幣值來算要乘上二十倍。他們可能利用「麗池酒店發展公司」將這筆錢轉到他們位於巴黎的新酒店。艾斯克費也承認他欠薩沃伊酒店八千英鎊，但是聲稱他只能還五百英鎊，其餘的錢或許已經運過海峽。一八九七年三月，他和麗池同被解雇，連同他們的採買經理還有廚房員工。十六位廚師原本拒絕離開，用刀抗拒，直到警察到來，把他們全部拖出去為止。艾斯克費把這樁醜聞歸罪於英國人死板的個性。

> 我們挽救了薩沃伊酒店免於破產的命運，帶領它走向繁榮的峰頂，讓股東滿意快樂。這些紳士們原本可以在滿足各方利益又不失面子的情況下，解決這項紛爭。這一切原本可以不必發生。

麗池酒店在巴黎一開張，「麗池酒店發展公司」就改變策略，幫助其他酒店招募廚房員工並供應貨品。這對夥伴同時也成功地報復了薩沃伊酒店。當倫敦新成立的卡爾登酒店負責人聘請他們經營管理後，這間酒店搶走不少薩沃伊酒店的社交生意，這就是後來的麗池卡爾登（Ritz-Carlton）酒店。

所有這些醜聞並沒有減損艾斯克費的傳奇，甚至還成為它的一部分，業內人士紛紛私下耳語：「別被他的翩翩風采給騙了，老狐狸比表面上看起來還要精明，他真的把那些rosbifs（烤牛肉，意指英國人）給耍了。」

一八七〇年，在普法之戰中，供應食物給飢餓的士兵們。

很少人能像艾斯克費一樣影響我們的飲食方式。一八七〇年的普法戰爭中，他被徵召為後備部隊，為第二軍團總部的將官們負責烹調飲食，他們駐紮在法國最東邊，緊鄰德國邊界的梅茲市。

觀察軍隊工作的方式，使他相信軍隊的紀律有助於他的職業。廚房員工的配置也該如同軍隊。「美食大隊」由主廚負責掌管，挑出一羣具有不同技能的專業人才各司其職：醬料師負責醬汁，燒烤師負責管肉，糕餅師負責糕餅。戰事過後，廚師（chef）成為管理廚子（cook）的尊稱，艾斯克費開創的廚房經營管理系統一直延續到今日。

艾斯克費堅持廚房員工要穿制服：成為現代標準的白色外衣、長褲、圍裙及白色高帽，或是廚師帽，防止汗水或頭髮掉落食物中。他還要求員工們修短頭髮，刮掉鬍鬚。但是對於這項要求他們有所保留，薩沃伊酒店的員工一半是法國人，一半是義大利人，每個人都視鬍鬚為身分的象徵，麗池和艾斯克費也都留有鬍鬚，自然應該非常了解這點。對廚師來說，蓄留鬍鬚代表他們比侍者還有下層階級更高一等，這些人通常把鬍鬚剃光。一九二〇年代末期英國作家喬治歐威爾[7]曾經在巴黎的酒店裏當洗碗工，當時的人事主任對他臉上的毛髮非常不滿：「該死！誰見過洗碗工留著一臉鬍子呢？」歐威爾只好把它剃掉，要不然就會被開除。

廚子通常是酒鬼，聲稱他們需要經常喝酒以補充在火爐前流失的汗水。艾斯克費既不喝酒也不抽菸，於是找出健康的解決辦法：喝大麥水。大麥水自古以來就是補充能源的飲料，用大麥穀粒煮水，過濾後加入檸檬，溫布頓網球賽仍然以此供應選手，艾斯克費把它放在所有的廚房水缸中。

一旦他有權掌控酒店餐廳，可以自由聘雇所需要的員工時，他放棄了十二道菜一起上的「法國式服務」，取而代之使用「俄羅斯服務」：每位用餐的人同時接受同樣的菜肴。

同樣的想法也啟發了他的著作《烹飪指南》。靠著許多廚師的協助，他寫下法國每一道菜肴的烹調細節。詳細分類，描述烹調前該如何著手準備。有了這本書，任何廚房都能夠重現任何奇怪的區域性美食。

但是《烹飪指南》不是食譜，而是手冊，就拿準備「紳士濃湯」（Potage Gentilhomme）這種野味湯來說，過去幾十年來的誤解與偷工減料，使它變質成為用雞高湯加入胡蘿蔔煮成的馬鈴薯湯，《烹飪指南》將它重新拉回正軌：

三公升鷓鴣泥加扁豆，十分之一公升鷓鴣精華，十分之一公升干邑白蘭地，半個檸檬，十分之八公升以羽毛野生動物所做成的高品質濃縮高湯。配料包括珍珠形狀的鷓鴣肉丸，同樣形狀的松露，每人兩湯勺。

現代食譜會解釋如何做鷓鴣泥、野味高湯及肉丸（quenelles），還有處理松露的正確方法。艾斯克費也這樣做，但不會出現在同一個章節內，通常出現在比較冷僻的小章節、延伸做法，或是額外特例中。他的書是寫給職業廚師看的，這些人可能在多年的實習生涯中早已學過這些技巧，只需要再次參考。然而對於習慣既方便又快速的指引，並且精確計量的現代廚師來說，這本書顯得非常的詭異奇特。

因此，美國作家哈利馬修（Harry Mathew）[8]在他的反諷文章：〈法國中部的鄉村烹調：燒烤去骨滾動填料羊肩（雙重填料）〉中，嘲諷這種做法。這篇文章原本是該介紹「一種古老法國區域佳肴」的食譜，馬修首先說道：「需要耐心，但是你的痛苦將會得到豐富的獎勵。」然後我們就被淹沒在大量的文字中：

> ……必須去除所有的骨頭，如果你留給屠夫，請他把骨頭留下以便做成醬汁。皮或是韌帶必須保持完整，否則肉會瓦解。把已經去骨的前軀放在廚房桌上。不要把紫色的驗證章切掉，拿一隻刷子沾上淡淡的鹼水把它刷掉，盡一切可能保護這塊肉。清洗擦乾，用兩夸脫白酒、兩夸脫橄欖油、十六顆檸檬汁、鹽、胡椒、十六瓣壓碎的大蒜、十顆粗切的洋蔥、羅勒葉、迷迭香、香草木樨、薑、五香粉，以及一把杜松莓果醃製這塊羊肉，杜松莓果增加一種粗野道地的風味……

最後，馬修為廚子進言：「如果你到這個時候已經失去了所有胃口，請別懊惱，這是正常健康的反應，你的滿足感來自於過程，而非目的。」艾斯克費可能也常有這種感覺，當他終於可以坐下來吃晚餐的時候，可能已經太過疲倦，懶得麻煩，說不定只是一顆水煮蛋了事。

我手上這本《烹飪指南》，一度屬於紐約華爾道夫酒店的廚師亞歷山大蓋斯德（A.

Gastaud），他曾經在倫敦的麗池卡爾登酒店工作，艾斯克費在上面提筆寫道：「給我親愛的朋友蓋斯德，美好的回憶。」

一九三〇年艾斯克費來紐約參加皮爾酒店開幕典禮，他們再度見面，《紐約時報》也報導了這場開幕典禮：

隆重歡迎廚藝王子，紐約人酒店大廚蓋斯德以艾斯克費為名，推出新菜

為了歡迎廚藝王子艾斯克費最近拜訪紐約，紐約人（Knickerbocker）酒店的大廚蓋斯德，早就計畫設計一份新菜肴，以這位著名廚師為名，經過了三個星期的實驗與研究，蓋斯德終於推出了新菜「艾斯克費珠雞」（Guinea hen à la Escoffier），他相信這道新菜符合這位名廚的聲望。

（如果您想要烹調這道名菜，蓋斯德的食譜附於書後食譜章節。）

蓋斯德和普魯斯特一樣，號稱可以引發文學靈感，雖然他可能並不想要這種光環。因為他於一九三一年經濟大蕭條期間，掌管價值二千八百萬美元的華爾道夫酒店，詩人蘭斯頓休斯[9]曾經抗議這麼奢侈的酒店與為窮人而設的湯廚房（soup kitchen）同時並存，於是在他的詩作〈為華爾道夫酒店所寫的廣告〉中，借用《浮華世界》雜誌的廣告用語：「著名的奧斯卡切爾基負責組織宴會，蓋斯德是主廚。」語帶諷刺地寫道：

請在新華爾道夫酒店找個房間吧！你們這些在廉價的慈善旅館內，看著上帝的臭臉，祈禱能找到一張床，失意、無業且無家可歸的人！

華爾道夫供應華房，而且請看這份菜單：

秋葵湯飯

蟹肉沙鍋

煮牛腩

奶油洋蔥

西洋菜沙拉

桃子梅爾芭

今天在這裏吃午餐吧！你們這些失業的人。

＊＊＊

和波里斯談過後，我回到家中，拿出《烹飪指南》這本書，上面記載了如何做奶油，醬漿、濃湯、清湯的做法，但是沒有洋蔥湯，不過最後我還是在「濃湯」（garbures）那個章節裏找到做法，裏面淨是蔬菜、肉塊，甚至麵包，無論是搗碎入湯，還是烤過浮在湯上，艾斯克費建議：「在餐廳內上洋蔥濃湯，無論是在湯裏，還是表層，都必須有一層乳酪麵包烤層（gratin）。這份古柏濃湯（Garbure à la cooper）請見書上其他地方。」

我找到了「古柏濃湯」，正是我熟悉的洋蔥湯，艾斯克費用他一貫簡潔的方式描述：

你說多少公斤的骨頭？

古柏濃湯──洋蔥先用奶油煎好，完全浸煮在白色清湯內，再用圓錐型過濾器過濾並且壓緊，把湯倒入深碗中，加入麵包屑，然後在表面撒上大量乳酪，淋上融化的奶油，然後煮到表層呈現棕褐色。

誰是「古柏」？真的該把融化的奶油淋在乳酪上嗎？應該怎麼樣製作白色清湯呢？我照波里斯所說的，翻到第一章、第一頁，哈！就在這裏：製作十人份白色清湯的說明。我心想只要一半就夠了，心裏一邊盤算著這些食材，一邊拿了一支筆，一張紙，開始寫下我的採購清單。

聖日耳曼市場的屠夫們早就習慣我的特殊要求，但是這次仍然非常訝異。

「骨頭？不要肉，只要骨頭？」

「為了做高湯！」

「你剛才說要多少？」

「三公斤！」

「三公斤？」

他的右手猛烈擺動，好像碰到什麼滾燙的東西，非常典型的法國手勢，可以代表驚嚇、尊敬，或是讚美。新車的價格，或是某個人摔斷了腿傷勢嚴重，或者一條穿得很好看的牛仔褲，都可以引發這種手勢。

「歐！」我回以聳肩，通常對法國人來說，語言只會礙事。

第二天他交給我一包七磅重的大袋子，我去拿錢，他搖搖頭：

「禮物！」他說。

依照艾斯克費的指示，把烤箱調到攝氏一百五十度，把骨頭放在烤盤裏，加上一顆切好的洋蔥，還有一些大蒜，然後放入烤箱烤三個小時。高熱下逼出骨髓內的肥油，在骨頭上閃爍發光，更多的肥油躺在烤盤的底層，散發大蒜與洋蔥烤焦的香味。

我把這些倒在碗裏，把骨頭放在最大的鍋子中，然後加入三顆胡蘿蔔、一些防風草、三顆洋蔥、兩根芹菜、三根大蔥、一片月桂葉、香菜梗、胡椒粒，還有一把海鹽，以及七公升的水，足夠滿到鍋邊。水煮開後我轉小火慢煮，把表面的泡沫去掉，蓋上鍋蓋。我已經花了半天的時間閱讀說明，採買食材，只要再花五個小時的時間，我就可以真正開始製作洋蔥湯了。

①莎拉伯恩哈特：*Sarah Bernhardt*法國著名舞台劇及電影演員，法國二十世紀初期最有名的女明星。

②吉伯特與蘇利文：*Gilbert and Sullivan*，是指維多利亞時代幽默劇作家威廉吉伯特（*William S. Gilbert*）與英國作曲家亞瑟蘇利文（*Arthur Sullivan*）的合作。經由製作人理查卡特（*Richard D'Oyly Carte*）的牽引與推動，他們從一八七一年到一八九六年長達二十五年的合作中，共同創作了十四部喜劇，其中最著名的為《皮納福號軍艦》（*H.M.S. Pinafore*）、《彭贊斯的海盜》（*The Pirates of Penzance*）和《日本天皇》（*The Mikado*）。

③朱利安：*Julian Street*（*1879 - 1947*），美國記者與幽默散文作家，曾兩度獲得美國短篇小說的歐亨利獎（*O.Henry award*）。

④羅森紅椒粉：*Rozen Paprika*是一種匈牙利特產的頂級紅椒粉，經過挑選的紅椒，去除莖梗、內籽後，只用椒肉與外殼細磨成粉。

⑤內莉梅爾芭：*Nelli Melba*（*1861 - 1931*），澳洲首位享有國際聲名的歌劇女高音，成名於歐洲，以演出法國與義大利歌劇為主，最著名的代表作品是普契尼《波西米亞人》中的女主角，二十世紀初期才回澳洲，終老於故鄉，至今澳洲百元紙鈔上仍是內莉梅爾芭的頭像以茲紀念。

⑥愛德琳納派蒂：*Adelina Patti*（*1843 - 1919*），著名歌劇女高音，她純淨的美聲唱法與音色，使她名列最有名的女高音之一，她很年輕的時候就進入古典歌劇界，發跡於紐約，曾在林肯總統座前獻唱。

⑦喬治歐威爾：*George Orwell*（*1903 - 1950*），英國作家，他的《動物農場》與《一九八四》兩本代表作品，對集權主義的預言與反諷，一直到現在還影響著全世界的社會。

⑧哈利馬修：*Harry Mathew*（*1930 -* ）美國作家，這篇短文法國中部的鄉村烹調：〈燒烤去骨滾動填料羊肩（雙重填料）〉（*Country Cooking from Central France: Roast Boned Rolled Stuffed Shoulder of Lamb (Farce Double)*），是他著名的文章，以巨細靡遺的方式描繪法國烹調的方式，讀者一開始會以為是介紹食譜，而後才會逐漸發覺這篇文章的本意，調侃法國廚藝的繁複與細緻。

⑨蘭斯頓休斯：*Langston Hughes*（*1902 - 1967*），美國詩人與劇作家，是一九二〇年代中哈林文藝復興運動中的重要人物，這是傳頌黑人生活與文化的運動。他以文字表達黑人對種族歧視的抗議，以及對未來的希望與信心，被譽為黑人中的「桂冠詩人」。

Eighteen

龍蛇雜處的菜市場

……那些排列成金字塔一樣的水果，隨著季節的改變而更換。
牛肉邊條懸吊在掛鉤上，香料堆成小山，瓶瓶罐罐的醃漬品排成高塔，
所有風味與顏色，所有氣息和物品，潮水般的聲音
——水聲、金屬聲、木頭聲、陶盤聲
——忙碌緊張，討價還價，各顯神通，和時代一樣的古老。
——《我說城市》，奧克塔維奧帕斯[1]

洋蔥湯是巴黎果菜批發市場「大展覽館」的勞工餐，以此著稱。「大展覽館」於一一八三年開張，整個區域不斷拓展，直到占據了巴黎右岸地區二十五公畝為止。一八五〇年，豪斯曼男爵[2]將它重新翻修做為重建巴黎的一部分。為了取代那些雜亂無序的攤棚，他請建築家維多巴樂達賀（Victor Baltard）設計了十個四面都是玻璃的亭館，每座亭館的金屬屋頂都用精緻的鐵柱支撐，這些亭館就命名為「大展覽館」，一直持續到一九七一年拆毀為止。拆下來的鋼筋多數都被當作廢鐵，以非常便宜的價格賣給日本人。

巴黎所有吃的東西幾乎都要經過「大展覽館」批發販售，所有的產品經由馬匹或是推車，從外圍農場或是屠宰場連夜運來，更遠的地方經由火車運來，市場有自己的軌道卸貨區。外圍地區的農人會在夜裏把貨物裝上馬車，爬上座位，敦促著他的老馬，朝城市微弱的燈光踱去。左拉的小說《巴黎之腹》形容這樣的情況：

一九一〇年代早上七點的「大展覽館」

一條荒蕪寂靜的道路上，多輛馬車裝載着農產品朝巴黎前行。車輪轆轆的節奏迴盪在兩旁榆樹後沉睡中的人家之間。走到納伊橋上，一輛載滿捲心菜的馬車，和另一輛載滿豌豆的馬車，遇上從楠泰爾來的八輛滿載胡蘿蔔與白蘿蔔的馬車。這些馬匹的馬頭低垂，用闌珊穩定的步伐往前緩行，遇到有點上坡的路，步伐更慢。馬車上，農人們裹在黑灰條紋的棉外套裏，趴在蔬菜上沉睡，手裏還挽著轠繩。

早起的巴黎人已經習慣看這些馬車隊伍行經塞納河，朝市場走去，車上的車伕還在睡覺。到了亭館，經過卸貨、分類、標價、擺上貨架後，這些農產品和肉類會被旅館、餐廳、商店採購人員和家庭主婦揀選，再放到簍子裏或菜籃內抬出去。就連一九三一年寫給法國人（而不是給外國人）看的《遊樂指南》（Guide des Plaisirs）中，作者也建議參觀這裏。文中是典型法國人的寫法，將市場刻畫成一幅欣欣向榮的景象，生動地展現巴黎豐富的自然資源。

> 從蔬菜的深綠到肉類的血紅，你會看見各種顏色。還有成堆的大小籃簍外加手推車，揹着推車帶的小伙子不怕車上的重量，拉着它們四處走動。

這些推車手，又稱強手（forts），要拉上重達四百磅的木板推車，相當於兩個成年人的重量，才能夠拿到工作許可。一九二八年喬治歐威爾曾經充當幾個星期的推車手，但是沒有這麼強壯的力氣，所以辭職去當旅館的洗碗工。市場內的強手必須要能在頭上頂着整隻豬或羊。一位美

「無辜者之家」

國觀光客寫道：「我不會忘記這種景象，三位身強力壯的扛肉人，身上的長圍裙還有頭上的頭巾，都沾滿了鮮血，活像中世紀戲劇中的殺人犯，卻站在那裏熱烈地討論政治。」

「大展覽館」除了養活一萬三千名員工外，還可以養活一打以上的小團體，其中包括住在城市內的窮人。他們擠在市場外圍，直到早上八點敲鐘，代表交易結束後，才會蜂擁進來，在毀壞的水果、不要的蔬菜及拋棄的肉類中，尋覓剩餘的物資。直到今日，法國人還稱無家可歸的流浪漢為「鐘人」（clochards）。

當然還有其他的胃口需要照顧。按鐘點出租的旅館羣聚在街道附近，無論白天或夜晚，妓女們會流連於此，隨時準備滿足還有剩餘精力的強手們。我的岳母小時候曾經被保母迅速地推離這裏，她問保母為什麼這麼多衣著光鮮亮麗的女人站在這裏？保母很快地說謊道：「這些是訂了婚的女孩，正在等他們的未婚夫。」

這些「未婚夫們」被稱作mecs，這個字是從鯖魚（mackerel）而來，他們合身閃亮的西服像煞這種魚身上銀色發光的條紋魚皮，他們經常出入附近的地下室酒吧，在那裏一邊可以監視旗下的女郎，一邊可以收錢。「阿帕契」（apaches）也經常光顧這裏，這個名稱來自於美國原住民，他們被帶到巴黎從事西部表演。一九五〇年代的歌舞劇《巴黎花街》[3]以這裏為背景，塑造出一條虛擬的情人街，將一個骯髒危險的地區美化成樂園。

這些皮條客出沒的巢穴中，位於無辜路十五號的「無辜者之家」（Caveau des Innocents），目前是蘭西亞汽車俱樂部的總部，套句美國作家朱利安史崔特（Julian Street）的用語，就是「最具毒害的地方……一間擁有拱門的地窖，門沿非常低，必須彎腰才能進去，一排又窄又小的房間，聚集着許多不顧一切的人物。」彈鋼琴的是個駝子，這種地方的侍者或是音樂師，多半身體殘障，在比較高檔的地方，這種情形可能會對客人造成困擾，可是在這裏卻甚受罪犯歡迎，特別是賭徒，摩搓駝子的後背可能會帶來好運，因此許多駝背客流連在附近的賭場，對這種行為收費。

一九一〇年，舞蹈家莫里斯姆維（Maurice Mouvet）在一個朋友的帶領下來到「無辜者之家」。他回憶道：「綠色和紅色的燈光映照這裏，油燈掛在牆上，在煙燻的燈罩下透出惡意刺眼的光芒。房間內擺著粗糙的牌桌，骯髒的地板上灰沙僕僕，一羣阿帕契人正在桌上玩撲克，刀就放在手邊。」

夜還未央，一位皮條客抓住一位女郎，開始跳野舞（Rough Dance），這是一種鄉村舞步，一對男女戲謔地碰撞或是推擠身軀，但是在「無辜者之家」，這場舞蹈比較像是吵架的變奏版，女郎要求男人的注意，男人卻把她推開，甚至把她推到地上，卻發現女孩又爬了回來，深情地抱住他的小腿乞求。姆維對此印象深刻，付錢要求那位男人教他跳這種舞，因而發明了阿帕契舞步，成為全世界夜總會的知名舞蹈。

左拉將「大展覽館」命名為「巴黎之腹」，腹部需要被填飽，這是通宵營業餐廳的工作，例如「冒煙的狗」、「沉默父親」、「豬蹄」[4]等餐廳。

長夜將盡，社交名流通常會尋找一點額外的刺激，《遊樂指南》中提醒大家，當地人或許不像表面上看起來那麼天真。「經常出沒那裏的人，有時會在樓梯間對容易下手的陌生人搭訕，

一八九九年，「大展覽館」外面販售的洋蔥湯。

說服他們請吃晚餐，餐後就消失無蹤。」

指南上還寫道：「這裏的羣眾龍蛇雜處，非常有趣，穿著入時晚裝的女人會坐在沒帶帽子的妓女旁邊。」沒戴帽子是一種輕侮，受尊敬的女人出現在公共場合一定會戴上帽子，就連在「大展覽館」也不例外。一位英國作家注意到他的女性同伴走訪蒙馬特時，吸引了許多不甚友善的目光：「因為她穿著晚裝而且沒有戴帽，所以吸引了許多不必要的眼光，其他的女性大部分都被頭飾遮蓋。在巴黎，兩顆櫻桃外加一片絲絨，就可以當成一頂夜間頭飾，但是如果沒有帶頭飾，除了去看歌劇外，會被視為異類。」

「冒煙的狗」餐廳並沒有服飾要求，就算在非尖峰時刻也太過忙碌，《遊樂指南》上解釋道：「凌晨三點，一樓的餐室，還有私人餐間，都擠滿了吃宵夜的人。」根據史崔特的說法：「羣眾逗留在這裏直到清晨，一邊跳舞，一邊唱着最近流行的歌曲，偶爾摔壞椅子或打破酒瓶，有的時候還會流血。」因為生意好，所以這點小插曲尚可忍耐，魁偉的侍者在現場保持秩序，就算偶爾有扒手或是妓女從旁閃過，也不過是多增加了點氣氛。

前來這些餐廳的人，幾乎每個人都會點《紐約客》雜誌記者珍耐特形容的「濃郁，黑色的洋蔥湯」。對抗宿醉，或是恢復元氣，沒有什麼比這道湯更有效。廚房也不會停止供應，就算廚子已經回家，助手也可以從廚房後面的爐灶上那只小火慢燉的鍋子內，舀出一碗湯，再加上一塊在烤箱裏烤乾的麵包，撒上乳酪，放在架上煮成褐色就可以上桌了。

有的人會依照農民們吃「湯酒」（chabrot）的習慣喝洋蔥湯，也就是把紅酒倒在剩下的湯料裏，掃完最後的麵包和洋蔥。由於從小就習慣這種吃法，「湯酒」使很多法國年輕人成為酒鬼，畫家尤特里羅[5]就是其中之一。其他人聲稱酒就和湯一樣，對健康有益。法國一首歌謠中就說：「湯後來杯酒，代表少付給醫生的一個銅板。」

一九七一年「大展覽館」搬遷到一個比較沒有特色，但是比較健康的蘭吉社區（Rungis），建商塑造了一個公園，遮住一棟醜陋的多層商場與火車交會站，妓女也往東移幾個街口，去到聖但尼街，多數的餐廳也已關閉。少數幾間仍然開張的餐廳中，有些仍然供應洋蔥湯，不過「大展覽館」的精神已不復往昔，除了曇花一現的時刻。在廢棄的建築遺址中，鮮花與蔬菜從被鏟除破壞的土地中重新發芽，從幾世紀以來散落的種子中挺立滋長，許多種類甚至多年來都已不再種植——老市場的幽靈，頑強的重現生機。

晚上十點，該是關火起鍋的時候，燉湯呈現的不是白色，比較像是蒼白的金黃色，艾斯克費只是用「白色」來區分用野豬或是野兔的精髓所做成的燉鍋底料，這些底料會摻入這類動物的鮮血。

我把骨頭和蔬菜撈起來丟掉，它們的風味已經留在湯裏，然後我把湯倒入一個很深的過濾器，上面還鋪上一條濕毛巾，雖然湯看起來很清澈，但是過濾出一層非常厚的殘渣。經過這些手續後，湯從原來的五公升減為三公升，我把它放進冰箱，上床睡覺。

第二天早上，燉湯表面凍出一層白色油脂，像是水塘上的冰霜，油脂下的湯因為骨頭的膠質成分，形成金黃色的膠凍。我把油脂敲碎，把它和從烤箱內提取的精華放在一起，這份「肥油」，無論是烤牛排，或是製作完美的烤馬鈴薯：外皮酥脆，內餡滑軟，都是不可或缺的塗料，鄉村廚師喜歡留存副產品的態度完全正確，「笨蛋才會不要」！

我其實可以就這樣端上湯凍，切成冷片，搭配一點生菜，撒上一把新鮮香料就好，可是已經花了這麼多工夫進行到這裏，我可不會在最後關頭棄守。

把鍋子放在小火上，眼看著湯凍融化成一鍋黃色的清湯，上面浮著些殘存的油漬，看看時間，早上九點，真如所願，中午可以準備吃洋蔥湯了。

我把半公斤的白洋蔥放進食物處理機內攪拌，那些透明的切片放滿了一整碗，再拿出廚房用具中的保時捷——橘色的LC鑄鐵鍋[6]，先在裏面融化半碗甜黃油，再加入洋蔥，倒進一湯匙糖，加速它的焦化，經過四十分鐘的低溫烹調，呈現一片深金黃色，我瀝去多餘的黃油，倒入一杯干邑白蘭地，讓酒精蒸發，然後放入一大匙的麵粉慢慢攪動，黃油與麵粉融合成一層濃醬（roux），所有醬汁或濃湯都出自於此。

一旦形成褐色，我就把它慢慢倒進燉湯內，一邊不斷攪拌，避免出現團塊，原本還是清澈的湯汁現在雖然不再透明，不過還是金黃色，攪拌時浮現大量洋蔥，而且不會像外面餐廳一般糾結成塊。

湯鍋還在慢火上燉時，我拿出一打擺了三天的麵包，放入低溫烤箱內烤脆，老麵包又是廚師所謂「笨蛋才會不要」的產品。如果把新鮮麵包放入洋蔥湯內，會演變成一場災難，下層會變成一團爛泥，上層則會和乳酪混在一起，變成一層硬硬的黃皮。

最後一道程序終於來臨：放入一把格魯耶爾乳酪，慢慢攪拌，然後是一把磨碎的生洋蔥。別讓他人建議的額外配料影響你（包括加入蛋打波特酒，絕對是最糟的），保持乳酪和洋蔥烹調出來的風味才是正道。

我把湯舀起來放在深碗中，每碗放上切片烤好的麵包，淋上一些（絕非灑上）從洋蔥瀝出來的黃油，撒上成堆的格魯耶爾乳酪，把碗放在烤架下，距離不要太近，以免乳酪在融化前就燒焦了。

廚房充滿了世界上最誘人的香味——烤乳酪的香味，當乳酪開始呈現褐色後，我把碗拿開放在托盤上，這個時候如果是在法國家庭裏，你可能會叫「上桌了」，但是這一次，讓我回到盎格魯薩克遜的傳統，大聲叫道：「上湯囉！」

這道湯值得這麼大費周章嗎？很難說，不過至少我們都很喜歡。瑪莉、露易絲和我，每個人各喝了兩大碗，做好的三公升湯，一滴都不剩。

比「豬蹄餐廳」做的更好吃嗎？絕對是，由於它的風味濃郁，每一口都很扎實，彷彿液體可以用咬的，這就是我們的感覺。

不過我花了兩整天的時間，只為了塑造這些風味，想起來有點荒謬。這兩天內我活像一位一百年前的二廚，又烤、又煮、過濾、慢燉，累到趴在床上。隔天早上爬起來後，所有事情再來一遍。不過這是我自己的選擇，所以感覺有趣，可是如果我別無選擇，非做不可呢？一個人的光陰，應該可以有更妥善的運用方式。

如果包裝食品和新鮮食物沒有任何差別，沒有一位廚師會笨到不用包裝食品。一九七〇年代英國著名的美食作家以及《世界佳肴》的作者羅伯特凱利爾[7]，堅持罐裝的鳳梨汁和現榨的鳳梨汁，在口味與質地方面毫無差別。而且除非你能在綠豌豆採收後幾小時內馬上烹調，否則冷凍的產品，品質會較優良，因為豌豆在快速冷凍下得以保存裏面的糖分，否則很快就會流失。最傳統的廚師愛麗絲托克拉絲，後來醉心於美製的現成蛋糕粉，不過還是堅持她的「改進」作風，在貝蒂克羅克[8]的磅蛋糕上，撒上一層用「專碧」（Drambuie）甜威士忌酒做成的糖霜。

在艾斯克費的回憶錄中，我發現一條有關他在部隊服務的特異記載。當普魯士軍隊圍困梅茲時，他滿城搜索剩餘物資，設法圈住一大羣雞、雁、鴨及火雞這些禽類後，又抓住一隻綿羊與一隻山羊，二十公斤的鹽與四大罐的李子醬，後者是糖沒了用來充當替代品。

一七九五年後，法國軍隊就一直在尋找保存食物的完美方式，以供部隊使用。直到那個時候為止，使用瓶裝保存，一直是所知道的唯一方式。但是，艾斯克費發現普魯士人食用罐裝食品，由化學家與營養學先鋒李比西男爵[9]所發明。艾斯克費攫取任何他能夠發現的罐裝食品，包括浸在油裏的沙丁魚以及鮪魚，他寫道：「這場幸運的啟發，使我的軍官們毫無怨言，他們是所有領導人中吃的最好的。」戰爭結束後，他繼續鼓勵罐裝食品的開發，同時他的旅館以及餐廳也固定使用罐裝與瓶裝食品。

李比西男爵同時也發明了「肉精」（meat extract），還有可以用熱水泡製的「燉湯粉」，艾斯克費無疑知道這些產品，巴黎圍城期間，可以想像他也曾使用這些產品。那麼這位偉大的廚師，這位寫下高級美食的名廚，是不是有可能也會使用……現在的高湯塊呢！

①奧克塔維奧帕斯：*Octavio Paz*（1914 - 1998），墨西哥詩人，拉丁語系國家中最重要的詩人之一，曾獲諾貝爾文學獎，作品具有抽象與靈學意味。除了文學領域外，他也是積極的社會與政治參與者。《我說城市》（*I Speak of the City*）是他的重要詩作之一。

②豪斯曼男爵：*Baron Haussmann*（1809 - 1891），早期巴黎都市計畫設計師，在拿破崙三世的支持下，大力改造巴黎，開通道路，遷移住宅，興建橋樑、下水道等工程，現今巴黎的規劃藍圖即源自他的設計。

③巴黎花街：*Irma la Douce*，是一九五六年在巴黎上演的一部歌舞劇，描述一位貧窮的學生愛上一位阻街女郎的故事，這齣戲在巴黎演出後獲得好評，因而搬上百老匯舞台演出，後來在一九六三年拍成好萊塢電影，由傑克李蒙與莎莉麥克琳主演。

④「冒煙的狗」（*Au Chien qui Fume*）、「沉默父親」（*Au Père Tranquille*）、「豬蹄」（*Au Pied de Cochon*）。

⑤畫家尤特里羅：*Maurice Utrillo*（1883 - 1955），法國畫家，來自巴黎蒙馬特地區，擅長畫城市風光。

⑥*LC*鑄鐵鍋：*Le Creuset*，法國知名的廚房器具品製造商，最有名的就是各式顏色鮮豔的鑄鐵鍋，價格與顏色一樣特出。

⑦羅伯特凱利爾：*Robert Carrier*（1923 - 2006），美國廚師與作家，成名於英國，撰寫食物評論，主持美食節目，開設餐廳與烹飪學校，並出版數十本食譜，《世界佳肴》（*Greatest Dishes of the World*）一書出版於一九六七年。

⑧貝蒂克羅克：*Betty Crocker*，美國知名的糕餅烘焙粉廠牌與商標的名稱。

⑨李比西男爵：*Justus von Liebig*（1803 - 1873），十九世紀最重要的德國化學家，在農業與有機化學與營養學方面貢獻卓越，被稱為「肥料工業之父」。

Nineteen

宇宙中心鯷魚醬

六十年前，在位於威爾特郡的祖母家中，拿裝在陶罐裏面的肉當早餐，
對一個食欲旺盛的學生來說，是多麼的誘人！
乾淨的小白陶罐內，上層一片黃油，襯托出下面香辣的佳肴。
牛肉、火腿或舌肉，來自廚房內第二或是第三女僕的手工佳作……

——《陶藝：家庭陶製食品，肉醬魚醬，美味黃油與其他》，A．波特
美酒美學會出版，倫敦 一九四六

忙著準備盛大餐宴的時候，很容易會忽略細節。上流社會的家庭，每當餐桌鋪好後，管家都會拿著一把呎遊走餐桌，檢查每件餐具，包含刀叉、湯匙、玻璃杯，以及餐盤間的距離是否一樣，每條餐巾是否正確摺好，酒杯上有沒有殘存的唇印。

這種儀式我見過幾次，總讓我想起教士在舉行彌撒前的準備工作，虔誠地把所有的聖器精準地擺在聖壇桌上。除了細節至關重要外，還帶著一種神聖的情感，尊重精準與禮儀代表著一種敬畏之心。

一九七〇年代，我住在英國薩福克郡的一座村落裏，每次去倫敦的時候，我都算準時間搭乘下午四點的火車回家，因為只有這班火車提供下午茶服務。

為了這段下午茶服務，英國火車公司提供一節車廂做為餐車，從磨損的絲絨座椅，斑駁的餐桌外沿，經過多年摩擦而模糊不清的銅飾看來，這應該是最後一輛。就連侍者剪裁合身、著

名的「凍屁股」（bum-freezer）白麻短外套，也因為經過多次洗燙，邊緣看起來非常單薄。一旦這種老車廂被廢棄，下午茶傳統也將隨之消失，取而代之的會是站立式的點心吧台，所以趁著它還存在的時候，盡享這種體驗，顯得格外重要。

過去盛情的年代中，下午茶不只是一份餐點，比較像是一種神聖儀式，就和天主教徒接受聖餐，修女接受頭巾一樣。

下午四點，傳統儀式開始嚴格進行。出發前幾分鐘，唯一的侍者會進入車廂，問每一位乘客「是否會喝下午茶？」不喝的乘客會被禮貌地請出車廂，而我們這些留下來的人，每個人都會分到一個厚瓷杯、茶托、盤子和一把湯匙。看來都是年代久遠，使用很久的寶物。每個餐桌上都有一小壺牛奶，還有一小罐白糖。火車駛離車站後，侍者捧著一個大型金屬茶壺，從前走到後，為我們的茶杯加滿茶水。

然後是點心。

首先是一籃子的黃油麵包，全麥與白麵包各切成片，保留麵包邊。我們每個人各拿一片，如果拿了兩個同顏色的麵包，代表非常沒有紳士禮貌。然後是切成片狀的水果蛋糕，那些已經選擇了黃油麵包的人，通常會婉拒以保留胃口品嘗下一道點心：午茶圓麵包。這些圓麵包通常切成兩半，烘烤並塗上黃油，上層有糖殼的要比下層好吃，但是每個人都禮貌地各拿一塊。

最後侍者再度出現，手提一籃三明治。

英國人怎樣形容三明治呢？

或許英國政府在某個地方可能還保存著一本手冊，年代上溯到維多利亞女王時代，其中確立三明治的製作規則——儘管麵包本身是四方形，但是卻明訂它為「一輪」（a round of sandwiches）。

一輪三明治由兩片柔軟的白麵包組成，切除邊緣，塗上黃油以防裏面的配料使麵包濕軟，配料通常是黃瓜，去皮但不去籽，切成像紙張一樣薄，然後在麻布上拍乾，再撒上白胡椒。黃瓜三明治是下午茶的考驗，最好的餐廳廚師將它們切成拇指大小，完美的一口一塊。一九四八年，瑪麗女王邀請電影導演泰倫斯楊（Terence Young）到白金漢宮討論他的首部電影《鏡廊》（Corridor of Mirrors）。泰倫斯並不記得談話的細節，但是不會忘懷那些點心，「我的老天爺！那些黃瓜三明治，薄得像刀片一樣！」。

下午四點從利物浦街開出的火車，車上的三明治雖然可能未達白金漢宮的水準，但是也非常薄。配料從來不曾改變：當然有黃瓜三明治，還有水芹、蛋沙拉及鯷魚醬三明治。每種三明治沿著對角線切成四塊，我們每個人應該一種拿一塊，共拿四塊三明治。所以有一天下午，當籃子傳過來後，坐在我對面的乘客，一位完全的陌生人說：「啊！魚醬，我的最愛！」然後拿走四塊同樣的三明治，我的驚訝可想而知。

一時之間，光陰凍結，坐在我旁邊的也是位陌生人，轉頭看我，正好我也轉頭看他，我們的目光交接，眉頭同時揚起，真是！

這個時候我才恍然發現，我變成一位英國人！

其實私下裏我很同情那位貪婪的乘客，因為我也很喜歡鯷魚醬。

在美國人的成長環境中，三明治會塗上花生醬和果醬。這種組合對歐洲或是它的殖民地來說非常陌生。我們偶爾才會製作加糖的三明治——白麵包塗上黃油，撒上糖霜；或者配合特殊場合的需要，撒上不同顏色的糖粒：美國人稱它為「糖米」（sprinkle），我們稱它為「千百粒」（hundreds-and-thousands）。

我們的三明治大多都會塗上各種好吃的塗料，如火腿、魚、蝦、加工過的乳酪，偶爾會塗上一種從酵母中提煉而成的黑色醬料，在英國叫作馬麥醬（Marmite），在澳洲叫作維基麥醬（Vegemite），雖然維基麥醬黏稠的像是車軸上的油漬，而且鹹得會讓你不斷分泌口水，像頭獵犬一樣，但是它含有豐富的維他命 B，所以是澳州家庭餐桌上的必備食品，和鹽與胡椒罐擺在一起。

現在的鯷魚醬用管狀包裝，不過我記得以前的包裝是小型的玻璃瓶，形狀有點像酒桶，瓶口是金屬銅蓋。我喜歡在奶油吐司上塗這種醬，特別是條狀吐司——在英國稱為「麵包條」[1]——浸在半熟的煮蛋中。

鯷魚在澳洲無人知曉，所以鯷魚醬基本上是模仿英國的東西，英國的東西意味著比我們所出產的任何東西都要高級。就以鯷魚醬來說，模仿的模型就是「瓶裝肉」，把肉或魚煮熟後打成醬，加上胡椒、鹽以及香料，塞入一個小型的瓷瓶內，用融化的黃油覆蓋以保持新鮮。

搬到英國後，我四處尋找鯷魚醬，但是很快地就找到更好的替代品。一八二八年一位足智多謀的雜貨商名叫約翰奧斯本，特別為海外的將士們發明一種醬料，扎實、多鹽、辛辣，用白色陶瓶包裝以喚回家鄉記憶。瓶蓋上用黑色的字拼出商品名稱：「帕坦醬」（Patum Peperium），雖然拼音聽起來像是拉丁文中的胡椒醬，但是這個字在已知的語言中，並不具任何意義。這項產品有一個更好聽的別名，叫作「紳士的品味」（The Gentleman's Relish）。

我在倫敦最好的百貨商店「福南梅森」（Fortnum Mason），買了生平第一瓶。那個年代的售貨員身著長尾外套，條紋西褲，像是時尚婚禮的帶位人。他們接受我的錢，並沒有要求我出示紳士的身分證明，我離開的時候，還帶著點神祕的叛逃快感。

自此之後，「紳士的品味」就一直放在我的餐桌上。我把它塗在吐司上，攪拌在燉菜中，也當成雞尾酒小點。做為理想盛宴中的餐前小點：小塊四方吐司塗上「紳士的品味」，上面再放一顆切成兩半的熟鵪鶉蛋，想不出來還有什麼會比這份點心更好吃？非常講究求證的《紐約客》雜誌，最近聲稱「紳士的品味」是「一種爽口的鯷魚醬，是英國艾森恩（Elsenham）的一間作坊，從一份祕密食譜中研發出來的。」可是事實並非如此，在這個資訊發達的時代，這份食譜在網路上早已出現（附於這本書後面的食譜章節）。

我對鯷魚醬的喜愛，說明了為什麼我和我的朋友克里斯多夫，一起站在深入法國西南方的佩比尼昂（Perpignan）火車站前，看著月台上用白色的大字寫著「宇宙中心」（Centre de l'Universe）這幾個大字。

頭頂前方的牆壁上掛著一張照片，裏面是超現實主義畫家薩爾瓦多達利[2]和他的太太蓋拉大步走下車站月台。他們當時從西班牙乘坐火車旅行到巴黎，隨身攜帶著一批剛出爐的瘋狂作品。照片中的達利穿著全白的西班牙海軍將領制服，雖然他除了乘坐獨木舟之外，從沒指揮過海軍，但這是他所崇拜的西班牙獨裁者法朗哥元帥授予他的特權。

達利聲稱，一九六三年九月十九日，當他在這裏換乘火車的時候，經歷了一場空前的「宇宙極樂」，伴隨而來的是強而有力的性快感。一些學者猜測這是一次驚人的勃起，繼之而來的可能是瞬間的高潮。在他自己的自傳中，達利並沒有這麼計較：

> 總是在這個佩比尼昂車站，當蓋拉在安排畫作隨著我們運上火車時，我產生了最奇特的念頭，正是火車抵達佩比尼昂站時，我進入完全的精神射精狀態，隨之達到淋漓盡致、至善至美的境界。在九月十九日這天，我有一種宇宙起源的極樂喜悅，甚至要比先前更強烈。我對宇宙的結構有一種真實的視野。

他把這種視野畫入一九六五年的油畫《神祕的佩比尼昂車站》中，畫出自己被這種釋放的能量噴到極高的天邊。法國鐵路當局不落人後，為了紀念這次事件，在車站寫下「宇宙中心」這幾個字。我無法想象這種事情會出現在美國的中央車站，或是英國的查令十字車站。

這個地方深入法國西南，非常接近西班牙邊境，異域總是容易引發遐想，特別是牽涉到火車。一九九九年八月，藝術歷史學家凱瑟琳密麗耶[3]和她的先生，小說家雅克亨利，來到這個地區旅遊，她主要是想拜訪華特班雅明[4]的墳墓，班雅明寫下影響後世的文章《機械複製時代的藝術作品》，一九四〇年逃離納粹時自殺身亡。

密麗耶不僅是位受人尊敬的藝術作家，也是一位深具影響力的雜誌月刊編輯，她在她的暢銷書《我的性生活》中揭露自己是位積極的性運動者，也是巴黎集體性行為圈中的常客。她喜歡在戶外赤身露體，有照片為證。她在班雅明的墓前玉體橫陳，丈夫亨利在一旁拍照。然後他們一同前往波爾特渥（Port-Bou）火車站，當巴塞隆納快車轟隆駛過，她掀開衣裳，對着快速駛

過、一臉震驚的車上乘客，暴露自己赤裸的身軀，亨利則在一旁，再度捕捉這些鏡頭。

密麗耶的遊戲並不會造成任何傷害，而且像她本人一樣可愛，她對班雅明文章裏所描寫的攝影改變藝術自然本質的看法，提出聰慧的評論。在法國近代文化中，無論是在自然或是複製的狀態下，以赤身裸體做為知識份子之間的一種溝通手段，並非不尋常。奈德羅倫寄給同為作曲家（也是同性戀的朋友）的朋友班雅明布利登一張半裸自畫像，當作自我介紹。這張照片一傳出去後，人人都想認識奈德羅倫，包含女人在內，紛紛寄給他類似的照片，直到他不得不從電話簿中刪去他的地址為止。另外一次事件，發生在著名的藝術贊助人諾阿耶伯爵夫人身上。為了表達她對旗下藝術家所選擇的未婚妻的不滿，她悄悄地退出住宅大廈內的沙龍，過了幾分鐘後回來，赤身露體地擺好姿勢站在門邊，然後再度消失，回來後已經穿好衣服，她對那對困惑的男女說：「我只是想讓你們看看，一位真正的法國女人是什麼樣子！」

***

可是就算那天早上有任何知識分子經過佩比尼昂車站，擺出女伯爵的姿態；或是密麗耶的舉動，我和克里斯多夫都可能會錯過這些好戲，因為我們正匆忙穿越四個站台，趕搭一趟要花三十分鐘的慢車，前往法國鯷魚產業的中心：科利烏爾市（Collioure）的港口。

克里斯多夫曾經住過那附近，對當地的人情味，紅酒，美食，當然還有鯷魚，充滿快樂的回憶。但是當我踏上車廂，一種荒謬的感覺突然湧上心頭，穿越法國七個小時，只為了拜訪鯷魚醬的源頭？這不是和身著海軍上將制服，或是赤身露體站在一車觀光客面前一樣奇怪嗎？似乎加泰隆尼亞（Catalonia）地區，包含西班牙邊界那頭的巴塞隆納，以及法國這頭的科利烏爾與佩比尼昂這些地方，都會讓人產生份外奇異的遐想！

科利烏爾市備受推崇，馬克可蘭斯基（Mark Kurlansky）在他的歷史書《鹽》當中，描述這是一個忙碌的地區，當地人在五月到十月間，每天乘坐五顏六色被稱為「加泰蘭」（catalans）的船，外出捕鯷魚。他們用手清理剔骨，然後上鹽放入木桶，其他的時間都花在種植葡萄，釀酒，同時等待鯷魚醃製成熟上。

然而十二月的這個星期五，科利烏爾市卻是一片寂寥，甚至荒蕪。火車站前一部計程車都沒有，我們拉着行李往下走到市中心，途中經過鬥牛場，疏落的看台圈在單薄的金屬圍場中，完全配不上這份名號。無論如何，鬥牛場現在已經關閉，重開之日遙遙無期，因為加泰隆尼亞政府已經下令禁止鬥牛，並不是因為對這種動物產生憐憫之心，而是因應越來越強悍的動物保育人士的呼籲。鬥牛場下面，通往鎮上的主要道路正在重新翻修，裝上新的排水管，我們必須在水溝與堆土機間小心行走，現在雖然是中午時分，四處卻看不見一個工人，他們要到星期一才會出現。

十分鐘內，我們就已走到地中海邊。

「比我記憶中還要安靜，」克里斯多夫說，環顧空曠的港灣。

美麗港灣的一邊，矗立着一座像是海盜傳說中的燈塔，俯瞰着這片海域，除了浪花敲打著碎石海灘外，一片靜寂。另外一邊則矗立著一棟頹敝的石頭碉堡稱為「皇家城堡」，看起來和西班牙宗教法庭一樣無情，沒有一艘色彩鮮豔的加泰蘭船停泊在碎石城牆邊。至於當地的製酒業，似乎只有幾間餐廳買帳，當地人聚集在那裏，一邊喝著一扎皮謝酒（pichet），一邊研究樂透結果。

和飯店的服務人員談過後，我們才了解最近的情形。過去三年來，科利烏爾市逐漸衰退，佩比尼昂曾經有成為地區中心的趨勢，但是目前的重心越過邊界，飛向巴塞隆納，那裏像個吸鐵石一樣吸引商機與旅遊業。

與此同時，歐盟縮短科利烏爾鯷魚船隊可以捕魚的日子，但是真正的問題來自於鯷魚本身，有些年頭牠們能夠成羣結隊地游到岸邊，但是近年來牠們遠離法國海域，游往北非，所以後來所吃的魚大多數來自阿爾及利亞。

對於過去一度興盛的船業來說，目前只剩下幾艘漁船還在死撐，外加一間罐頭工廠，從一九〇三年起，就由戴氏家族（Desclaux）經營。我們從空蕩蕩的城鎮往上走，來到它的總部，沿途經過成排的假日公寓，所有的百葉窗都拉起緊封。咖啡館、餐廳，甚至藥房，都在冬季關閉，把傢俬鎖在裝上鐵條的窗戶後面。

在那寒冷但是非常乾淨、鋪著白色瓷磚的商店內，戴夫人熱情地歡迎我們，帶領我們參觀隔壁改成商業博物館的寬敞房廳。夏季，展示小姐會示範如何使用她們隨身攜帶的精巧工具，她們的手指熟練地剔除那些魚骨。但是現在沒有鯷魚可供展示，我們只能看著那些與腰齊高、裝滿鯷魚、等待成熟的木桶，憑空想像。

我們觀賞了一段科利烏爾市過去美好時光的錄影片，緬懷一排排過去生動、如今生鏽的罐頭，做為失業的包裝工人的紀念品。戴夫人的先生法蘭西，穿著一件褪色的牛仔吊帶褲，帶領我們觀賞他的鯷魚藝術畫廊。那些畫作多半出自業餘者手筆，呈現的是鵝卵石海灘停滿了加泰蘭船。但是其中一件作品，出自一位惡名昭彰的加泰蘭人之手，畫的是一隻渺小困惑的螞蟻，誇張地署名「達利」。一隻螞蟻？克里斯多夫解釋說，不要大驚小怪，對達利來說，螞蟻代表死亡與衰頽，他小的時候就曾經因為看見螞蟻爬行在死去的蝙蝠上，而致心靈受到極大震撼，或許螞蟻是他對科利烏爾市走向衰頽的詭異看法。

瀏覽這個鯷魚產業的陵墓，我腦海中有個念頭，如果魚醬（garum）還存在就好了。

科利烏爾市幾乎沒有人知道魚醬，但是對古代世界來說，這個地中海的角落就是它的生產中心。魚醬是古希臘與羅馬美食中不可或缺的重要食材。它含有豐富的蛋白質、礦物質、氨基酸、維他命B，甚至是一種天然的味精，它是宇宙的萬靈仙丹。可以增添魚肉，甚至點心的風味，也可以和酒或水混合在一起，成為飲料或良藥。喝過的人發誓說它可以治癒下痢、腹瀉、便祕、潰瘍等症狀。對去除雀斑、體毛也有效，甚至還可以治療狗咬傷口。

魚醬的製作是將魚的內臟或是整條小魚，撒上鹽後放在大缸裏幾個星期，不必封口。魚醬工廠的腥味可能極為難聞，但是幾個月後，浮現到表面上的液體，卻出現清澈、金黃、芳香，同時鹹甜並存的風味。無論是伍斯特郡醬汁、紳士的品味、維基麥醬，還是風行亞洲的魚露，都是這種魚醬的後代。

在加泰蘭的大太陽下發酵的西班牙魚醬版本，是魚醬中的頭牌，用軸型雙耳陶罐包裝，過去成千上萬罐的產品，曾經從類似科利烏爾這樣的港口出發，運往羅馬帝國的每個角落。誰能說它今日不會再度找到一個新的市場呢？有蛇油的療效、番茄醬的作用，天然有機、素食可食、不含麥麩、又是非基因改造，這是最佳的二十一世紀產品：「適合全家食用，完全天然食材，家庭必備食品」。可是面對上百條的歐盟規則，就算它的生產構不上犯罪，無疑也會是不合法的行為。

滿載著戴氏產品，又渴望著喝點小酒，克里斯多夫和我決定返回酒店放下紀念品。

「參觀過聖誕節會嗎？」酒店櫃檯人員說：「你一定要去看看，就在城堡內。」

直到晚餐前我們都無事可做，所以就爬上「皇家城堡」搖搖欲墜的棧道。這條棧道不斷重修，不斷加強防禦工事，從西元六百七十三年西哥特王朝（Visigoth）圍困這裏以來，就充滿許多悲傷往事。近年來，這裏曾是監禁西班牙內戰難民的地方，也是二次世界大戰時，法國傀儡政權「維琪政府」監禁反對納粹者的大牢。時至今日，這裏成為訓練特種部隊的中心。原因很簡單，在那些蜿蜒曲折、狹窄幽暗的壁龕、地道與石階內，你絕對不會發現那些帶著滑雪面罩的壯漢，直到他們出現在你的面前，割斷你的喉嚨為止。

我們決心不讓這種中世紀的氣息干擾我們的興致，當地人已經用聖誕節的氣氛洗淨整座城堡，過去折磨犯人的審訊室與地牢，已經被裝飾成燈火通明的商店。店家向我們推銷鵝肝醬、薑餅、蜂蜜、火腿及乳酪，奇怪的是，沒有一件產品和鯷魚有關。大一點的房間改建成吧台，用木桶取代餐桌，牆架上擺滿酒瓶，至少我們可以品嘗當地美酒，不過大多數的酒來自西班牙邊境，幸運的是，店家遵循慷慨的西班牙傳統，擺在酒桶旁邊的酒瓶都沒有瓶塞，而且斟酒女郎迫不及待地幫我們把杯子加滿。

我們漫步來到外面的古老庭院，四周城垛高聳，一羣野鵝徘徊叫囂，倍增中世紀氣息，兩頭上鞍的驢子在牆邊打盹，隨時準備讓兒童騎乘玩耍。一個緊張的男孩被放在驢背上時，其中一頭驢忽然大量出清存貨，小孩慌張得大聲哭叫，一團團的異物從驢尾排出，認識到這種動物奇特的消化系統，說不定會造成這位男孩一輩子的陰影。

雖然從地理上來說我們是在法國，但是周圍的氣氛是完全的西班牙。雖然拉曼查（La Mancha）的平原與風車還要往南好幾百公里，可是「唐吉訶德」完全可能會騎著那匹瘦馬，踏進我們的庭院，尾隨其後而來的是可憐的桑丘。對有幻想症的唐吉訶德來說，這座城堡可能是一座宮殿，裏面買東西的人是一羣漂亮的女人和英俊的男人，穿著華麗的宮廷衣裳。而對那些爬上狹窄石階，從窗口往內偷窺那些亮麗商鋪的人來說，或許也是這種心情。每個人都在享受一段快樂時光。

每個地方的鄉鎮其實都差不多，我們在澳洲也很期待每年一度的農業展覽，展出不同農產品的攤位，其中包括得獎的自製果醬以及蛋糕，不過最吸引人的還是巡迴戲團。我花了六便士去看漂浮在黃色液體罐裏的雙頭胎牛，同時兩眼發直、臉紅耳赤地看著一位中年婦女晃動著白色腰腹，仿效肚皮舞的動作，引誘我的父親還有叔伯們，進入帳棚內觀賞更性感的表演，「好看的都在裏面哪！」

「或許他們需要的是一場嘉年華會，包括一輛幽靈列車還有一場肚皮舞表演，會讓整個地方熱鬧起來。」我對克里斯多夫說。

他指著門口：「或許那就是了。」

一羣上了年紀的女士和先生們，穿著傳統的加泰蘭黑色服裝，女人戴著蕾絲頭飾，男人戴著紅帽，簇擁著一位風琴手。當琴聲開始彈奏後，他們跟著合唱，荒腔走板，幾乎完全跟不上曲調。這就是這個區域流傳下來的傳統耶誕合頌。

「加泰蘭音樂比較單調。」克里斯多夫抱歉地說。

就在這個時候，他們發出特別高亢的音調，於是那羣野鵝跟著齊鳴以示應和。那些唱歌的人瞪著牠們，繼續唱下去。克里斯和我大笑起來，空中飄浮著一場無形的表演，超現實主義正在我們周圍滋長。我抬頭看著城垛，如果這個時候密麗耶一絲不掛，只踩著靴子，戴上花園手套，出現在城頭的話，我一點也不會覺得奇怪。不過奇怪的是，我竟然看見一位穿著白衣的男人往下偷瞧，那是海軍上將的制服嗎？那位偉大的加泰蘭人回來了嗎？是要與那逝去的鯷魚幽靈密談？還是去拜訪他的螞蟻？還是希望在火車上再度體會另一場超凡入聖的經歷嗎？來吧！達利先生！

①麵包條：英文為 *soliders*，這裏特別指的是將麵包或是吐司切成條狀，塗上奶油與鯷魚醬，沾入半熟的水煮蛋黃中食用。

②薩爾瓦多達利：*Salvado Dalí*（*1904 - 1989*），西班牙最著名的超現實主義畫家。他的藝術內容、行事風格，甚至外表裝扮都異常鮮明，同時影響深遠。除了他的藝術成就外，他與終身伴侶蓋拉（*Gala*）之間長達五十餘年的婚姻與事業、啟發與包容並行的事蹟也是藝術家中少見的例子。

③凱瑟琳密麗耶：*Catherine Millet*（*1948 -* ），法國現代作家與藝術評論家，至今為止最著名的著作是二〇〇二年出版的自傳《我的性生活》，書中詳述自己成長過程中的性經歷。她的先生是攝影師兼小說家雅克亨利（*Jacques Henric*）。

④華特班雅明：*Walter Benjamin*（*1892 - 1940*），德國哲學家與文學評論家，對美學與西方馬克思主義有重要貢獻，重要的著作為發表過的論文，包括《翻譯者的重任》（*The Task of the Translator*）以及《機械複製時代的藝術作品》（*The Work of Art in the Age of Mechanical Reproduction*）。

Twenty

咖啡！咖啡！咖啡！

我愛咖啡！
喜歡它甜又燙，
不會讓任何人亂碰，
我的咖啡壺。
——古老藍調

咖啡，咖啡，咖啡！我是如何愛它呢？讓我細數喝的方式吧！黎明時分喝雀巢咖啡，泡在一個設計得很愚蠢的馬克杯中，加入一半牛奶，管他糖有沒有完全融化，大口的喝才最重要，它是早上工作的動力來源。或者，也可能去聖日耳曼大道轉角的咖啡館內喝牛奶咖啡，把牛奶慢慢倒進黑色的濃縮咖啡內，黑白混合形成米色，像是把水倒進酒中。

後半日，喝稀釋咖啡（café allongé），加入滾燙的水而不是牛奶，像是老家所泡的一杯黑咖啡一樣。或是喝我的最愛——榛果咖啡（noisette），一種適度的濃縮咖啡，也是咖啡中的落翅仔，因為它只讓一匙牛奶侵犯領土，所以義大利人稱它為「瑪奇朵」（macchiato），「污染」的意思。同時也別忘了經典的濃縮咖啡（express）。下著雨的午後，站在屋簷下啜飲，艾菲爾鐵塔像座高大的幽靈聳立在遠方，隔鄰的客人友善地沿著吧台把糖推過來，然後退回去專心翻他那已經翻爛的鮑希斯維昂[1]。

咖啡是世界性的語言。在印度與中國的餐館內，咖啡的濃烈程度，像是對英國殖民或是鴉片戰爭的報復；荷蘭咖啡[2]（Douwe Egberts），溫和多奶，你會想要一杯接一杯地吞飲；土耳其咖啡——粉狀、加糖、加水、黑色、濃稠、粗礪，像似一種液體甜食；然後是義大利的濃縮咖啡，咖啡中的凱迪拉克，不對，不是凱迪拉克，應該說是保時捷。藏在奶白泡沫下的黑褐毒液，濃郁的程度足以讓倒進去的管狀砂糖形成一座金字塔，數到二三四五秒後才會消下，讓你一口喝盡。這種咖啡不像用喝的，像是用吸的，咖啡因隨之發作，往下鑽入神經，讓你的耳朵也會唱歌。

至於美國咖啡呢？說到就要皺眉，我第一次去美國時點了一杯「白咖啡」，他們友善地皺眉解釋道：「啊！你是說一般咖啡嗎？」法國侍者同樣對「冰咖啡」產生困擾，冰與咖啡，簡直就是那個年頭的變態行為。但是現在呢？已經成為無所不在的乏味飲料，還要謝謝星巴克和它的星冰樂，不過就是把香草、榛果、焦糖蒙混入卡布奇諾咖啡中，是咖啡的變裝秀，只是不敢出櫃承認其實自己就是：一杯奶昔。

說到愛爾蘭咖啡，托聖人的福！完全是另一回事。咖啡、糖與威士忌，加上一環像狗圈一樣的濃郁奶油，這是養分充足，足以讓人起死回生的第八聖禮[3]。感覺如此超然，你可以發誓這絕對是梵蒂岡的發明。事實上，愛爾蘭香農機場的人認為，對那些最初搭乘未經減壓、沒有暖氣的越洋航班，搖搖晃晃走出機艙的乘客來說，不失為一道回神妙方。四種絕佳食材：糖、咖啡因、酒精與脂肪齊聚一杯咖啡內，足以讓受凍的軀體迅速恢復體力。

咖啡，咖啡，咖啡！沒有糟糕的咖啡，只有不太好喝的咖啡而已。

當然，如果是低咖啡因的話，那就另當別論。低咖啡因——失望的代名詞，是導致輸球的失誤漏接，是滾過洞口卻沒進洞的高爾夫球，是心知肚明的假高潮，是看到第十頁就知道看過

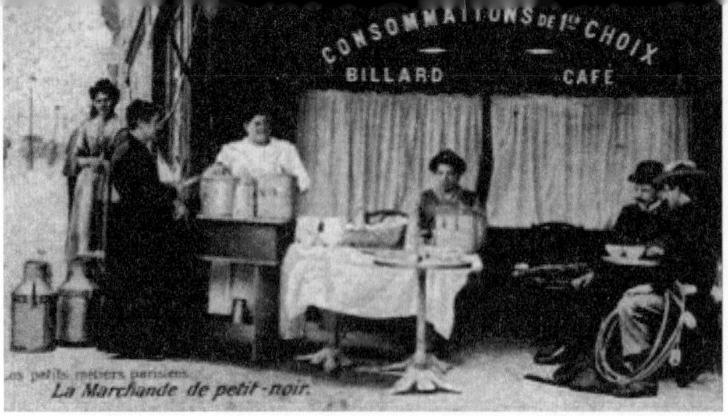

一八八〇年代巴黎街頭販賣咖啡與熱牛奶的小販

的懸疑小說。也像是爬上沒有鋪好的床，翻箱倒櫃卻找不到配對的襪子，明明要的是不加鳳梨的披薩，結果端來的還是一樣的披薩。低咖啡因，是那種「不會吧！」、「或許但沒有可能！」、「真不是我一國！」的咖啡。低咖啡因？我認為它就和菠菜一樣，該下地獄！

這一次波里斯和我在「萊姆里餐廳」（La Rhumerie）見面，這個地方介於咖啡館、餐廳和酒吧之間，西印度式的獨棟建築，看起來像是應該坐落於巴貝多（Barbados）的海灘別墅，然而它卻坐落在繁忙的路口，聖日耳曼大道與第四街的分岔口。這裏是星期六下午巴黎左岸最時髦的地方之一，觀賞人潮的最佳去處，然而現在是濕冷的二月裏的一個星期三早晨，清冷的餐廳幾乎只有我們。

「你在看甚麼？」

他舉起白色封面的橢圓形平版書：《789雅各拉岡新詞彙》[4]。

「好看嗎？」

「很吸引人，我等不及想看接下來的發展。」

「我在寫咖啡。」我告訴他。

「為什麼？」

「因為，傳統上……」

「你認為這些人在吃過了這場盛大的晚餐之後，還會有興緻喝杯咖啡嗎？」他把手指夾在書中，標記閱讀的位置，繼續說：

「你吃過法國晚餐，如果是在餐廳裏吃的話，當班的人早就回家了，只剩下兩個人準備清理你的餐桌，或是等著你點一些額外的東西。如果是在別人家裏，沒有人會急著在半夜喝黑咖啡，總以為如果要的話，主人會為他們準備。其實在八位客人中，至少有一位會半睡在搖椅上，一位會先回家說是要早點上床，其實是要去看《廣告狂人》，至少三個人會喝醉，其中兩個會爭論政治，而且至少會有一對男女站在陽台上，如果他們結了婚的話，可能會怒目相對，沒結婚的話，可能會交換電話號碼，當然，結了婚也有可能要交換電話號碼。」

我回家繼續研究。波里斯和往常一樣，完全正確。咖啡不見得是傳統晚宴的一部分，在城堡或是鄉村豪宅中，客人用過甜點離開晚餐間後，會直接走入會客室。有的時候女主人率領女賓客先行離去，留下男賓客在那裏抽雪茄、喝波特酒（酒瓶永遠往左邊傳過去，就算要繞一整圈才能重回你身邊也是如此），不是閒聊八卦，破壞那些不在場人的名譽，就是說些黃色笑話。無論幹什麼，咖啡都不是主角。

在豪華餐廳的晚宴中，咖啡也不是重要角色，艾斯克費《烹飪指南》的樣本菜單中雖然列出「土耳其咖啡」，或是「加倍咖啡」（café double 類似濃縮咖啡，盛在所謂的 demitasse 小咖啡杯中）做為結尾。但是比較常見的是供應烈酒，波特酒或白蘭地，搭配各色蛋糕、甜食，或是四小甜點：小蛋糕、餅乾、水果糖或巧克力。最近有些餐廳恢復這項習俗，稱它為「咖啡甜點特餐」（café gourmand），一杯濃縮咖啡與各色甜點一起放在同一張餐盤上。

十七世紀的維也納修士率先在咖啡中加入牛奶，他們覺得土耳其咖啡太濃，於是注入牛奶與蜂蜜，這項習俗花了一點時間才傳播開來。珍貴的咖啡稀釋可惜，不過加入一小匙干邑白蘭地以「增添」或是「矯正」風味的行為，卻很普遍。愛爾蘭作家山謬貝克特[5]甚至宣稱「沒有白蘭地的咖啡，就像是沒有愛情的性行為」。

當女人還被排除在倫敦的咖啡館以及歐陸的咖啡廳外時，女人只好自己在家裏煮咖啡，並且和維也納修士一樣，加入牛奶軟化咖啡口味，因此牛奶咖啡（café au lait）開始盛行於西歐。由於女人喜歡喝這樣的咖啡，所以牛奶咖啡被認定為女性產品。十九世紀中葉的法國咖啡館，如果有人點的話，他們也會供應這種咖啡，但是純粹主義者埋怨這種東西只會吸引女性進入這種純屬男性的文化中。

一八七一年巴黎圍城的時候，聖安德魯修道院的教士們發現牛奶與咖啡的短缺，會影響到他們所謂的「牛奶咖啡人」的行為。豪斯曼男爵新開闢的林蔭大道上，咖啡館林立，這些人在那裏徘徊流連，互論是非，彼此調情。不過，他帶著滿意的口氣說道：「因為他們知道沒有咖啡可以喝，所以做些別的事，看起來不會造成什麼傷害。」咖啡供應量減少後，人們早上喝熱牛奶，一旦咖啡供應量恢復水準，熱牛奶與咖啡的搭配，就成為典型的早餐飲料。法國人到現在仍然認為，過了中午就不該喝牛奶咖啡，就和我們過了中午就不吃玉米片一樣。

一九五〇年代，義大利的濃縮咖啡入侵法國，短暫地取代了法國人的咖啡。咖啡館買下濃縮咖啡製作機，但是用這些機器每天照常煮出和過去一樣的咖啡。蒸氣鋼管可以將牛奶加熱，但是並沒有很認真地打出奶泡。看來義大利人想要在法國尋找一杯真正傳統的卡布奇諾，還要很久的時間。

有些古怪的事，只有在法國才可能會有道理。納粹占領期間，一些咖啡館可能是因為進口的瓷器不夠，開始提供顧客用厚而矮的玻璃杯喝咖啡。如果喝咖啡的人喜歡的話，這陣熱潮可能會延伸成為時尚潮流。西蒙波娃在她一九四三年的小說《女賓》[6]當中，描述了這種可能改變潮流品味的時刻：一個女人和兩個男人在咖啡館內——猜想是波娃、沙特與卡謬三人[7]，正在爭論咖啡是在瓷杯內；還是玻璃杯內冷得較快，其中一位男士說玻璃杯的表面蒸發較慢，另一位堅持瓷器的保溫程度較好。「看他們爭論這種物理現象非常有趣，」女士說，「他們經常不知道自己在說什麼，」最終，她以混合著同意和同情的口吻解決了這場紛爭，她宣稱：「它們以同樣的速度冷卻。」於是，就這麼文學地一聳肩膀，斷送了一線文化生機。用玻璃杯喝咖啡永遠不會成為潮流。

我第一次喝咖啡是什麼時候？

大約是八歲，我是位早熟的小讀者，父親的糕餅店以及我們居住的大樓裏，有一座圖書館。打烊過後，只要輕轉連接門，可以輕易地溜進去，在黑暗的房間內瀏覽那些陳列在架上的書籍，沉醉在那些父母如果察覺馬上會從我手中拿走的書。

除了一些令人困擾的動作外，在這裏看書的人還會喝咖啡。我們家不喝咖啡，只喝茶，認為咖啡太過強烈。其實喝濃茶的人，他們喝的茶濃到裏面可以豎起湯匙，可能會看不上黑咖啡，但是對我來說都一樣，我需要滿足我的好奇心。

即溶咖啡出現在一九三八年左右，可是澳洲沒有。不過我看見母親從父親糕餅店的架子上借走一隻側邊扁平的黑瓶，我看過他用這個東西幫閃電泡芙（éclairs）刷上咖啡糖霜。瓶外的商標上，一位穿著全套蘇格蘭裙服的軍官，好整以暇地坐在帳篷前，旁邊站著一位包著頭巾的錫克僕役，正恭敬地為他侍奉午後咖啡，這杯咖啡顯然是從瓶內的東西所泡製，叫作「帳篷咖啡」（Camp Coffee）。

帳篷咖啡其實並不符合咖啡的定義，因為裏面只有百分之四的咖啡，其他是水、糖，還有菊苣根的萃取物。這種植物的根部乾燥粉化後，很像咖啡，不過沒有咖啡因。生活艱難的時候，珍貴的咖啡豆內經常添加菊苣根。

戰時咖啡短缺，帳篷咖啡這種替代品開始受到歡迎。不過那些品味過真品的人開始嚴重懷念咖啡因的刺激，甚至有些偏執。一九四七年，伊恩佛萊明還沒創作〇〇七之前，他為文學雜誌《地平線》寫了一篇文章，描述他在戰後從英國搬到牙買加的快樂生活，他在那裏剛買了一棟房子，而且特別推崇島上的藍山咖啡。

你要用冷蒸餾法喝這種咖啡，它需要當場研磨，然後不斷地用冷水一遍遍的過濾，直到出現一層黑色的糖漿為止。它非常濃烈，不過能保持所有風味，如果你是用烘焙法，風味會消失在廚房的空氣中。把咖啡加上三分之一杯的牛奶或水，完全可以彌補過去你所遭受過的英國咖啡的折磨。

接下來的幾個月中，數不清的讀者寫信來抗議他們照著佛萊明的方式如法泡製，結果卻什麼都沒有，只剩下一隻疲憊的手臂，與裝滿冷水的杯子。

同一篇文章中也還提到一個偏遠的內陸地區，叫作科克皮特區（Cockpit Country），是瑪倫人（Maroons）的居住地，他們是非洲人的後裔，後來被西班牙人所奴役。根據佛萊明的說法，

「帳篷咖啡」的外標

這些人拒絕納稅，是「大英帝國唯一拒絕繳稅的角落」。他們自行成立政府，由一位簡稱為「上校」的人所領導，他身上所佩帶的「武裝腰帶」（Sam Browne belt）標幟，隸屬於英國陸軍。抗議的讀者認為這些故事，不過是佛萊明「各種異想天開的飲料」中的另一種產品，是佛萊明筆下的另一項牙買加景點。幾年後當這篇文章重新印行時，這兩項記載都已不見。不過無論「上校」的傳奇與他的私人帝國，是因為太難而無法消滅，還是因為太好而無法遺棄，都啟發了佛萊明寫出最暢銷的〇〇七作品：《鐵金剛勇破神祕島》（Doctor No），成功地塑造出那位裝著一隻鐵手、具有歐亞血統的罪魁禍首。

諷刺的是，「帳篷咖啡」也有它自己的故事，至少是跟商標圖案有關的故事。那位蘇格蘭軍官的圖像源自於英國陸軍戈登軍團的赫克特麥克唐納少將[8]，他是蘇格蘭農夫之子，沒有受過多少教育。他的盛名來自於多場戰役，在阿富汗英勇捍衛殖民領土，在蘇丹屠殺回教徒，最後是波爾戰爭（Boer War），鎮壓源於荷蘭—德國後裔的南非人。他魁梧的體格與濃密的鬍鬚，暗示旺盛的異性戀傾向。但是一九〇三年，紐約《論壇報》揭露他是位同性戀者，歷經發生在比利時的未公開事件，與一位波爾犯人的不名譽事件後，有「無畏麥克」之稱的他，將被控在英國火車廂內「屢次與數位學齡孩童發生不當行為」。他不願被公眾羞辱，選擇在巴黎酒店內自殺身亡。

他的圖像直到現在還保持在「帳篷咖啡」的商標上，唯一改變的只有種族地位。那位錫克僕役，本來是必恭必敬地站在一旁，現在則與麥克唐納少將平起平坐，也在享用他的午後咖啡。

如果這個廠牌能夠生存得再久一點，說不定我們會看見另一種版本出現：一隻曖昧的手悄悄地出現麥克唐納的蘇格蘭裙下。

星期六晚上十一點剛過沒多久，電話鈴響。

「我是波里斯！」口氣簡潔。

「波里斯？」

不可能是他，我從來沒見過他用電話，如果問他的話，他會發誓除了鵝毛筆之外，他從來不會用任何現代媒介溝通。

「你還在尋找那頭待烤的公牛嗎？」

他是打電話來取笑我無法實現的美夢嗎？不太像是他的作風！

「你知道我還在找！」

「我找到了！」

「別開玩笑了！」但是我知道他不會開玩笑。

「拿支筆，寫下這幾個字，畢尼可（Bugnicourt）。」

他一邊拼，我一邊寫下這個字。

「這是什麼？」

「靠近杜埃（Douai）的一座村莊。」

那是北邊的卡萊海峽區，法國東北最遠的角落，再過去就是比利時。我曾經去過法國東南方最遠的角落卡布里，距離義大利只有幾哩，從南到北，我從這個國家的一頭找到另外一頭，只為了尋找最理想的盛宴。

「那裏有什麼？」

「他們要烤一頭牛！」

啊哈！終於出現了，我以為我再也找不到了！

「你確定嗎？不會只烤半邊牛吧？真的是整隻公牛嗎？」

「總之會有很多牛肉，我不知道那頭牛是不是被閹割過，或許是頭母牛，有問題嗎？」

「沒問題，只要是整隻牛就可以，太棒了！甚麼時候要烤呢？」

「問題就在這裏——」

「為什麼？」

「因為就是現在！」

①鮑希斯維昂：*Boris Vian*（1920 - 1959），多才多藝的法國人，不僅是作家、詩人、爵士樂手、同時也是工程師、發明家、畫家、演員。最著名的是他以筆名創作的犯罪小說，在當時引起極大爭議。他以本名所寫的小說則自創新字，兼具微妙的文字遊戲與超現實情節，自成一格。

②荷蘭咖啡（*Douwe Egberts*）：簡稱為*DE*，是十八世紀知名的荷蘭公司名稱，主掌咖啡、茶葉與菸草的貿易。

③第八聖禮：*8th sacrament*，天主教與基督教傳統上有七件聖禮：洗禮、堅信禮、聖餐、神職受任禮、告解禮、病者塗油禮婚禮等七項聖事。對於第八聖禮，沒有一致說法，有的教派認為驅魔是第八聖禮，據說聖公會認為第八聖禮就是喝咖啡，這裏取用這種幽默的說法。

④雅各拉岡：*Jacques Lacan*（1901 - 1981），法國的佛洛伊德，精神分析學大師。《789雅各拉岡新詞彙》（*789 Néologisms de Jacques Lacan*），心理學上「新詞彙」（*Néologisms*）代表的是對使用的人才具有意義的字彙，例如兒童或是智障者使用的語言。

⑤山謬貝克特：*Samuel Beckett*（1906 - 1989），愛爾蘭作家，諾貝爾文學獎得主，劇作《等待果陀》（*Waiting for Godot*）是他最著名的作品。

⑥西蒙波娃：*Simone de Beauvoir*（1908 - 1986），法國作家，存在主義倡導者，女性運動創始者。《女賓》（*L'Invitee*）是她一九四三年的作品，她最主要的創作是1949年出版的《第二性》（*Le Deuxième Sexe*）。她與存在主義大師沙特一生的親密關係，是她作品之外最常被人解讀的事。

⑦沙特與卡謬：這裏指的是波娃與她的終生伴侶沙特（*Jean-Paul Sartre*）與好友卡謬（*Albert Camus*），都是法國哲學與文學界影響世界潮流的重要人物。

⑧赫克特麥克唐納少將：*Sir Hector MacDonald*（1853 - 1903），一農夫之子，十七歲時加入英國陸軍戈登軍團（*Gordon Highlander*），因為驍勇善戰，擁有「無畏麥克」（*fighting Mac*）之稱，而後被晉升為少將，並被冊封為騎士，成為蘇格蘭著名的戰爭英雄。由於當時保守的觀念，使他陷入同性戀醜聞中，他不願意接受法庭審理，而於巴黎酒店內舉槍自殺。他的支持者認為只因為他出身低微，才會成為當時英國政治勢力下的犧牲者。

Twenty-one

午夜追尋那頭牛

好戲上演！

——福爾摩斯說，亞瑟柯南道爾

半個小時內，我和瑪莉一邊準備出發，一邊搜尋有關畢尼可的消息。畢尼可有座門面網站，卻相反地沒有提供任何資訊，只顯示當地上次人口普查是在二〇〇七年，總共九百五十四人。這裏高於海平面六十五呎，從巴黎出發往東北東方向，共計兩個小時的車程，多半沿著Ａ1高速公路行駛，終點是卡萊市，那裏是承載車輛去英國的渡船碼頭，也是英法海底隧道的起點。

上面一點也沒有關於烤公牛的消息。

「這不是很奇怪嗎？」瑪莉說，「這種大事至少應該會刊登在網站上！」

她說的有理。波里斯是在跟我們開玩笑嗎？他真的會讓我們往返奔波，白費力氣嗎？我向瑪莉保證，波里斯是絕無僅有、非常認真的一個人，卻越說越站不住腳。

以防萬一，我們打電話到畢尼可市政府，卻沒人接電話，甚至連具電話答錄機都沒有。

「你知道小城鎮裏，大家都是口耳相傳。」我說。

「那我們為什麼不等到明天早上再去？」

「因為明天早上就結束了。」

我們幾乎是在準午夜時分上路，就算到了這個節骨眼，瑪莉還是不太相信。

「再說一遍，他們為什麼要這樣做？」瑪莉一邊說，一邊在無人的街道上朝環城大道[1]開去。

「你是說烤公牛？波里斯說這是他們『牛肉節』（Fête de boeuf）的一部分，顯然是年度的大事，用來慶祝……肉！」

「法國人還需要慶祝肉嗎？他們不是每一餐都這樣做嗎？」

「顯然還不夠，顯然有人覺得還需要鼓勵？」

「嗯——！」

我可以感覺自己的聲音急促而且慌張，我知道自己並沒有說服她，但是她繼續往前開。我想這就是愛的表示。

午夜在法國高速公路上開車，和在其他國家開車一樣，陰氣森森。越開越感覺到整個國家對制度、歷史與豐盛資源的熱情，就算遠離城市，依然力道十足。就像一雙手，輕穩但是固執地落在我們的肩上。

導航系統不時發出呼叫聲，警告我們雷達正在掃描，路旁的標語更是不斷地提醒我們，輪胎的氣要充足，小心行駛在濕路或是雪路上，如果感覺疲倦請儘快休息等等。為了鼓勵大家遵守規則，雖然法國的高速公路屬私人所有，兩旁卻有許多風景秀麗的休息區（aires），這些地方白天是野餐或是休憩的好去處，夜晚則成為卡車司機的天堂，他們可以停靠在這裏補充睡眠。我們開車經過時匆匆瞥見，那些從波蘭及匈牙利開來的拖車停在樹林間，黑點斑斑，像是沉睡中的大象。

英國的國有高速公路和法國的高速公路大大不同，在英國你可能開上一百哩，還找不到一間加油站、廁所，或是咖啡店。但是法國的高速公路則不會讓你的路費白，休息區內不但可以加油，還供應三明治、水果、優格、水、咖啡、茶、巧克力、乾淨廁所，甚至偶爾還有洗澡間。有的休息區還提供兒童遊樂場以及運動區域，完全沒有美國貨車休息站所提供的那些喧囂玩意：酒吧、點唱機、彈子檯，也沒有妓女。在法國，特別是這麼靠近海底隧道的地方，卡車司機謹守規矩像是做小生意的老實人，夜晚單獨入睡。原因單純，他們不是剛下渡輪，需要補足睡眠以便繼續上路，就是需要留點力氣，等待黎明時分開車到卡萊，轉搭首班渡輪前往英國多佛（Dover）。

「準備右轉，」導航系統的聲音像是學校的老師。

瑪莉轉向右車道。

「這位波里斯，你到底有多了解他？」瑪莉問。

從何說起呢？「我保證他不會沒來由地讓我們開車橫跨半個法國！」

才剛說完，問題就從腦海中浮現，他會嗎？

才下高速公路，我們就來到自動收費站旁的燈光下，瑪莉搖下車窗，把信用卡插入機器內，夜空中有青草與土地的味道。

通過升起的路柵，我們再度回到黑暗中，但是現在行駛在不同的道路上，不再是巴黎那種長而有序的馬路，這裏道路狹窄，兩旁路肩緊縮，我們來到鄉下。

一九一七年十一月，這片大地見證了歷史上首度大規模的坦克決戰，英國政府發動四百七十六架新發明的坦克車，擊潰德國戰線。對那些低伏在戰壕裏的士兵來說，這些看似無人駕駛，卻又具備砲台的機器，緩慢地輾過曠野逼近他們，看起來一定像是身穿盔甲的龐然怪物，詭異邪惡。而且每輛坦克前面都配備了整捆柴枝[2]，隨時準備丟到溝渠上當臨時橋樑，更增添它的詭異程度。

我的祖父曾經是澳洲遠征軍的一員，他可能就是跟在這些武裝坦克後面的步兵，隨時準備進攻德國砲兵陣營，清繳他們的槍械。這種經歷使他飽受創傷，與社會失調，不能維持工作，也無法調整自己適應鄉村生活。我經常感覺自己與法國以及這片大地擁有諸多關聯，這點也是其中之一。

半小時內，我們就已進入鄉鎮外圍，沒有路燈的街道兩旁，房舍林立，我們的車燈照亮一部躺在敞門邊的腳踏車，一隻貓抬頭望來，貓眼閃動，顯然嚇壞了。

「好了，這就到了！」瑪莉說，「畢尼可，卡萊區的巴黎。」

一陣心虛，我懷疑波里斯是不是真的開了一個大玩笑。

但是燈光隨即出現，還有護欄，還有人羣。

如果我們是從靠近里爾或是康柏里（Cambrai）的方向出發，就會在路上看見小麵包車，或是拉著拖車的汽車，意味著會出現一個跳蚤市場。我們停在鋼架車欄前，兩輛小麵包車從對面開來，駛離主要道路轉往村落，直往上走，朝向教堂開去。

一位穿著羽絨外套、帶著扁帽、嘴角叼根香菸的男人，駐守在路柵邊。

我按下電動車窗。

「牛肉節嗎？」

「烤架上的牛？」聽起來差不多。

「沒錯！」

「開過教堂，在山坡另一頭的足球場上，你不會錯過的。」他看著手錶說：「他們隨時都會開始。」

他把路柵拉開。

主要道路兩旁，柏油路面上已經畫出數塊四方形場地，編上號碼，雖然現在才凌晨三點，其中一半已經被人占據，擺好桌子，拿出貨品陳列，包括十九世紀的搖椅、遊樂器、鍋碗瓢盆、玻璃器皿、陶俑、輪胎罩、燉鍋、書籍、玩偶……等等，我在世界各地的這種市場中，度過數不清的晨昏時刻，在嘶嘶作響的青白色日光燈下，從古董玻璃上發出的些微光芒，或是從成堆的舊報油墨上映出的黯淡銀光中，翻箱倒櫃，循線摸索。

感覺像回到家一樣。

接近教堂，當地人早已打點好他們自己的位置，大多數販售農產品，有個女人把成串的大蒜和洋蔥掛在架子上，另外一位攤販，一路從家裏把嬰兒車推過來，正努力地把一顆南瓜從嬰兒車裏拿出來。

我們穿梭在這羣鬆散的流動攤販中，像魚一樣漫無目的，大家都不慌不忙，擋到人也不急著讓路。我從眼角瞄見一羣人圍在一頭看似真牛大小的假牛旁邊，皮色亮藍，長裙蓋腿，脊背

中央展現一顆很大的圓洞。

「你看見了嗎？」

「什麼？」

「沒什麼！」

誰信啊？連我自己都不信！

＊＊＊

山丘的另一邊人數甚少，寂靜再度降臨。電鋸伐木的吼聲打破這片寧靜，一點燈火照亮前面的夜空，我們聞到木頭焚燒的煙味。

足球場上搭起藍白相間的帳篷，最大的一頂帳篷佔滿了足球場底邊三分之一的空間，另外還有兩間小帳篷搭在它的後面，其他的帳篷則沿着邊線搭建，大多數是貨攤，篷前開敞，販賣東西或是提供遊戲，場上的燈光與活動使它充滿人氣。

最靠近馬路的地方，穩定的木頭柵欄圍起一塊區域，裏面的電鋸聲嗚咽，火花像噴泉一樣四射飛濺。我們把車停在陰暗處，走向木欄。

這塊區域的一邊堆著許多樹木，沒有樹葉，主幹與分枝縱橫交錯，樹木早已死亡風化，前一年的夏天便已砍下留待風乾。兩個男人正拿著電鋸很有系統地把樹木鋸成小木塊，其他的人則推著手推車，把這些木塊運到火場。那是一條長渠，長度和板球球道差不多，渠邊豎起鐵板，兩個人不斷來回巡視督導，他們默默地注視這條火焰，把木塊丟進去後，很快地退出來，就算離得這麼遠，也能感覺到它的熾熱。

有個男人靠在離我不遠的木欄邊對我說話，我沒能聽見，當我問他：「什麼？」他走近我身邊。

「英國人？」

「澳洲人！」

「澳洲！我去過那裏，雪梨大橋，福斯特啤酒，」他比出抓著球夾在腋下往前奔跑的動作。「還有橄欖球。」法國式的發音。

他對我的家鄉所下的結論還算完整。我朝著那簇火焰點頭說道：「什麼時候會開始？」

「已經燒了一個小時，」指着那羣切割運送木頭的人說：「他們會加入……然後……」他用手擺出往下壓的姿勢：「會燒成……灰。」

他是說加入煤炭。

「然後呢？還要燒多久？」

「然後？」他舉起三根手指，還要三個小時，火勢才算準備好。

他朝大帳篷後面的一頂小帳篷點點頭，那裏應該是他們料理那頭動物的地方。

「六點，牠就會出現，」他露出牙齒微笑著說道：「另一種可以烤的大蝦，對嗎？」就連離澳洲這麼遠的地方，也難逃電影《鱷魚先生》[3]保羅何根的魔掌。

火場中的人在呼叫，我的朋友消失在夜色中。

「什麼是可以烤的大蝦？」瑪莉問我。

「早在你出生之前的故事。」

我們在足球場上四處閒逛，繞著保護屠夫們工作的小篷外圍鐵欄，往篷內偷瞧。然後回到車上打盹，幾個小時內，我們不時被永無止息的電鋸哮聲吵醒，無法真正入睡。等我們再度爬出車外，已是身軀僵硬，頭髮蓬鬆。一輪深紅色的太陽，胖得像南瓜一樣，正從荒置的田野那頭升起，母牛在白霧中不安地緩緩走動。

拖著寒冷的身軀，我們移向火場上那團溫暖的熱氣，那堆木頭只剩下一些殘枝，大部分都已經被丟進火堆，足以讓那層木炭燃燒，發出近似白色的熱焰。利用宿夜時分，燒烤腳架已經被抬進來架在兩頭：上了綠釉的鋼柱，由四方支架支撐，再用螺栓鎖定在寬大的方形金屬基座上，垂直挺立，準備承載重量。鋼柱頂端的溝槽，正是水平式烤桿放置的地方。

大帳篷已經搭好，四面篷布拉起，男人成羣結隊地抬著桌架進來，篷內寬大得足以容納一個馬戲團，包括大象以及所有東西，一頭公牛到底可以餵飽多少人呢？

時光似乎靜止在這裏，或許在另一個世紀，和你我一樣的人羣，會到這裏來觀看身披盔甲的武士，騎在馬背上相互比試，或是一同觀看絞刑，或是觀看異教徒被綁在木架上活活燒死，或是參加一場歡慶重大勝利的彌撒儀式，或是參加嘉年華會，裏面有啤酒、遊戲、模仿表演與舞蹈。

就在這個時候，人羣回頭觀望，臉上帶著笑容。

瑪莉也在微笑：「瞧瞧這個！」

那是我前晚所見到的那頭藍色母牛，但是現在背上的洞口中，出現一個男人的上半身，雙腿還藏在裙子下，頭上纏著一條深紅色的頭巾，手中揮舞著一柄木劍，笨拙地跳躍在足球場上，扮成滑稽的丑角，無畏這個隆重的時刻。如果尋著這類服裝設計回溯歷史，你會發現幾個世紀前的中世紀時代，同樣的造型也曾出現在宮廷丑角身上，有「失序之王」（Lord of Misrule）之稱。還有一位穿著類似服飾，被稱為「搖馬人」（hobbyhorse）的騎士，屬於英國莫里斯士風舞[4]隊伍中的一部分。再往上溯一些，這個男人應該會是一位真正的摩爾人[5]，這些來自北非的戰士，一度統治過西班牙，而且如果不是因為幾番歷史的轉折，還可能會統治整個歐洲 。越是遠離城市，歷史越是明顯。

帳篷後面，一台牽引機咳了一聲，隨後是一陣嘶啞的怒吼。
往寒冷的空中噴出一縷廢氣，牽引機從帳篷的轉角爬了出來，兩支金屬手臂高舉前伸，彷彿一九一七年戰時英國坦克車前所舉的木材一樣，抬着我們千里迢迢前來這裏的目的——一頭重達一千磅的血肉之軀。

金屬護欄被拉開，牽引機輾過顛簸不平的地面，朝著我們開到空地上，沒有人說話，我們這羣圍在火場護欄邊上享受溫暖火光的人，不約而同離開護欄，轉向那台越來越近的機器與它所承載的東西。空氣中有種肅然的感覺，一種奇異的敬重之情。藍色的牛也停止跳舞，垂下手中的劍，如果他是來此嘲笑這頭動物，藉此誇耀我們的征服能力的話，現在可不是時候。

經過去毛剝皮，清除內臟，砍頭去腳，用八角形的橫樑烤桿刺穿，呈大字型地夾在烤架內，這種種屠宰的恥辱，絲毫無損這頭動物潛在的威嚴。聖修伯里是對的，「完美之所臻，並不是因為沒有事物可以添加，而是因為沒有事物可以刪減。」這頭動物仍然是鬥牛士在鬥牛場上必須面對的兇猛對手，米諾斯宮殿（Minos）內令舞者驚跳逃開的怪物，畢卡索筆下體現雄性本質的動物——牛頭怪[6]。

而我們正聚集在這裏，準備將牠吞噬。

我們一輩子都在享用肉類，但是多半只吃片塊，現在目睹這頭動物完整的身軀，不禁令我想起我們之間的同質關係：我們同為血肉之軀，共享走路、吃飯、呼吸哺育、以及死亡這些自然的本質。這才是我所要尋找的「失傳」的真正意義，所幸它尚未消失殆盡。我們這個渺小的社會所失去的，可能再也找不會回來的，正是我此刻的心情——一種驚嘆、惻隱與深刻的敬意。

①環城大道：*Périphérique*，環繞整個巴黎的重要環形高速道路，由此區分巴黎市區與外圍，也是出入巴黎的必經道路，歐洲最繁忙的道路之一。

②一次世界大戰時，英國與法國建造坦克車以對付法國西線戰事，早期坦克由於戰壕過寬，往往無法駛過而身陷其中，因此會配備整捆柴枝或是橫木於坦克前，作為淺橋以便前進。

③鱷魚先生：一九八六年澳洲出品的浪漫輕鬆喜劇電影《鱷魚先生》（*Crocodile Dundee*）風靡全球，位居當年全球第二高票房，僅次於《捍衛戰士》（*Top Gun*）。片中描述男主角鄧迪自鱷魚口逃生而引起一位美國女記者的興趣前往報導，從而引發文化上與個性上的衝突笑料。男主角由澳洲明星保羅何根（*Paul Hogan*）飾演。

④英國莫里斯土風舞：莫里斯土風舞是英國傳統舞步，通常配合小樂隊伴奏，跳舞的人會穿上花布衣，有時臉上會塗成黑色，使用多種道具配合舞步，包括手帕、木棍等，同時手腳會綁上鈴鐺，隨著節奏起舞。

⑤摩爾人（*Moor*）指的是來自北非與西非的中世紀回教徒，他們於西元七一一年入侵西班牙，展開了將近八百年的統治，勢力所及，直達整個歐洲。直到位於歐陸西南邊的伊比利亞半島上原本信奉天主教的教徒開始反攻，然後在政治婚姻的連結下團結一致，攻陷摩爾人首都，統一西班牙，同時展開歷史上著名的宗教法庭（*Spanish Inquisition*），審判異教徒，迫使回教徒或猶太人改信天主教或遭放逐。文中所謂歷史的轉折即在於此。

⑥牛頭怪：*Minotaur*，希臘神話中的牛頭人身怪物。由於克里特島的國王米諾斯（*Minos*）激怒海神波賽頓，波賽頓因此施法讓王后與牛交配生下這頭牛頭怪，國王怕他在克諾索斯（*Knossos*）宮殿嚇人，所以建造一座迷宮供他居住，並令雅典進貢童男童女供他食用，後來雅典英雄忒修斯（*Theseus*）在克里特公主協助下，進入迷宮殺了牛頭怪，衍生另一段希臘神話中的哀怨故事。大師畢卡索中年後許多超現實作品即以牛頭怪為對象。

Twenty-two

理想的盛宴

人吃天使的食物，他賜下肉糧，使他們飽足。

——聖經詩篇78：25，英王詹姆斯版[1]

「然後呢？」波里斯問。

「然後？我們就吃午餐！」

「只有你和太太？」

「還有大約五百位新朋友！」我環顧四周，看他挑選見面的新地方：「這不是太明顯了嗎？」

我們坐在位於十五區莫利昂路（rue Morillons）轉角的一間餐廳外面，放眼望去，對面的喬治巴桑（Parc Georges Brassens）公園橫跨整條路。一座敞開的石頭大門直接面對我們，石柱頂端是兩頭真牛大小的雕像，以很不委婉的方式提醒我們從一八九四年到一九七〇年間，這裏曾是牲畜圍場以及屠宰場的所在地。在這座公園裏面比較不顯著的地方，矗立著埃米爾德克（Émile Decroix）的半身雕像，他曾是軍隊獸醫，也是雕像上刻文所謂的「食馬者」（hippophagie），率先提倡食用馬肉的先鋒，幾千頭馬在這裏被屠殺。

「我以為這裏會讓你感覺像家。」波里斯說。

「你儘管開玩笑，」我說，「但是這裏具有意義，而且影響深遠。」

「你知道我從來不會拿食物開玩笑，也沒必要告訴我戶外單架燒烤是一門藝術。」

有關單架燒烤他沒說錯，在亨利八世的漢普頓宮中，有五百位僕役什麼事都不做，專門準

烤架

火坑

備食物。而在這些人當中，只有四位廚師被認為足以勝任戶外生火燒烤的工作。艾斯克費設計的「烹飪制度」[2]中，烤肉師相當於廚房的煉金士，也就是調味師（saucier）的地位。所烤的肉必須精準到每一分鐘翻轉四次，才烤得均衡。他也曾經試過用其他方法烤肉：要負責燒烤的男孩蹲伏在烤架邊（亨利的教士曾經反對他們赤身裸體）；或是讓狗跑在圓形的跑籠內；或是利用重量與齒輪的機制，但是沒有一種比得上有技巧的烤肉人富有經驗的雙眼。

在畢尼可，他們用機械馬達翻轉烤架，刻意設在一分鐘五轉，當肥油開始融化，油還沒有滴到下面的煤炭之前就已蒸發，後來頻率上升到一分鐘六轉，剛好足以停止滴油。

「會不會到午餐時都還沒有烤好？」瑪莉問。

「這麼一整頭動物，不可能完全烤熟。」我說著，不安地回想過去一年中所讀過的資訊。「如果要等到裏面烤熟，外面早就已經烤焦了。」

「那我們中午要吃什麼呢？」她忽然想起來問我說：「我們會在這裏吃？對不對？我已經很餓了！」。

「他們或許會把已經烤好的部分切下來，剩下的繼續烤。不過我猜他們會分切整個身體，然後再把生肉烤成牛排。」我說。

我猜的沒錯，上午十一點市長蒞臨，宣布牛肉節正式開始。十分鐘後，拖引機再度回來，把這頭牛從烤架上抬起，運回鐵欄後面。

十一點四十五分，帳篷外排起長龍，我們加入隊伍。

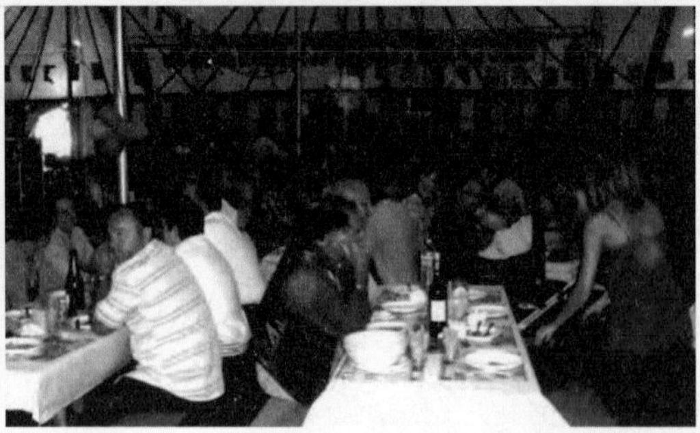

右 / 牛肉大餐
左 / 我的太太瑪莉

這時我才發現我了解這些人：那些在鄉鎮廳內的木板地上大步跺跳，跟著穀倉舞蹈長大的人；那些參加鄉村婦女協會所舉辦的蛋糕競賽的人，大口嚼著硬得像橡膠的海綿蛋糕；或是那些在年度才藝表演上，當一個小女孩勉力地舉著珠母色的巨大手風琴，彈奏整首〈西班牙女郎〉時，試圖繼續忍耐的人。我熟悉那些過緊的衣領，不習慣打的領帶，碰到重要場合才穿的花呢外套，不合時宜的隆重洋裝（我就說我沒有其他衣服可穿！），凡此種種，無論是好是壞，都是我的成長經驗，就像安穩地滑入自己所熟悉的床褥內一樣，我甘心臣服在這些時光當中。

坐在沒有靠背的長椅上，一排八位，面對光禿的長形木頭餐桌，喝著開胃的甜苦艾酒，包含在十一歐元一張的餐券內，低頭看著餐墊紙上的廣告：雪鐵龍修車廠、農業器具經銷商、葬儀社提供「各種價格的葬禮」。

鄰座戴著人造珠寶首飾的女士和她的先生，是從里爾開車過來，因為他們的兒子住在附近，所以他們將在他的農場過夜。左手邊這位先生出生於葡萄牙、但是在這裏工作已超過二十年，他很好奇我為什麼在寫筆記。

「我正在寫一本有關食物的書。」

他瞇起眼睛瞧我，作家？原來長成這個樣子！他承認很少看書，不過他知道總該有人會寫那些書，只不過他並不是個好讀者。

「但是如果是有關食物的話，你為什麼不去那裏？」他說著，目光越過站台，對著小帳篷的方向點點頭，牛身抬進去的地方。

「我不知道我可以去那裏。」

他頓時從長凳上轉身說：「跟我來。」

右／屠夫們
左／剩下的牛骨架

頂上與四周搭起來的帳篷，已經將腳下這片雜草地圈成一塊地面，我們越過這片草地，穿過外面接連數呎的公共空間，來到一頂四周打通的棚頂下，十多個男人穿著圍裙站在桌邊，一邊切割劈砍那些血淋淋的肉，一邊大聲說笑。帳篷另一邊，四個女人從深口的塑膠盤內叉起牛排，拍到烤肉架上，架下是割成一半，燃燒煤炭的汽油桶。空氣中充滿烤肉的聲音與煙味。在那些屠夫身後，躺著那頭牛剩下丟棄的部分，沒有肉的肋骨，清理得非常乾淨，光禿禿的像是潮水衝上來的殘骸。

我的新朋友認識那些屠夫，他們也都認識他，這是一座小鎮，九百五十四位居民，每個人都認識彼此。

「這位先生在寫一本書，有關食物的書。他是從澳洲來的。」

「澳洲？這裏沒有袋鼠，我的朋友！」其中一位屠夫說著，舉起一把很大的叉子，上面叉著一片牛排，還在往下滴油：「只有很好吃的法國牛肉。」

「袋鼠也會很好吃，」我說，「尾巴可以做湯，還有——」糟糕，用甚麼字眼來說呢？所幸法式英文派上用場，「後腿肉排（rumsteak）很好吃。」

「你吃過嗎？」其中一位問我。現在只剩下幾個人在工作，我們在討論肉，這是很重要的主題，他們的生活重心。

「很好吃，精瘦，很像……鹿肉。」

他們深感有理地點頭，這時一個女人走回來，手上拿著空盤，準備裝更多的牛排。

「該繼續工作了，」有人說，「牛肉不會自己切，祝你出書順利！」他朝我的葡萄牙嚮導一點頭，「還有，你得保證他的名字一定得拼對。」

幾個男人綻出笑容，看來我的嚮導一定有個愛出風頭的名聲。

我們往回走，他說：「他們就是愛開玩笑，你知道，有關名字的事。」往前再走幾步：「順便告訴你，我叫盧卡斯，從波多（Porto）來的。」

「好吃嗎？」波里斯問。

「非常好吃。」

我原本擔心那種牛肉會很老，但是其實非常鮮嫩好吃，和在餐廳所吃的一樣。加上裝在塑膠碗內滿坑滿谷的薯條，用肉汁外加整顆胡椒調味而成的醬汁，以及一碗碗切好的棍子麵包、乳酪、沙拉、巧克力慕斯……等等，只有十一歐元，真划得來。

「那麼理想盛宴的菜單也完成了嗎？」

「是的，終於完成！」

那天晚上在開車回家的途中，我已經在心裏想好這份菜單，期待有一天能夠和朋友一起分享這份美食，就像我們在畢尼可分享這頭牛一樣。分享是最好的調味料。聖經說得對：「有愛的素食晚宴，遠勝仇恨的烤牛晚宴！」（箴言15：17）[3]

「值得慶祝！我請你吃午餐！」波里斯說。

午餐！一連串的景象在我心中掠過，西特港艷陽下深紅色的龍蝦爪，普羅旺斯山頂上金黃色的香檳與玫瑰果醬。與肥厚鴨胸同煎在香料中的深色蘑菇，嘗來有松香與海味的貽貝，屬於異類香味的松露，具有叢林風味的新鮮菌菇，以及大蒜、蘋果、生蠔、雞肉、麝香草——還有牛肉，一場充滿愛的烤牛盛宴。

「謝謝！我已經享受過了。」我說。

①聖經詩篇*78*：*25*：目前通用中文譯文為：「人吃大能者的食物，他賜下糧食，使他們飽足。」英王詹姆斯版聖經的英文為：「*Man did eat angels' food*；*he sent them meat to the full*。」本章引用這段詩篇主要是指賜下「肉糧」（*meat*），因而更動通用翻譯，以便明瞭引用之意。英王詹姆斯版聖經，又稱欽訂版聖經，是英王詹姆斯下令翻譯的，也是目前英文的通用版本。

②烹飪制度：*Brigade de cuisine*，由法國廚藝之父艾斯克費所建立的廚房工作制度與系統，由上往下，分主廚、二廚、特廚、烤肉師、調味師、海鮮師、糕餅師……種種，各有職司，分工合作。

③箴言*15*：*17*：目前通用中文譯文為：「吃素菜，彼此相愛，強如吃肥牛，彼此相恨。」英文譯文為「*Better is a dinner of herbs where love is than a stalled ox and hatred with it*。」

The Menu

理想的菜單

開胃酒（*Aperitif*）

- 佛里安玫瑰果醬皇家基爾酒（Kir royal Florian with confiture of preserved rose petals）

餐前小點（*Canapés*）

- 塗上「紳士的品味」的吐司，加上切半的鵪鶉蛋。
- 黃瓜三明治
- 酒類：來自法國東南「侏羅」（Jura）山區的「黃葡萄酒」（Vin jaune），法國人稱為「黃酒」（yellow wine）。也可以用類似這種侏羅山區的酒——干雪莉酒（dry sherry）代替。

頭盤（*Entrée*）

- 法國魚子醬，搭配鬆餅（blinis）與酸奶油（crème fraîche）。
- 酒類：一瓶干香檳，或是用白詩楠葡萄（chenin blanc）所釀的白酒，例如來自羅亞爾河域（Loire）的薩維涅爾（Savennières）即可。

魚類（*Fish*）

- 老式海鮮煮魚（bouillabaisse à l'ancienne）
- 酒類：繼續喝薩維涅爾，或是換成更強勁芳香的酒，靠近馬賽與西特港的朗格多克（Languedoc）地區出產的玫瑰露（rosé）。

肉類（***Meat***）

- 尚克里斯多夫式紅酒燉牛肉（Boeuf Bourguignon façon Jean-Christophe）
- 酒類：傳統上，搭配這道菜所飲用的酒與烹調時所用的酒相同：理想是用黑皮諾葡萄（pinot noir）所釀成的勃艮地葡萄酒。但是也可以使用比較便宜的酒烹調，而以品質較優良的黑皮諾葡萄酒搭配飲用。

清除味蕾的餘味（***To Refresh the Palate***）

- 蘋果白蘭地冰沙（Sorbet Calvados）

禽類（***Poultry***）

- 艾斯克費珠雞（Guinea Hen à l'Escoffier）
- 酒類：微酸的干白葡萄酒，來自桑塞爾（Sancerre）、密斯卡黛（Muscadet）、默爾索爾（Meursault）都可以，或是來自博納（Beaune）的白葡萄酒如皮利蒙塔謝（Puligny-Montrachet）。

乳酪（***Cheese***）

- 產自奧弗涅森林山區的乳酪：康塔爾老乳酪（Cantal vieux）、藍紋乳酪（fourme d'Ambert）、聖奈克泰爾乳酪（saint-nectaire）。
- 酒類：微甜，芳香但強勁的白酒，如蒙巴斯拉克（Monbazillac）、瑞絲林（Riesling），或是格烏茲塔明那（Gewürztraminer）都可以。

甜點（*Dessert*）

- 斯旺百匯（Parfait Sawann）搭配瑪德蓮小蛋糕。
- 酒類：可以繼續飲用搭配乳酪時所喝的白葡萄酒，或是回喝香檳。

咖啡與甜食（*Coffee and sweetmeats*）

- 水果與佛里安玫瑰果醬。

餐後酒（*Digestif*）

- 干邑白蘭地（Cognac）屬於傳統的餐後酒，但是你如果想要來點新鮮的花樣，不妨試試雅文邑白蘭地（Armagnac），這是加斯科涅（Gascony）區所出產的白蘭地。十四世紀時，著名的樞機主教杜佛（Vital Du Four）曾放言喝了這種褐色的烈酒可以「使人恢復記憶，振奮精神，長保青春，延緩衰老，而將它含在口中時，更能放鬆舌頭，倍增智慧。」換句話說，就是餐後閒話家常時的最佳潤滑劑。

Recipes

失傳的食譜

•佛里安皇家基爾酒

在香檳杯底部放入一匙佛里安玫瑰果醬，加少許以荔枝為主所釀造的酒，例如Soho或是Lichido，然後加入冰香檳酒。

•紳士的品味

製作材料：

四盎司鯷魚，瀝去汁液，約略切碎
五盎司黃油
二大匙新鮮白麵包屑
四分之一小匙紅辣椒
一小撮現磨黑胡椒（介於八分之一到十六分之一匙間）
一撮肉桂粉
一撮現磨肉荳蔻核仁
一撮肉荳蔻皮粉
一撮薑粉

製作方法：

利用杵臼將鯷魚與黃油混在一起，打成類似黏稠的塗醬，也可以使用食物處理機料理。然後加入麵包屑、胡椒及上述香料，一起攪拌，再用湯匙舀起放入大型蛋糕烤盤內，蓋好放入冰箱冷藏後即可食用。

•海鮮煮魚（四人份）

這道菜肴有許多不同的做法，最好的做法就是份量要多，至少十二人份，使用整條魚來煮。目前這份食譜經過改良，以適應人數較少的家庭廚房。如果能夠找到一些蝦殼，或是龍蝦殼、魚頭，以及其他剩餘部位，將可促進口感，同時增加魚湯的金黃色澤。

烹調材料：

三或四磅生的地中海魚類，如海魴魚（John Dory）、鮟鱇魚（monkfish）、鯛魚（snapper）等。最好能有一些較油的魚類，如紅鰹魚（red mullet）或是鯖魚（mackerel）。避免使用鮭魚或是其他冷水魚類，牠們不是典型的地中海魚類。如果你和魚販關係良好，請他幫你片魚，但是留下魚骨、魚頭還有其他部位給你。

一磅生蝦殼，或龍蝦殼，或兩者混合。（冰凍的全蝦或龍蝦尾亦可）

一杯橄欖油

一匙茴香籽

二顆洋蔥，切片

四瓣大蒜，壓碎

四根芹菜莖，切好，保留一些嫩葉

一條綠辣椒，切碎（選項，非必要）

一片月桂葉
三整顆丁香
一磅成熟的番茄，去皮去籽，或是十四盎司切好的罐裝番茄或是番茄漿（pulp）
一瓶干白葡萄酒
兩杯水
二分之一匙番紅花粉，或是天然番紅花條
適量的鹽與胡椒
三小枝新鮮百里香，或是四分之三匙的乾燥百里香

烹調方法：

魚切成大塊，剝去蝦頭、蝦殼及龍蝦尾殼。

如果你要用魚頭、魚骨、蝦殼或其餘部分等，把這些東西全部放入封口的布袋或紗巾中。

在可以容納四公升水的鍋中將橄欖油燒熱。

加入茴香籽，等它變成褐色開始彈跳後，加入洋蔥與大蒜，攪拌煎熟，直到洋蔥呈金黃透明色。

加入芹菜、辣椒、月桂葉及丁香。

翻炒至芹菜變軟。

加入番茄、白葡萄酒與水。

（如果使用）放入包著魚蝦頭、龍蝦殼以及其他部位的布袋。

維持煮滾兩分鐘，然後關小火再煮五分鐘。

（如果使用）取出含有魚蝦殼的布袋丟棄。

把魚塊丟入湯內，加入番紅花、鹽與胡椒調味。

小火煮魚直到煮熟，大約三分鐘。就算把火關上，魚湯熱度仍會持續，所以寧可早點把它拿起來以免煮過久。

舀入湯盤端上桌，搭配大量法國麵包。

•艾斯克費珠雞

這是亞歷山大蓋斯德的食譜，最初是出現在《紐約時報》上。

「洗淨並捆好一隻重達一磅半的肥珠雞，在平底深鍋內放入黃油，加上四分之一顆中形洋蔥一起烹調，等到整隻雞熟到近四分之三成，撒上一匙羅森紅椒粉，再加上四分之一品脫（英制，相當一百四十ＣＣ）的奶油（最好是酸奶油），或是常用的厚奶油加上幾滴檸檬汁使它酸化。要完成烹調，一邊煮一邊將奶油塗在雞上，然後把雞放在砂鍋內，加入一些用黃油以及奶油煎過的新鮮蘑菇。密封砂鍋，轉成小火再煮上兩分鐘後即可呈現上桌。」

注意事項：

※珠雞，也稱「幾內亞雞」，越來越普遍，但是也有其他許多放養雞種可以取代。

※平底深鍋是職業廚房所用，比一般家庭常用鍋要大。家庭廚師可以把整隻雞放在大砂鍋內用大量黃油煎煮，然後蓋上鍋蓋燉烤，直到可以上桌（意思就是把叉子叉進雞的後大

腿部分，會流出清澈的汁液）。

※羅森紅椒粉是一種匈牙利紅椒粉，研磨前去除莖梗內籽。由於它主要的作用是調出粉紅色的醬汁，因此任何一種高品質的紅椒粉都可以用。

※要「展示」這隻雞，應在廚房內先切好，然後放入大盤內，再淋上醬汁端出。

（以下兩種菜肴均由妮可醫生所創）

●煎無花果，當作蔬菜（四～六人份）

烹調材料：

八至十二顆成熟但是堅實的無花果（每人兩顆）

半小匙白胡椒

半小匙肉豆蔻核仁

半小匙多香果（牙買加胡椒）

半小匙丁香粉

義大利香醋

烹調方法：

把無花果切成四瓣，用大量的黃油快煎，確保它們不會變成糊狀，當無花果夠熱、汁液流出，撒上香料粉，翻炒使它們與黃油混合。

把無花果轉放到溫熱的盤子上，把義大利香醋潑灑入炒鍋內，以吸收鍋內殘留的汁液，香醋會和奶油以及香料混合在一起，形成美味的調味料，將它倒在無花果上，這是搭配烘鴨或是烤豬最好的配菜。

•斯旺百匯（四人份）

這份甜點每個人需要一個深杯，最好是百匯杯或是大型酒杯也可以。

製作材料：

一顆檸檬
一匙糖
八盎司盒裝馬斯卡普尼乳酪
八盎司盒裝法式酸奶油，或普通酸奶油
八盎司盒裝濃厚全奶油「希臘」優格
四至六片酥脆的普通餅乾（不要用巧克力脆片或是加入葡萄乾的餅乾）
三杯新鮮樹莓、藍莓，或是其他季節性的小莓果（如有必要，可用草莓，但是要小草莓，或是將它切成小塊）

製作方法：

檸檬皮磨碎，榨汁取液。

把檸檬汁、檸檬皮碎、糖、馬斯卡普尼乳酪、優格、法式酸奶油或酸奶油，全部拌在一起，必要的話，可以多加點糖，調配出來的混合物應該比較硬，而非黏稠，放在一旁。

大略壓碎餅乾，然後把餅乾碎屑擺在百匯杯或酒杯的底層，厚約二分之一吋。

放入莓果直到杯子呈現四分之三滿（留下一顆莓果做為裝飾）。

用湯匙舀入奶油混合物。

頂上放置一顆莓果做為裝飾。

●紅酒牛肉

烹調材料：

一杯橄欖油

三磅單塊或大塊上等牛肉——肩胛肉或牛胸肉等部位，保留部分肥肉，切成一吋大小的四方塊

四顆大洋蔥，切成細條

一瓣大蒜，壓碎

一瓶紅葡萄酒，最理想的是用由黑皮諾葡萄所釀成的勃艮地式葡萄酒

混合香料（月桂葉、香芹梗、加上兩或三根百里香枝綁成一束）

一品脫（英制，相當五百六十ＣＣ）牛肉高湯，無論現製或是罐裝均可（不建議用高湯塊）

鹽與胡椒

烹調方法：

將一半的油倒入深鐵鍋中加熱。

將肉塊分成數堆分別煎炒，以確定每塊牛肉均煎成褐色（不要將所有牛肉一起放入鍋內，這會使它們分泌汁液而非煎成褐色）。如果開始分泌汁液，取出牛肉，讓液體蒸發，多加點油，減少放入的牛肉量，再煎一次。

將火轉小，把牛肉盛到盤子上，把剩下的油倒入深鍋中，放入洋蔥以及大蒜煎炒，直到呈現黃褐色。

倒入葡萄酒轉成小火，不斷攪拌，直到所有殘留在鍋底的肉渣均已融合。

把牛肉再度放回鍋中加上混合香料，並加入牛肉高湯（或相同份量的水）直到蓋住肉塊，加入鹽與胡椒調味。

用錫箔紙取代鍋蓋，緊緊蓋住鍋口，放入低溫烤箱中央，約攝氏一百五十度（華氏三百度）。不要掀開鍋口，至少持續烤上兩個小時，烤過後，如果發現多數的湯汁還未完全收乾，肉質還未能達到叉起分裂的地步，更換錫箔紙蓋，重新再烤一小時。如果感覺太乾，可以加入一杯高湯或水，不過這道菜的目的是希望湯汁越少越好。

掀開紙蓋，拿掉混合香料，撇去肥肉，加上簡單的馬鈴薯泥，並將水煮紅蘿蔔切片，與一點黃油與糖共煎成焦糖色，即可搭配上菜。

銘謝

首先要謝謝我的太太瑪莉多明妮克（Marie-Dominique），如果沒有她帶領我進入法國，我對這些偉大的美食將一無所知。還有我們的女兒露易絲（Louise），她擁有許多可貴的特質，不但是一位能幹的廚師，也是美食界最好的鑑賞家。

感謝下列人士與許多好友協助我進行這本書的研究工作：克里斯多夫瓊斯（Christopher Jones）是我數度從事冒險之旅的最佳夥伴。查爾斯德谷魯（Charles DeGroot）還有妮可拉洛曼特醫生（Dr. Nicole Larroumet）分別在卡布里與貝爾席拉克提供慷慨的招待。克里斯韓利（Chris Hanley），對你在蔚藍海岸所遭受的不幸，我深感抱歉。另外還要感謝瑞克蓋克斯基（Rick Gekoski），還有彼得高根（Peter Grogan）給予美酒的建議。感謝巴黎普尼葉魚子醬公司（Caviar House & Prunier）的羅倫薩布何（Lauren Sabreau）與員工們的親切招待。感謝第二十三屆「牛肉節」的主辦單位，還有畢尼可的父老鄉親們。也特別要感謝巴黎第六區的食品與果菜商，沒有他們始終如一地堅持完美，就沒有完美的烹飪與用餐體驗。

衷心地感謝我的經紀人強納森洛伊德（Jonathan Lloyd），我的編輯彼得哈柏德（Peter Hubbard），還有 Harper Perennial 的整個出版團隊。

尋找完美盛宴

失傳的法國美食之旅

SAN YAU
http://www.ju-zi.com.tw
三友圖書
友直 友諒 友多聞

國家圖書館出版品預行編目(CIP)資料

尋找完美盛宴 / 約翰.巴克斯特(John Baxter)著；傅葉譯. -- 初版. -- 臺北市：四塊玉文創, 2014.03
面；　公分
譯自：The perfect meal : in search of the lost tastes of France
ISBN 978-986-90325-2-0(平裝)

1. 飲食風俗 2. 烹飪 3. 法國

538.7842　103002630

作　者 約翰巴克斯特(John Baxter)
譯　者 傅葉
封面繪圖 陳貴芳
發行人 程顯灝
總編輯 呂增娣
執行主編 李瓊絲
主　編 鍾若琦
編　輯 吳孟蓉 ‧ 程郁庭 ‧ 許雅眉
行銷企劃 謝儀方
美術主編 潘大智
美術編輯 劉旻旻
出版者 四塊玉文創有限公司

總代理 三友圖書有限公司
地　址 106台北市安和路2段213號4樓
電　話 (02) 2377-4155
傳　真 (02) 2377-4355
E-mail service@sanyau.com.tw
郵政劃撥 05844889 三友圖書有限公司

總經銷 大和書報圖書股份有限公司
地　址 新北市新莊區五工五路2號
電　話 (02) 8990-2588
傳　真 (02) 2299-7900

初　版 2014年3月
定　價 300元
ISBN 978-986-90325-2-0